Social Welfare with Youths

# 청소년복지론

조학래 지음

신정

*preface*

# 머 / 리 / 말

우리 사회의 미래를 책임질 청소년의 삶의 질을 향상하고 건강한 사회 구성원으로 성장할 환경을 마련하는 것은 매우 중요하다. 이러한 청소년과 그들의 삶을 이해하고, 더 나은 환경을 마련하는 것이 청소년복지이며 사회복지사의 역할이다. 이러한 것을 배우는 청소년복지론의 교과목 개요를 2022 사회복지 교과목 지침서에 제시된 내용을 살펴보면 다음과 같다. 청소년복지론의 목적은 청소년복지와 관련한 제반 이론과 실천 영역과 방법을 학습하여 청소년복지전문가로서 사회복지사의 역량을 강화하는 것이다. 이를 위해서 청소년의 특성과 발달을 학습하고 현대사회에서 청소년이 직면하고 있는 다양한 복지 욕구와 청소년 문제를 학습한다. 아울러 청소년을 권리와 책임의 주체로서 인식하고, 청소년을 위한 다양한 사회복지 서비스, 정책 및 제도 등을 포괄적으로 학습하여 사회복지사의 역할을 습득함으로써 청소년과 함께 복지 서비스를 높일 수 있는 실천적 방안을 탐구한다.

이러한 사회복지 교과목 지침서에 제시된 청소년복지론의 교과목 개요와 내용을 토대로 이 책은 13장으로 구성하였다. 1장은 청소년의 이해, 2장은 청소년기의 발달 특성, 3장은 청소년 발달이론, 4장은 청소년복지의 이해, 5장은 청소년복지 관련 이론적 접근, 6장은 청소년복지 정책과 행정, 7장은 청소년복지 관련 법, 8장은 청소년의 참여와 진로, 9장은 청소년과 정신건강, 10장은 청소년과 성, 11장은 청소년과 가정, 12장은 청소년과 학교, 13장은 청소년과 전문 인력으로 구성하였다.

이 책은 이화여대 김성이 교수님, 노충래 교수님 등과 아산복지재단의 저술연구지원사업을 통해 청소년학을 저술한 이후, 많이 고민하다가 20여 년이 지난 지금에야 그 결실을 보게 되었다. 청소년복지와 관련된 좋은 책들이 많지만, 청소년복지론을 배우는 학생들이 더 쉽게 이해하면서 실천현장과 연결할 것을 염두에 두고 저술하였다. 저술 도중에 개인적으로 건강의 문제와 함께 책의 내용에서도 부족한 부분이 있지만, 그 부분은 저자의 지식과 경험의 부족임을 솔직히 고백한다. 부족한 부분은 여러분의 건전한 비판과 가르침을 통해 더욱 다듬어질 수 있기를 기대해 본다.

끝으로 이 책을 쓰기로 계획한 것은 저자이지만, 지금까지 항상 좋은 길로만 인도해 주신 하나님의 무한한 은혜에 감사드린다. 나를 낳고 길러 주신 부모님, 학문적 소양을 갖추도록 가르침을 주신 은사님, 언제나 믿고 따르는 제자들, 항상 헌신적인 내조와 신뢰로 용기를 주는 황은정, 그리고 저자를 위해 기도하는 모든 분께 감사의 마음을 전한다. 또한 이 책이 나올 수 있도록 도움을 주신 도서출판 신정 관계자들께 감사를 드린다.

2023년 3월

하기동 선지동산의 작은 공간에서

contents

# 차 / 례

## Chapter 03 청소년 발달이론



## Chapter 04 청소년복지의 이해

## Chapter 05 청소년복지 관련 이론적 접근



## Chapter 06 청소년복지 정책과 행정

## Chapter 07 청소년복지 관련 법

## Chapter 08 청소년의 참여와 진로

## Chapter 09 청소년과 정신건강



## Chapter 10 청소년과 성

## Chapter 11 청소년과 가정



## Chapter 12 청소년과 학교

## Chapter 13 청소년과 전문 인력

CHAPTER

01

# 청소년의 이해

1. 청소년기의 개념
2. 법률상의 청소년 구분
3. 청소년의 특성
4. 청소년기 발달과업
5. 사회적 특성

01
CHAPTER

# 청소년의 이해

### 학·습·목·표

- 청소년기의 개념을 설명할 수 있다.
- 청소년의 법적 명칭과 연령을 설명할 수 있다.
- 청소년의 특성을 설명할 수 있다.
- 청소년기의 발달과업을 설명할 수 있다.

## 1. 청소년기의 개념

청소년과 청소년기는 근대사회에서 만들어진 역사적이고 사회적인 범주이다(Jones & Wallace, 1992). 청소년기의 연령층 집단을 의미하는 청소년은 1904년 홀(G. S. Hall)의 저서인 『청소년기(adolescence)』를 통해 처음 소개되었다. 청소년기(adolescence)라는 용어는 '성숙한 사람으로 성장해 간다'라는 의미를 지닌 라틴어 'adolescere'라는 동사로부터 유래된 것이다(Lerner & Steinberg, 2009). 발달심리학 관점에서 청소년기는 급격한 신체적 성장과 함께 부모로부터 정신적으로 독립하는 발달단계를 의미하는 용어이다. 모든 사회에서 청소년기는 미성숙한 아동기에서 성숙한 성인기로 전환하는 성장의 시기 혹은 생물학적 · 심리적 · 사회적 전환기(transition period)로 이해된다. 인간 발달과정에서 과거와 미래를 이어주는 전환기의 주요 과제는 현재의 삶에 의문을 던져보고 자아와 세계 안에서 변화를 모색해 보는 것으로 주로 변화와 성장을 촉진하는 시기이다(김애순, 2005). 이처럼 청소년기는 아동기에서 성인기로 전환하는 과도기로서 인생에서 가장 중요한 시기이다. 청소년기는 신체적, 인지적, 사회적으로 많은 변화가 나타나는데, 청소년은 이러한 변화 과정에 적응하기 위해 노력한다. 다시 말해 청소년은 신체적으로 성숙하여 생식능력을 갖추게 되고, 인지적으로도 성숙하여 더 나은 의사결정을 할 수 있게 되며, 사회적으로는 더 독립적이고, 자신의 미래에 더 많은 관심을 보이게 된다(정규석 외, 2017).

이처럼 청소년기는 부모의 보호가 절대적으로 필요한 아동기에서 자족적이고 자율적이며, 독립적인 생활을 영위하는 성인기로 전환하는 과도기이다. 이 시기는 의존적인 아동기와 독립적인 성인기의 심리적 특성을 공유하여 청소년은 아동도 성인도 아닌 양 집단 사이에 존재하는 주변인으로서의 독특한 발달 특성을 보인다. 이러한 맥락에서 볼 때, 인간 발달단계에서 청소년기는 다른 발달단계보다 중요한 시기이다. 청소년은 건전하고 밝은 심성으로 바람직하게 성장할 가능성과 정반대인 부정적으로 성장할 가능성의 양면성을 동시에 지니고 있다. 이처럼 청소년기는 신체적 · 성적 · 심리적 · 정서적 · 사회적 측면에서 급격한 발달이 이루어지기 때문에 청소년기를 지칭하는 용어는 다양하다.

먼저 신체적 발달 측면에서는 신체적 성장이 급격하게 이루어진다는 점에서 제2의 성장 급등기(second growth spurt), 성적 성숙이 급격히 이루어진다는 점에서 사춘기(puberty)로 불린다. 심리적 발달 측면에서는 자아 정체성을 형성하고 독립심이 발달하여 부모의 보호와 간섭에서 벗어나려는 경향을 보인다고 하여 심리적 이유기(psychological weaning), 정서적 발달 측면에서는 여러 측면에서 좌절과 불만이 잠재하여 극단적인 사고와 과격한 감정 등 정서적인 변화가 급격히 일어난다는 점에서 질풍노도의 시기(storm and stress period)로 불린다. 그리고 사회적 발달 측면에서는 부모에게서 독립을 추구하는 과정에서 부모의 권위에 도전하고 잦은 갈등을 일으킨다는 점에서 제2의 반항기(second opposition period), 아동과 성인 양쪽에서 영향을 받으면서도 어느 쪽에도 소속되지 못하고 있다는 의미에서 주변인(marginal man)으로 불린다(권중돈, 2021).

이렇듯 청소년기는 인생에서 단순히 스쳐 가는 하나의 발달단계가 아니라 독특한 요구와 도전을 함축하는 시기이기 때문에 특별한 관심이 필요하다. 특히 현대사회에서 기술이 고도화되고 사회구조가 복잡해질수록 직업과 사회적 역할 수행에 필요한 준비기로서의 청소년기가 길어지게 된다. 인간 발달단계에서 청소년기가 점점 길어진다는 것은 단순히 시간의 길고 짧음의 문제로만 끝나는 것이 아니다. 청소년기가 점점 길어지면서 발생할 수 있는 문제는 사회·경제적 부담과 함께 청소년이 사회역할구조에 흡수되지 못함으로써 갖는 소외감, 사회·심리적 독립성과 자율성의 제약으로 좌절감과 불만 등이 나타난다. 그뿐만 아니라 복잡한 사회구조와 함께 개인별 직업과 사회적 역할이 다양해지면서 청소년기 동안 겪는 청소년의 욕구와 갈등도 다양해지고 있다(김성이 외, 2010).

이러한 청소년기는 언제 시작하여 언제 끝나는지 그리고 그 경계가 무엇인지에 대한 견해는 문화와 학자에 따라 차이가 있다. 그 이유는 청소년기가 단순히 생물학적으로 정의될 수 있는 개념이 아니라 사회 · 문화적으로 정의되는 개념이기 때문이다. 생물학적 관점과 사회 · 문화적 관점에서 정의하는 청소년기가 다르듯이, 어떤 관점에서 청소년기를 정의하는가에 따라서 청소년기의 시작과 끝은 다를 수 있다(이미리 외, 2019b).

이론적으로 볼 때, 청소년기의 시작 시기와 끝나는 시점은 〈표 1-1〉에 제시한 이정표들을 통과해야만 한다(Atwater, 1996; Steinberg, 2011). 첫째, 생물학적 관점에서 청소년기의 시작과 끝의 기준은 사춘기이다. 청소년기는 사춘기에 도달하면서 시작되고, 신체적 · 성적 성숙으로 생식능력의 완전한 획득이 이루어지면 청소년기가 끝난다. 둘째, 정서적 관점에서 청소년기의 시작은 부모로부터 정서적 독립을 시도하면서 시작되고, 부모로부터 정서적 독립과 자아정체성을 형성하면 청소년기가 끝난다. 셋째, 인지적 관점에서 청소년기의 시작은 논리적 추론과 의사결정 기술의 출현으로 시작되고, 논리적 추론과 자율적 의사결정이 확립되면 청소년기가 끝난다. 넷째, 대인 관계적 관점에서 청소년기의 시작은 부모 지향에서 또래 지향으로 관심이 이동되면서 시작되고, 또래 및 성인과의 친밀감을 형성하는 능력이 발달하면 청소년기가 끝난다. 다섯째, 사회적 관점에서 청소년기 시작은 성인의 일과 가족 및 시민 역할을 위한 훈련으로 시작되고, 성인의 지위와 권위를 완전히 획득하면 청소년기가 끝난다. 여섯째, 교육적 관점에서 청소년기의 시작은 중학교에 입학하는 것이고, 고등학교 또는 대학교 졸업과 같이 공식적 학교 교육이 종결되면 청소년기가 끝난다. 일곱째, 종교적 관점에서 청소년기 시작은 성년 축하 예식으로부터 시작되며, 종교단체에서 성인의 지위를 획득하면 청소년기가 끝난다. 여덟째, 법적 관점에서 청소년기의 시작은 법에서 규정한 청소년의 지위를 획득하면서 시작되고, 법적으로 성인의 지위를 획득하면 청소년기가 끝난다. 아홉째, 연령적 관점에서 청소년기의 시작은 청소년기로 명명된 연령에 도달하면서 시작되고, 성인기로 명명된 연령에 도달하면 청소년기는 끝난다. 열 번째, 문화적 관점에서 청소년기로 진입하는 의식적 통과의례를 위한 훈련기간에 진입하면서 시작되고, 의식적 통과의례가 완성되면 청소년기가 끝난다. 통과의례(rite of passage)란 삶에서 새로운 발달단계로 넘어갈 때 새로운 신분이나 역할을 획득하게 되는데, 이때 새로운 신분으로의 이행을 알리는 목적으로 행하는 의식을 말한다. 현대사회에서 청소년과 성인을 구획 짓는 통과의례의 예로는 졸업식이나 결혼식을 들 수 있다.

**[표 1-1] 청소년기의 시작과 끝나는 시점**

| 관점 | 청소년기의 시작 | 청소년기의 끝 |
|---|---|---|
| 생물학적 | 사춘기의 시작 | 신체적 · 성적 성숙이 이루어짐<br>생식능력의 완전한 획득 |
| 정서적 | 부모로부터 정서적 독립 시작 | 정서적 독립, 자아정체성의 형성 |
| 인지적 | 논리적 추론과 의사결정 기술의 출현 | 논리적 추론과 자율적 의사결정의 확립 |
| 대인 관계적 | 부모 지향에서 또래 지향으로 관심의 이동 시작 | 또래 및 성인과의 친밀감을 형성하는 능력의 발달 |
| 사회적 | 성인의 일과 가족 및 시민 역할을 위한 훈련 시작 | 성인의 지위와 권위의 완전한 획득 |
| 교육적 | 중학교 입학 | 고등학교 또는 대학교 졸업과 같이 공식적 학교 교육의 종결 |
| 종교적 | 성년 축하 예식 | 종교단체에서 성인의 지위 획득 |
| 법적 | 청소년의 지위 획득 | 성인의 법적 지위 획득 |
| 연령적 | 청소년기로 명명된 연령에 도달 | 성인기로 명명된 연령에 도달 |
| 문화적 | 의식적 통과의례를 위한 훈련기간에 진입 | 의식적 통과의례의 완성 |

이처럼 청소년기의 개념은 어떤 관점에서 정의하는가에 따라 다를 수 있고, 청소년의 연령 기준도 사회 · 문화적 배경과 시대의 변화에 따라 다르게 적용할 수 있다. 하지만 일반적으로 청소년기는 사춘기 혹은 성적 성숙이라는 신체적 변화로 출발하여 정서적 변화를 동반하며 독립적이고 성숙한 성인의 책임을 지는 전환기로 정의할 수 있다. 사춘기(puberty)란 신체적 성장과 생식을 가능하게 하는 일련의 생물학적 변화를 동반한 성적 기능의 성숙이 시작되는 시기이다. 사춘기의 시작과 진행은 성, 인종, 환경, 건강 상태 등 다양한 요인들에 의해 영향을 받지만, 사춘기의 평균 시작 연령은 11세로 볼 수 있다(Styne, 2004). 이처럼 사춘기는 청소년기의 시작을 알리는 신호이지만, 사춘기의 종결과 함께 청소년기도 종결되는 것은 아니다. 그 이유는 성적 성숙이 끝나더라도 청소년이 성인의 임무를 수행할 수 없기 때문이다(장휘숙, 2009). 청소년기는 과거보다 상당히 연장되었다. 그 이유는 청소년이 신체적으로 더 빨리 성숙하여 사춘기의 시작이 빨라졌지만, 전문적인 지식에 대한 요구는 과거보다 더 커짐으로써 청소년의 교육 기간은 점점 더 연장되고 있기 때문이다.

일반적으로 청소년기를 구분할 때 초기 청소년기와 후기 청소년기로 구분하거나 초기 청소년기, 중기 청소년기, 후기 청소년기로 구분하기도 한다. 먼저 청소년기를 두 시기로 구분할 때, 초기 청소년기는 중학교 시기에 해당하고 사춘기를 포함한다. 반면에 후기 청소년기는 10대 후반의 시기로 직업 선택과 정체성 탐색에 몰두하는 시기이다. 그러나 청소년기 동안 청소년은 신체적, 심리적, 사회적으로 큰 변화가 일어날 수 있다는 점과 대다수 청소년은 10대와 20대 초반을 학교에서 생활하기 때문에 교육단계와 일치되게 청소년기를 구분하는 것이 더 바람직하다. 따라서「청소년 기본법」에서 청소년을 규정하는 9세 이상 24세 이하 중에서 청소년 정책도 크게 초기 청소년기(9~12세), 중기 청소년기(13~18세), 그리고 후기 청소년기(19~24세)를 대상으로 하는 정책으로 구분하고 있다(하형석 외, 2017).

이처럼 청소년기를 세 시기로 구분할 때, 초기 청소년기는 초등학교 시기, 중기 청소년기는 중 · 고등학교 시기, 그리고 후기 청소년기는 대학교와 군 복무 기간을 모두 포함할 수 있다. 일반적으로 초기 청소년기는 아동으로, 중기 청소년기는 청소년으로, 후기 청소년기는 청년으로 불리며 전 생애 발달적 입장에서는 성인 초기 전환기라고도 한다(김애순, 2005). 따라서 여기서는 청소년을 아동기의 미성숙함과 사회적 의존성에서 벗어나 성인기의 자율성과 사회적 책무성을 이행하는 중간단계에 있는 사람으로서 신체적, 성적, 인지적, 심리적, 사회적으로 성숙해 가는 과정에 있는 사람으로 규정하고자 한다. 특히 청소년의 연령 범주는 「청소년 기본법」에서 규정하고 있는 9세 이상 24세 이하의 연령층 중에서 초기 청소년기에 해당하는 아동과 후기 청소년기에 해당하는 청년을 제외한 중 · 고등학교 시기에 해당하는 연령 시기(13~18세)에 있는 사람으로 청소년을 한정하고자 한다.

## 2. 법률상의 청소년 구분

청소년기의 연령층 집단을 의미하는 청소년의 연령 구분 기준은 법률 규정을 따르는 것이 일반적이지만, 법률에 따라 약간의 차이가 나타난다. 법률 규정에서 연령의 의미는 일정한 행위를 할 수 있는 능력을 인정하는 기준인 동시에 권리 또는 의무가 발생하는 시점이다. 즉, 태어나서 죽을 때까지 각각의 시점에서 권리의 행사 또는 의무의 이행 등의 법률 효과를 가져오는 기준이다(장민선, 2015). 〈표 1-2〉에서와 같이 우리나라의 청소년 관련 법에서 청소년 연령의 법적 기준은 정치 · 경제 · 사회 · 문화적 배경과 관련이 있어서 서로 다르게 규정하고 있다. 청소년과 관련한 국가정책의 기본방향을 제시해 주는 「청소년 기본법」(제3조)에서는 청소년을 9세 이상 24세 이하의 연령으로 규정하고 있다. 다만, 「청소년 기본법」 이전에 만들어진 「아동복지법」, 「형법」, 「민법」 등의 법률과 상충하는 부분을 보완하기 위해서 "다른 법률에서 청소년에 대한 적용을 다르게 할 필요가 있는 경우에는 따로 정할 수 있다."라고 규정하고 있어 법의 특성에 따라 청소년의 연령을 자율적으로 규정하도록 하고 있다. 「청소년활동 진흥법」, 「청소년복지 지원법」, 「학교 밖 청소년 지원에 관한 법률」 등도 「청소년 기본법」에서 규정한 청소년 연령을 동일하게 규정하고 있다. 이처럼 「청소년 기본법」에서 규정한 청소년의 연령 규정은 초등학생부터 일반적인 대학생 연령에 해당하는 자를 포함하기 때문에 그 범위가 매우 넓다고 할 수 있다.

한편, 청소년을 유해환경으로부터 적극적으로 보호하기 위한 「청소년

보호법」에서는 청소년을 만 19세 미만인 사람으로 규정하면서 만 19세가 되는 해의 1월 1일을 맞이한 사람은 청소년에서 제외하고 있다. 즉, 청소년을 연 연령 19세 미만인 사람으로 규정하고 있다. 이처럼 「청소년 보호법」의 상한 연령이 「청소년 기본법」의 상한 연령보다 낮은 이유는 법의 목적에 따라 청소년의 연령을 다르게 규정할 필요가 있기 때문이다. 즉, 「청소년 기본법」은 청소년육성이 목적이므로 폭넓은 연령층을 포괄하지만, 「청소년 보호법」은 유해환경으로부터 청소년을 보호하는 것이 목적이므로 보호가 필요한 대상으로 제한하고 있다(정규석 외, 2017). 이처럼 보호의 목적이 강해질수록 청소년의 연령은 낮아진다.

또한 청소년과 관련된 개념으로 아동, 소년, 미성년자, 형사미성년자 등의 연령은 관련 법령의 목적과 취지에 따라 다르게 규정하고 있다. 「아동복지법」에서는 18세 미만의 자를 아동으로, 「소년법」은 19세 미만의 자를 소년으로, 「근로기준법」은 15세 이상~18세 미만의 자를 소년(연소자)으로, 「민법」은 19세 미만을 미성년자로, 「형법」은 14세 미만을 형사미성년자로, 「한부모가족지원법」은 24세 이하의 모 또는 부를 청소년한부모로, 「청년기본법」은 15세 이상~34세 이하의 자를 청년으로 각 법의 목적에 따라 다르게 규정하고 있다.

이처럼 청소년의 보호와 육성은 국가의 중요한 업무로서 법률로 규정하고 있다. 또한 「청소년 기본법」과 「청소년 보호법」의 청소년 연령, 「아동 · 청소년의 성보호에 관한 법률」의 아동 · 청소년 연령, 「아동복지법」의 아동 연령, 「소년법」과 「근로기준법」의 소년 연령, 「민법」의 미성년자 연령, 「형법」의 형사미성년자 연령, 「한부모가족지원법」의 청소년한부모 연령은 법의 취지와 목적에 따라 연령 규정과 보호의 내용이 다르게 정의되고 있다.

이렇게 청소년을 지칭하는 연령 범주가 다양한 이유는 청소년기는 단순히 생물학적으로 정의되는 개념이 아니라 사회 · 문화적으로 생겨난 개념이기 때문이다. 즉, 생물학적 변화는 객관적으로 측정할 수 있지만, 개인차가 있다. 또한 투표, 노동, 결혼 등과 같은 성인으로서의 사회적 역할 수행 시기는 문화에 따라 다르기 때문이다.

**[표 1-2] 청소년의 법적 명칭과 연령**

| 법률상의 명칭 | 법령 | 연령 범위 |
|---|---|---|
| 청소년 | 「청소년 기본법」<br>「청소년활동 진흥법」<br>「청소년복지 지원법」<br>「학교 밖 청소년 지원에 관한 법률」 | 9세 이상~24세 이하 |
| | 「청소년 보호법」 | 만 19세 미만(단, 19세가 되는 해의 1월 1일을 맞이한 사람은 제외) |
| 아동 · 청소년 | 「아동 · 청소년의 성보호에 관한 법률」 | 19세 미만(단, 19세에 도달하는 연도의 1월 1일을 맞이한 자는 제외) |
| 아동 | 「아동복지법」<br>「아동학대범죄의 처벌 등에 관한 특례법」 | 18세 미만 |
| 소년 | 「소년법」 | 19세 미만 |
| | 「근로기준법」 | 15세 미만 |
| 미성년자 | 「민법」 | 19세 미만 |
| 형사미성년자 | 「형법」 | 14세 미만 |
| 청소년한부모 | 「한부모가족지원법」 | 24세 이하의 모 또는 부 |
| 청년 | 「청년기본법」 | 19세 이상~34세 이하 |

출처 : 국가법령정보센터(https://www.law.go.kr).

## 3. 청소년의 특성

사회가 계속해서 변화함에 따라 청소년의 개념과 의미도 변하기 때문에 사회에 따라서 청소년의 특성도 차이가 있다. 이런 점에서 청소년의 특성을 살펴보면 다음과 같다(이미리 외, 2019b).

첫째, 과거보다 청소년기가 점점 길어지고 있다. 청소년기가 점점 길어지는 이유는 청소년기의 시작을 알리는 사춘기가 빨라지고 있지만, 교육받는 기간은 연장되고 있기 때문이다. 그 결과 청소년기의 끝을 알리는 경제적 독립 및 결혼 시기가 늦춰지고 있다.

둘째, 길어지는 청소년기의 기간을 세분하여 이해하여야 한다. 일반적으로 청소년기는 3단계로 분류할 수 있는데, 시기별로 발달 특성이 다르다. 즉, 9~12세는 초기 청소년기, 13~18세는 중기 청소년기, 19~24세는 후기 청소년기로 분류할 수 있다. 초기 청소년기는 사춘기가 시작되면서 아동기에서 청소년기로 전환하는 과도기이다. 중기 청소년기는 전형적인 10대로 그들의 일상은 친구들과 함께하는 활동으로 이루어진다. 즉, 친구 사이에 유행하는 특별한 옷을 입고 같은 음악을 듣고 같은 용어를 사용한다. 후기 청소년기는 일과 대인관계에서 성인의 역할로 전환하는 과도기이다(Short & Rosenthal, 2008).

셋째, 과거보다 청소년에 대한 발달적 요구가 많아지고 있다. 사회가 다양해지고 복잡해지면서 청소년은 사회에 적응하고 이바지하는 성인이 되기 위해 대인관계 기술과 직업에서 요구하는 고도의 기술 등을 습득하여야 한다.

넷째, 현대사회의 사회 · 경제적 계층화 혹은 양극화 현상은 청소년에 대한 발달적 기회 제공에서도 계층화와 양극화를 초래한다(Larson et al., 2002). 중 · 상류 계층의 가정에서 성장하는 청소년은 성인기를 준비하기 위해 많은 복지 혜택과 교육 및 사회 경험, 다양한 정보 등을 이용하고 있다. 하지만 빈곤가정의 청소년은 이러한 기회가 상대적으로 부족하므로 청소년 집단의 계층화 혹은 양극화 문제가 발생할 수 있다.

다섯째, 청소년 집단은 다양하다. 그러므로 특정 관점만으로 청소년을 이해한다면, 오류를 범하기 쉽다(조용환, 1993). 예를 들어 학교에 다니는 중 · 고등학생에 해당하는 연령 집단을 청소년으로 이해하는 것은 청소년 집단 중에서 학교에 다니는 학생 청소년만을 고려하고, 학교 밖 청소년 집단은 간과하는 오류를 범하게 되는 것이다.

## 4. 청소년기 발달과업

인간은 전 생애의 과정에서 단계별로 특별히 요구되는 과업이 있다. 이러한 인간의 특정한 발달단계에서 이행해야 할 과업을 발달과업이라 한다. 즉, 발달과업(development task)이란 인간의 발달단계에서 개인이 환경에 적응하기 위하여 요구되는 신체적 · 인지적 · 정서적 · 사회적 기술의 획득이나 능력을 의미한다. 이 개념을 처음 소개한 해비거스트(Havighurst, 1972)는 인간의 발달을 사회가 인간에게 부과한 과제를 배우는 과정으로 보면서 인생 주기를 6단계로 구분하고, 단계마다 수행해야 할 특정한 발달과업이 있음을 강조하고 있다. 다시 말해 발달과업이란 개인의 생애 중에서 어떤 특정 시기에 나타나며, 인생 주기의 단계마다 완수해야 할 과업으로 그것을 성공적으로 수행하면 다음 단계의 발달과 행복과 성공의 기반이 된다. 그러나 발달과업을 적절히 수행하지 못하면, 이후 단계의 발달과업에서 개인은 곤란을 겪게 될 뿐만 아니라 사회로부터 비난받는다. 따라서 발달과업은 그 단계에 속한 개인의 성공적 적응 여부를 평가하는 기준이다.

개인의 발달은 그를 둘러싼 다양한 사회환경 요인과의 상호작용을 통해 이루어진다. 즉, 각 발달단계에서 개인의 발달과업은 생물학적 성숙과 인격적 성숙, 그리고 사회적 기대라는 문화적 압력에 의해 복합적으로 영향을 받는다. 특히 사회적 기대란 연령에 따른 규범적 기대로 모든 개인에 대하여 사회는 그 연령에 적절한 역할과 활동을 기대하는 것을 의미한다. 이러한 발달과업을 대중화시킨 에릭슨(Erikson, 1968)은 인간의 발달을 8단계로 구분하며, 단계별로 극복해야 할 위기와 성취해야 할 발달과업이 있음을 제안하고 있다. 이처럼 특정 발달단계에서는 어떤 과업의 성취와 특정한 측면의 발달이 강조되는데, 해비거스트(Havighurst, 1972)가 제시한 청소년기의 발달과업은 다음과 같다. 첫째, 자기의 신체조건을 인정하고 자신의 성역할을 수용한다. 둘째, 동성이나 이성 친구와 새로운 관계를 형성한다. 셋째, 부모와 다른 성인으로부터 정서적으로 독립한다. 넷째, 경제적 독립의 필요성을 느낀다. 다섯째, 직업에 대한 준비와 선택을 스스로 준비한다. 여섯째, 유능한 시민으로서 갖추어야 할 지적 기능과 개념을 획득한다. 일곱째, 사회적으로 책임 있는 행동을 원하고 이를 실천한다.

여덟째, 결혼과 가정생활을 준비한다. 아홉째, 정확하고 과학적인 세계관에 맞추어 가치체계를 형성한다.

또한 맬코프(Malekoff, 2004)도 청소년기의 발달과업을 네 가지로 제시했다. 첫째, 가족에게서 분리하기이다. 이를 위해 또래와 권위적 인물과의 관계를 시험 · 실험하며, 결과적으로 부모를 비롯한 성인들에게서 정서적 독립을 성취하기, 자율적 기능을 증가시키며 또래와 친밀감을 확대해 나갈 수 있는 능력을 향상하기 등이다. 둘째, 건강한 성적 정체성 형성하기이다. 이를 위해 자신의 신체와 신체적 상황을 받아들이고 효과적으로 사용하는 방법을 익히기, 남성 또는 여성의 사회적 역할을 성취하기 등이다. 셋째, 미래를 준비하기이다. 이를 위해 직업의 선택과 기술 개발하기, 결혼과 가정생활과 같은 관계 대비하기 등이다. 넷째, 도덕적 가치체계 개발하기이다. 이를 위해 자기 행동의 지침이 될 가치와 윤리체계 개발하기, 사회적으로 책임 있는 행동 성취하기 등이다.

이와 같은 청소년기의 발달과업은 부모에게서 정서적으로 분리하는 정서적 발달과 독립적으로 사회생활을 준비하는 사회적 발달을 강조한 것으로 건강한 시민으로서의 성장과 독립으로 요약할 수 있다(조흥식 외, 2010). 부모에게서 정서적으로 분리하는 것은 초기 청소년기에 거의 이루어지며, 직업을 탐색하고 구체화하는 것은 후기 청소년기의 중요한 발달과업이다. 이러한 청소년기의 다양한 발달과업 중에서 공통된 발달과업을 살펴보면 다음과 같다.

### 1) 자아정체성 형성

자아정체성(ego identity)은 자신의 독특성에 대해 다소 안정된 느낌이 드는 것으로, 행동이나 사고 혹은 정서의 변화에도 불구하고 변화하지 않는 부분이 무엇이며 자신이 누구인가를 아는 것이다. 이러한 자아정체성의 형성은 아동기의 경험에 기반을 두지만, 청소년기부터 본격적으로 발달이 이루어진다. 청소년의 안정된 자아정체성 형성을 위해서는 먼저 자신의 신체 변화를 그대로 인정하고 받아들이는 것이 필요하다. 신체적 발달과 성적 성숙으로 청소년은 고립감이나 외로움과 같은 정서적 변화를 경험하게 된다. 또한 이런 변화를 또래보다 빨리 혹은 늦게 경험하는지에 따라 청소년은 다양한 심리적 변화를 겪게 된다. 이러한 개인적 차이를 객관적으로 인지하고 수용하는 것이 필요하다. 그러나 무엇보다도 자아정체성을 성공적으로 확립하려면 타인과의 상호작용 경험이 필요하다. 타인은 누구이고 또 누구여야 하는지에 대해 생각해 볼 수 있는 거울이 됨으로써 나의 행동에 대해서 타인이 어떻게 반응하느냐에 따라 내가 옳은지 그른지를 판단할 수 있다(이미리 외, 2019a).

에릭슨(Erickson, 1968)에 따르면 이 시기의 일차적 위험은 정체성 혼란(identity diffusion)에 있다. 정체성 혼란은 정체감을 확립하려는 노력도 없고, 기존의 가치관에 대한 의문도 제기하지 않는 상태이다. 개인적 신념체계를 확립하지 못하여 자기 능력을 의심하며, 직업적 임무를 수행하지 못하는 청소년이 여기에 해당한다. 정체성 혼란은 다양한 방식으로 표현될 수 있다. 그중 하나는 독단적이거나 융통성이 없으며, 부적응 행동이나 문제를 일으키는 등 책임 있는 행동을 하지 않는 것이다. 또 다른 방식은 타인에게 거부당할 것 같아 두려워하거나 자신의 인생이 어떻게 되든 상관없다는 식으로 타인의 행동을 그대로 모방하거나 어설프게 계획한 행동에 자신을 몰입하는 것이다. 이처럼 정체성 혼란을 경험하는 청소년은 방어기제를 사용할 수 있는데, 그것은 분파성을 갖고 다른 것은 관용하지 않는 것이다. 대체로 초기 청소년기에 정체성 혼란을 경험하는 청소년이 많다.

에릭슨은 최종의 정체성을 성취하기 이전에 일정 기간 자유 시험기를 기술하기 위하여 청소년기를 심리 · 사회적 유예기간(psychological moratorium)의 의미가 있는 시기로 보았다. 즉, 청소년기는 진정한 자신을 찾기 위해 노력하는 시기로서 자신에 관한 결정을 잠시 보류할 수 있는 시기이다. 상대적으로 우리 사회는 청소년에게 가치, 믿음, 역할 등을 시험해 볼 자유를 허락하며 각자의 장점을 극대화하여 사회로부터 긍정적인 인정을 획득함으로써 사회에 최상으로 적응할 수 있게 한다.

정체성 대 정체성 혼란의 위기는 과거의 소속, 현재의 가치, 미래의 목표 등 하나의 일관성 있는 자아개념으로 통합하면서 가장 잘 해결할 수 있다. 정체성이란 일련의 질문, 재평가와 시험의 단계를 거쳐야만 성취할 수 있다. 이는 자신이 수행하는 다양한 역할(예: 누구의 자녀, 누구의 형 또는 동생, 학생, 기독교 신자, 다문화가정의 자녀 등)을 검토하여 자신을 인식하는 정체성으로 통합하는 것이다. 어떤 사람은 자신의 다양한 역할을 통합하지 못하고 상충하는 역할에 적응하는 데 어려움을 겪는 것이 역할 혼란이다. 이럴 때 정체성은 혼란스럽고 불확실하다.

그러면 청소년기에 정체성 성취가 왜 중요한가? 청소년은 자신이 누구인지, 인생에서 무엇을 원하는지, 어떤 사람이 되고 싶은지 알고자 애쓴다. 이러한 질문에 답하는 것은 인생에서 직면하는 가장 중요한 과제이다. 답을 찾지 못하는 사람은 직업의 선택, 결혼과 관련된 다양한 선택 사항, 주거지 결정, 여가에 관한 결정 등과 같은 주요한 판단을 내리기가 어렵다. 불행히도 많은 사람은 인생을 살면서 그런 질문에 대해 사려 깊게 대답하지 못한다. 답을 찾지 못한 사람은 우울증에 빠지고, 불안하고, 결정력이 부족하고, 성취하지 못하는 경향이 있다(Zastrow & Kirst-Ashman, 2001).

## 2) 사회적 역할 획득

또래는 비슷한 연령대의 인간을 지칭하는데, 청소년은 마을 · 학교 · 종교기관 등 다양한 장소에서 또래와 만나며 인간관계의 폭을 넓히고 깊이도 더할 수 있다. 나아가 '가재는 게 편'이라는 속담처럼 같은 또래라는 요인만으로도 청소년은 소속감과 친밀감을 느끼면서 다양한 사회적 기술을 습득하게 된다. 청소년기에 만난 또래는 사랑이라는 이름으로 계속해서 자신을 통제하려는 부모의 예속에서 벗어나 자신의 인생을 어떻게 살 것인가를 고민하는 청소년에게 강력한 심리적 지지체계가 된다. 이러한 또래 중에서 그 접근성과 관계의 깊이 정도가 높은 또래는 주로 학교에서 만난다. 하지만 최근에는 인터넷이 발달하면서 사이버상에서 만나는 또래의 접근성과 영향도 만만치가 않다.

청소년기부터 사회가 요구하는 성에 대한 적절한 태도와 행동이 시작된다. 부모, 또래, 학교, 대중매체 등은 청소년기의 성역할 정체성 발달에 영향을 미치는 요인이다. 먼저 성역할을 동일시할 수 있는 대상이면서도

지도자인 부모는 청소년의 성역할 정체성 발달에 큰 영향을 미친다. 즉, 부모가 자녀에게 성별로 부여하는 과제, 부모가 자녀에게 기대하는 성별 역할, 그리고 부모가 가정에서 행하는 역할 등에 따라 청소년의 성역할 정체성은 큰 영향을 받는다. 다음으로 또래는 청소년의 성에 대한 지식의 공급자이면서 성역할 정체성을 학습할 기회의 제공자로서 영향을 미친다. 또한 학교는 남성과 여성이 차별적으로 성역할을 수행하도록 지도하는 경향을 보이기 때문에 성역할 고정관념을 내면화시킬 수 있다. 대중매체도 프로그램의 성격에 따라 차이가 있지만, 남녀 간의 차별적인 성역할을 내면화시키는 데 이바지하여 성역할 정체성의 발달에 영향을 미친다.

### 3) 독립과업 성취

청소년의 대다수는 부모에게서 독립을 원하지만, 자신의 필요와 욕구, 즉 음식, 주거지, 옷, 정서적 지지, 용돈 등을 부모가 충족해 주기 때문에 그 사이에서 청소년은 갈등을 겪기도 한다. 청소년은 독립을 추구하면서도 종종 부모의 의도에 반항하고 부모의 견해를 거부한다. 가정에서 자립심, 책임감, 자존감 등을 배우면서 성장한 자녀는 성인기의 독립으로 자연스럽게 전환한다. 그러나 부모가 지나치게 허용적이거나 자녀의 행동에 무관심한 가정에서 성장한 자녀는 성인기로 전환하는 데 큰 어려움을 겪는다. 이러한 청소년은 자기 행동과 결정이 적절한지 판단할 기준과 가치체계가 부족하다.

독립적으로 살아가기 위해서 청소년은 정서적, 사회적, 경제적으로 독립하여야 한다. 먼저 정서적 독립은 부모나 타인에게 정서적으로 의존하는 상태에서 친밀한 정서적 유대를 유지하면서도 독립으로 나아가는 것을 말한다. 즉, 정서적 독립은 부모나 타인으로부터 정서적으로 지배받거나 압도되지 않고 서로 나누고 상호 의존하는 것을 말한다. 다음으로 사회적 독립은 타인 지향이 아닌 자기 지향이 됨을 뜻한다. 청소년은 사회환경을 수용하는 것에 매우 강한 동기가 있어서 자신이 속한 집단의 행동이나 말이 자신의 것이 되는 경향이 강하다. 그러나 사회적으로 독립적인 사람은 정치, 경제, 교육, 종교, 지역사회 등의 일에 관여하면서 실제로 자신의 최대 관심을 얻는다. 마지막으로 경제적 독립은 재정적 필요를 채울 충분한 돈을 버는 것을 말한다. 대체로 10대 청소년은 특별한 기술이 없어서 재정적인 필요를 충족할 만한 고소득 직업이나 일자리를 구하기가 어렵다. 따라서 실제로 청소년에게 경제적인 독립은 자신의 욕구와 구매를 지급 능력에 맞추어 제한하는 것을 배우는 능력도 포함한다(Zastrow & Kirst-Ashman, 2001).

### 4) 윤리적 체계 획득

청소년기는 친밀한 관계, 직업, 인생 목표를 포함하여 주요한 관계를 추구하는 동시에 일련의 개인적인 도덕 가치를 형성하는 시기이다. 도덕성은 무엇이 옳고 그른가에 대한 일련의 원칙을 의미한다. 많은 경우에 이러한 원칙은 명료하게 규정되지 않는다. 도덕적인 주제는 매우 중요한 것부터 사소한 일상의 결정까지 상당히 광범위하다. 평생 도덕성이 발달하지만, 청소년기에는 특별히 중요하다. 바로 독립적인 결정과 선택할 권리를 얻는 시기이기 때문에 청소년기에 발달하는 도덕성과 윤리체계는 평생 작용한다(조흥식 외, 2010).

CHAPTER

# 02

# 청소년기의 발달 특성

1. 신체적 특성
2. 성적 특성
3. 인지적 특성
4. 정서적 특성
5. 사회적 특성

# 02 CHAPTER 청소년기의 발달 특성

**학·습·목·표**

- 청소년기의 신체적 특성을 설명할 수 있다.
- 청소년기의 성적 특성을 설명할 수 있다.
- 청소년기의 심리적 특성을 설명할 수 있다.
- 청소년기의 정서적 특성을 설명할 수 있다.
- 청소년기의 사회적 특성을 설명할 수 있다.

청소년기는 아동기에서 성인기로 전이하는 과정으로 신체뿐만 아니라 행동, 인지, 감정 등 전방위에 걸쳐 변화가 나타나며 근본적인 학습이 진행되는 시기이다. 이와 더불어 청소년기는 새롭게 접하는 사회환경, 대인관계, 역할, 책임 등은 청소년의 정체성 발달에 큰 영향을 미친다(Dahl et al., 2018). 이러한 청소년기에 속한 청소년을 온전히 이해하기 위해서는 청소년기의 다양한 발달 특성에 대한 이해가 선행되어야 한다. 그 이유는 청소년은 다양한 발달 특성의 복합적 작용으로 만들어지는 결과이기 때문이다. 모든 청소년이 성공적으로 성인기로 안착하기 위해서는 청소년기의 건강한 신체적, 성적, 심리적, 정서적, 사회적 발달이 보장되어야 하기 때문이다. 이러한 청소년기의 발달 특성을 신체적, 성적, 심리적, 정서적,

사회적 등으로 구분하여 살펴보고자 한다.

## 1. 신체적 특성

청소년기의 시작을 알리는 사춘기(puberty)라는 용어는 라틴어의 '성인'(pubertas)에서 유래된 것이다. 이는 신체적 성장과 성적으로 생식능력을 획득할 수 있도록 일련의 생물학적 변화를 동반한 성적 기능의 성숙이 시작하는 시기를 의미한다. 즉, 사춘기는 주로 초기 청소년기에 일어나는 호르몬의 변화로 인해 급격한 신체적 · 성적 성숙이 이루어지는 기간이다. 넓은 의미로 사춘기는 아동기에서 성인기로 성장하는 모든 청소년이 경험하는 신체적 변화의 시기를 말한다(장휘숙, 2009). 사춘기는 외적으로 갑작스럽게 시작되는 것처럼 보인다. 따라서 이 시기의 신체적 혹은 성적 변화는 사춘기의 호르몬 변화 때문으로만 오해할 수도 있다. 실제로 사춘기의 변화는 임신 순간부터 시작되는 점진적 과정의 일부로(Petersen, 1988) 사춘기 동안 새로운 호르몬이 생산되거나 혹은 기관체계들이 발달하는 것은 아니다. 단지 출생 이전부터 존재하는 몇 가지의 호르몬이 이 시기 동안 증가하거나 감소할 뿐이다.

청소년기의 대표적인 신체적 변화로는 호르몬의 변화를 들 수 있다. 남성은 안드로겐(androgen)과 테스토스테론(testosterone)이 분비되지만, 여성은 에스트로젠(estrogen)과 프로제스테론(progeterone)의 호르몬이 뇌하

수체에서 분비되기 시작한다. 이러한 호르몬들은 청소년의 신체적 · 생리적 발달에 중요한 역할을 한다. 즉, 남성은 외부 생식기, 신장의 증가, 목소리의 변화 등을, 여성은 가슴과 자궁의 발달, 뼈대의 변화 등 이차 성징뿐만 아니라 얼굴 피부, 뇌 및 어깨 골격에 영향을 준다(Zastrow & Kirst-Ashman, 2001).

다음으로는 신장과 체중의 증가이다. 청소년기는 유아기 이후 인간의 발달단계에서 가장 왕성한 신체적 발육이 일어나는 제2의 성장 급등기(second growth spurt)로서 남녀 모두 신장과 체중에서 두드러진 변화가 생긴다. 일반적으로 여성의 성장 급등기는 10~12세이고 남성은 12~13세로 여성이 남성보다 약 2~3년 정도 빨리 경험한다. 이러한 급격한 신체적 성장의 시기는 개인에 따라 차이가 있지만, 일반적으로 여성은 17~19세, 남성은 18~20세 정도에 성장을 완료한다(Zastrow & Kirst-Ashman, 2001). 이처럼 신장과 체중에서 성차를 보이는 이유는 여성이 남성보다 성숙한 골격구조와 신경구조를 가지고 태어나며, 아동기를 거치면서 그 성차가 점차 증가하기 때문이다. 그러나 이것은 통계적 평균 연령이기 때문에 청소년에게 나타나는 다양한 개인차를 반영하지는 못한다.

이러한 성장 급등 현상은 청소년의 신장과 체중 이외의 다른 부위에서도 현저하게 나타난다. 그 결과 모든 청소년은 일시적인 신체 불균형 상태를 경험하기도 한다. 남성의 근육조직과 여성의 지방조직 비율의 증가로 남성은 '모가 난' 외모를 그리고 여성은 '둥근' 외모를 갖게 한다. 생식선의 활동으로 남성은 어깨가 넓어지고, 여성은 골반 부위가 넓어짐으로써 전형적인 남성과 여성의 외모를 갖게 된다. 그러나 비동시적 성장(asynchronous growth)의 결과로 팔과 다리보다 일시적으로 손과 발이 더 큰 불균형 상태가 초래된다. 이러한 신체 외부뿐만 아니라 내부에서도 현저한 변화가 일어난다. 청소년의 성장하는 신체를 유지하기 위해 소화기관, 심장 및 폐의 크기가 증가함에 따라 소화와 호흡 그리고 순환이 잘 이루어지며 신진대사가 원활해진다(장휘숙, 2009). 이처럼 청소년기는 신체적으로 거의 성인과 같은 체격을 갖추게 되고, 성적으로 성인의 생식기능과 성역할이 가능해진다.

이러한 신체적 특성의 변화는 청소년에게 다음과 같은 영향을 미친다(김성이 외, 2010). 첫째, 아동기와 비교하면 청소년기는 신체 변화에 대한 자각 때문에 자기 외모와 신체에 관심이 많다. 예를 들어 청소년의 심각한 고민거리 중의 하나는 비만이나 작은 키이다. 특히 청소년기의 비만은 고혈압이나 당뇨병과 같은 각종 성인병을 유발하며(이덕원, 2007), 청소년의 자아존중감을 손상하는 중요한 요인이다. 급격한 신체 변화를 경험하는 청소년은 자기 신체에 대해 강한 자의식을 가지는데, 비만은 청소년의 위축, 자아존중감, 주의집중, 학업성취도 등에 부정적으로 영향을 미치고 있다(이상록 · 김진희, 2011). 특히 청소년기는 대중매체에서 쉽게 접할 수 있는 인기 스타(가수, 탤런트, 운동선수 등)의 외모 및 신체 크기를 모방하려고 한다. 즉, 예쁘거나 잘 생기고, 날씬하거나 남자다운 육체미를 과시하려는 노력으로 운동과 다이어트에 관심을 두게 된다. 청소년기는 급격한 신장의 성장과 체중의 증가 때문에 영양을 갖춘 균형 있는 식사가 필요하다. 하지만 청소년은 입시 스트레스와 과중한 학업, 대중매체의 영향, 다이어트 등으로 오히려 영양실조에 걸리거나 섭식장애를 초래하는 예도 있다(Kail & Cavanaugh, 2000).

둘째, 청소년은 신체의 변화 정도를 친구들과 비교함으로써 자기 신체 발달이 정상적인지 아닌지를 고민하거나 심지어는 신체적 열등감을 느끼기도 한다. 이처럼 청소년이 자기 신체를 어떻게 평가하는가는 청소년의 성격이나 자존감, 대인관계 형성에 중요한 변수로 작용한다. 즉, 청소년의 신체적 열등감 때문에 자기비하적인 생각을 하게 되고, 친구와의 관계에서 따돌림을 당하거나 놀림의 대상이 되기도 한다(김성이 외, 2010). 이처럼 신체상의 불만족은 청소년의 자아정체성에도 부정적 영향을 줄 수 있고, 궁극적으로 다양한 청소년 문제의 원인이 될 수도 있다.

## 2. 성적 특성

청소년의 발달 특성에서 성(sexuality)과 관련된 영역은 매우 중요하다. 성은 단순히 생식과 종족 본능적 요소만을 의미하는 것이 아니라 대인관계 유지와 의사소통 등을 포함하는 정서 및 심리 · 사회적 관계에 중요한 요소가 된다. 이처럼 청소년기의 중요한 발달과업 중의 하나는 자아를 향상할 수 있으며, 사회적으로 수용할 수 있는 방식으로 성적 충동과 감정을 처리하는 방식을 배우는 것이다.

사춘기의 시작과 함께 성호르몬 분비의 변화는 성에 대한 청소년의 관심을 불러일으킨다. 청소년기는 성호르몬의 분비로 나타나는 신체상의 형태적 · 기능적 성차 특징인 이차 성징(secondary sexual character)이 나타난다. 이러한 이차 성징은 남녀의 체격 발달, 가슴 발육, 체모의 분포 및 음성 변화 등으로 남성과 여성을 구별하는 특성이지만, 생식에 필수적인 요소는 아니다. 반면에 남성의 고환과 여성의 난소 등 생식에 필수 요소인 동시에 태어날 때부터 결정된 신체 형태상의 성차 특징인 일차 성징은 이차 성징보다 조금 늦게 성숙하기 시작한다(장휘숙, 2009).

일반적으로 사춘기는 남녀의 생식능력에 직접 영향을 미치는 기관인 고환과 난자가 성숙하는 일차 성징이 발달하기 시작할 때 시작된다. 그러나 성장은 계속되는 과정으로 사춘기 이후에도 신장과 체중과 이차 성징의 성장도 지속한다. 여성의 초경과 남성의 사정은 성적 성숙의 지표인 동시에 사춘기의 실질적 시작으로 간주한다. 그러나 초경과 사정을 생식능력의 지표로 사용하는 것은 바람직하지 못하다. 그 이유는 여성은 초경 후 보통 12~18개월 동안 불임 상태에 있으며, 남성은 초기의 사정 시에 정액을 방출할 뿐 정자를 포함하지 않아서(장휘숙, 2009) 생식기능이 불완전하기 때문이다.

이러한 성호르몬의 분비는 청소년의 성적 욕구의 발달을 동반하며, 남녀로서의 성역할 정체성의 심리 · 사회적 과제를 동반한다. 성적 욕구는 죄의식과 충동성 조절의 문제를 초래하기도 한다. 성호르몬의 분비가 왕성해지는 청소년기에 성에 관한 관심과 성적 욕구는 지극히 자연스러운 현상이다. 하지만 상당수의 청소년은 성적 욕구에 대해 심리적인 불안감, 수치심, 죄책감 등 부정적인 정서가 있으며, 잘못된 정보 때문에 성에 대해 오해할 수 있다. 특히 청소년기에 성적 충동을 제대로 조절하지 못하면, 조숙한 성행동과 임신, 성폭행 등의 심각한 성 문제가 발생할 수 있다. 최근에는 이전보다 영양 상태의 개선, 컴퓨터의 보급과 인터넷의 활성화로 청소년이 성적 자극에 더 많이 노출됨에 따라(신명희 외, 2013) 청소년의 성행동은 사회문제가 되고 있다.

이처럼 청소년기는 성역할을 처음 습득하는 시기로서 성인 남녀로서 각각 적절하다고 인정받는 행위나 태도인 성역할 정체성(Anderson, 1987)을 수용하고 인식해야 한다. 청소년기는 사회로부터 남성성과 여성성을 학습하고 요구받게 된다. 따라서 청소년이 인식하는 성역할은 현재 그 사회가 남성과 여성에 대해 가지고 있는 성 고정관념이 반영된 것이다. 이러한 성역할 정체성을 형성하는 일은 성인기의 발달과업인 결혼 및 가정생활에 큰 영향을 미친다. 물론 청소년 대부분은 자신의 생물학적인 성에 맞는 사회·문화적 정의와 기대를 혼합하여 자신의 성역할 정체성을 형성한다. 하지만 어떤 청소년들은 성역할 정체성의 혼란 때문에 동성애 및 이성과의 관계에 대한 두려움과 혼란을 경험할 수도 있다.

## 3. 인지적 특성

청소년기는 신체적 변화뿐만 아니라 자신의 미래를 생각하거나 예측하며, 과거에 믿었던 사실에 대해 의문을 제기하는 등 새로운 사고방식과 인지능력이 확대되는 시기이다. 청소년기는 피아제의 인지발달 단계에서 추상적인 대상에 대해서 논리적으로 사고할 수 있는 형식적 조작기(formal stage)에 해당한다(장휘숙 2009). 형식적 조작기의 특성은 눈앞의 현실 세계를 뛰어넘어 자신이 경험하지 못한 이상이나 가능성의 세계를 중요시하고, 구체적 사물에 한정되지 않고 추상적인 개념을 다룰 수 있고, 모든 가능한 개념의 조합을 체계적으로 고려할 수 있는 조합적 사고가 발달한다. 그 결과 어떤 문제에 직면할 때 청소년은 여러 요인을 고려하여 논리적이고 체계적으로 문제해결을 시도한다. 따라서 인지발달에서 청소년은 개인차가 있더라도 아동기의 인지능력을 뛰어넘는 자기 성찰 능력과 분별력을 갖게 된다. 또한 효율적으로 사고하고 문제해결 및 미래를 계획할 수 있는 능력을 얻게 된다. 이와 같은 인지발달은 청소년의 심리와 행동에 다음과 같은 영향을 미친다(김성이 외, 2010).

첫째, 청소년은 자아정체성을 형성하는 동시에 정체성 형성의 위기를 경험한다. 자아정체성 형성은 청소년기의 중요한 발달과업인 동시에 전 생애에서 인간이 획득해야 할 중요한 과업 중 하나이다. 자아정체성이란 자신이 평가하는 자기 모습과 타인이 보는 나의 모습이 일관되게 통합성을 이루는 것을 의미한다. 즉, 개인이 가지고 있는 다양한 지위와 역할과 관계없이, 과거나 현재 혹은 미래와 같은 시간의 경과와 관계없이 연속되고 일관된 모습을 갖는 것을 의미한다. 청소년은 자아정체성의 위기를 경험하기도 하는데, 이를 자아정체성 대 역할 혼란(identity vs. role confusion)이라 부른다(Erikson, 1968). 이처럼 자아정체성 형성 과정에서 청소년이 자아에 대한 특징을 선택하기 위해서는 탐색과 갈등 해결을 경험하게 된다. 그 결과는 〈표 2-1〉에서와 같이 탐색(exploration)과 헌신(commitment)이라는 두 가지 차원에 근거하여 마르샤(Marcia, 1980)는 네 가지 수준으로 분류하였다. 먼저 자아정체성 성취(achievement)는 자신의 가치를 명확히 알고 목표를 안정적으로 추구하며 자신의 상태에 대한 만족감과 방향성을 인식하고 있는 상태를 말한다. 유예(moratorium)는 삶의 가치와 방향성이 명확하지 않아 이를 찾고 싶은 마음과 선택을 위한 탐색에 머물러 있는 상태를 말한다. 이는 정체성 성취에 이르는 과도기 단계다. 유실(foreclosure)은 삶의 가치와 방향성의 설정에서 자신의 선택과 탐색이 빠진 채 권위적 인물 혹은 자신에게 영향력이 큰 사람이 대신 선택해 준 가치와 방향성에 전념하는 상태를 말한다. 부모가 제안하는 진로를 가능성이나 대안에 대한 탐색 없이 그대로 수용하는 경우가 그 예이다(이미리 외, 2019a). 혼미(diffusion)는 가치와 방향성을 적극적으로 탐색하고 목표를 분명히 하려는 노력과 의지가 모두 부족한 상태를 의미한다. 특히 청소년기는 자신의 사회적 · 직업적 역할에 대해 탐색은 했지만, 확고한 선택을 할 수 없을 때 심리 · 사회적 유예기간(psychological moratorium)을 두기도 한다. 즉, 삶의 가치와 방향성이 명확하지 않아 이를 찾고 싶은 마음과 선택에 머물러 있는 상태를 말한다. 이처럼 청소년기는 자아상에 대한 평가를 통해 자아존중감을 형성한다. 자아존중감은 청소년의 정신건강, 신체건강, 행동, 생활 적응 수준 등 다양한 영역에 걸쳐 긍정적인 영향을 미친다(Trzesniewski et al., 2006).

**[표 2-1] Marcia의 분류에 따른 자아정체성의 상태**

| | | 헌신 | |
|---|---|---|---|
| | | 있음 | 없음 |
| 탐색 | 있음 | 정체성 성취 | 정체성 유예 |
| | 없음 | 정체성 유실 | 정체성 혼미 |

둘째, 추상적인 대상에 대해서 논리적으로 사고할 수 있는 형식적 조작능력은 청소년의 인지적 활동 범위를 현저히 확대한다. 하지만 형식적 조

작능력의 부정적 영향은 청소년 자신과 타인의 사고와 감정을 구별하지 못하는 자아중심성(egocentrism)을 부추긴다. 자아중심성은 사회인지(social cognition) 능력의 결함에서 비롯되는데, 공간조망수용능력을 획득하지 못한 전조작기의 아동을 대상으로 수행한 피아제의 '세 산 실험'에서 기원한다. 전조작기의 아동과는 다르게 청소년은 타인의 생각과 관점을 추론할 수는 있지만, 이런 추론 과정에서 특징적인 인지적 결함을 보인다. 즉, 자기 신체와 행동에 몰두하는 청소년은 타인들도 자신과 똑같이 그들의 생각과 행동에 몰두한다는 잘못된 가정을 함으로써 자기중심적 사고를 한다. 청소년의 인지적 성장은 계속되지만, 청소년기의 자아중심성은 사회인지 능력의 발달을 방해한다(장휘숙, 2009).

일반적으로 청소년의 자아중심성은 그 특유의 특징적 행동으로 나타난다. 엘킨드(Elkind, 1978)는 청소년기가 자아중심성으로 표현되어 객관성이 없고, 자기 신체 변화 및 자기 몸에 대한 타인의 반응에 집착된 시기라고 강조하였다. 청소년기의 자아중심성은 상상의 청중과 개인적 우화라는 개념으로 설명할 수 있다. 먼저 상상의 청중(imaginary audience)이란 청소년기에 나타나는 지나치게 과장된 자의식을 반영하는 개념으로 자신이 항상 타인의 집중적인 관심의 대상이라고 지각하고 행동하는 경향을 말한다. 즉, 청소년 자신은 무대의 주인공이며, 타인들은 자신에게 관심을 집중하는 청중으로 생각하여 자신만의 상상의 청중을 만드는 것을 의미한다. 상상의 청중은 청소년의 시선 끌기 행동, 즉 타인의 눈에 띄고 싶은 욕망에서 비롯된다. 이러한 상상의 청중 때문에 청소년은 자의식이 강하고 대중 앞에서 유치한 행동을 하는 것이다. 예를 들어 청소년의 유치하고 요란한 옷차림의 이유는 자신이 매력적이라고 믿는 것과 타인들이 매력적이라고 생각하는 것을 구별하지 못하기 때문이다. 이처럼 청소년은 자신이 타인들의 관심과 초점이 된다고 생각하기 때문에 강한 자의식을 갖게 된다. 상상의 청중 현상은 청소년의 죽음에 대한 상상에서도 나타난다. 청소년은 때때로 자신이 죽는다면, 타인들이 어떤 반응을 보일 것인가를 상상한다. 그리고는 그가 유능하고 훌륭한 사람이라는 것을 뒤늦게 알게 된 사람들이 그의 죽음을 애석해하는 장면을 떠올리며 흐뭇해한다. 이러한 상상의 청중은 남성 청소년보다 여성 청소년에게서 더 많이 관찰되며, 대체로 15세 정도에 절정을 이루다가 점차 감소한다(허혜경 · 김혜수, 2010).

청소년기의 자아중심성을 반영하는 또 하나의 상황은 개인적 우화(personal fable)이다. 개인적 우화란 청소년 자신의 감정과 사고는 너무나 독특한 것이어서 타인들이 자신을 이해하지 못할 것이라고 상상하는 점이다. 즉, 청소년 자신은 많은 사람에게 매우 중요한 인물이라는 믿음 때문에 자신은 매우 특별하다고 생각하는 점이다. 청소년은 자신을 주인공으로 생각하고 이것이 자신에게만 통용된다고 상상한다는 의미에서 개인적이며, 현실성이 없다는 점에서 우화이다. 개인적 우화 현상에 의해 청소년 자신의 사고는 성인들과는 비교될 수 없으며, 성인들이 청소년 자신을 이해하는 것은 불가능한 일이라고 생각한다. 이러한 개인적 우화의 예로는 청소년이 경험하는 '첫사랑'을 들 수 있다. 누구도 자신과 같이 아름답고, 뜨거운 사랑을 경험하지 못했을 것이며, 그 사랑이 끝났을 때 느꼈던 하늘이 무너지는 것 같은 절망감과 비참함은 아무도 이해하지 못할 것으로 생각한다. 다른 예로 청소년은 타인들이 죽거나 다치더라도 자신은 죽지 않거나 다치지 않을 것으로 생각하는 '불멸'의 신념이다. 그것 때문에 청소년은 무모한 행동을 서슴없이 감행하다가 크게 다치거나 죽기도 한다. 특히 남성 청소년에게 빈번하게 발생하는 사고에 의한 사망이나 상해 혹은 약물중독 등은 개인적 우화의 전형적인 예이다. 여성 청소년에게 나타나는 개인적 우화는 청소년 임신의 문제이다. 예를 들어 자신은 다른 여성들과 달라서 피임약을 복용하지 않아도 임신하지 않을 것이라고 믿는 개인적 우화가 영향을 준다. 물론 개인적 우화에 의한 각종 사고는 여성 청소년보다 남성 청소년에서 훨씬 더 많이 발생한다(장휘숙, 2009). 특히 개인적 우화의 경향이 높을수록 청소년의 감각 추구 경향이 높아져 약물 남용이나 비행 행동을 자극하는 결과를 초래하기도 한다(Greene et al., 2000).

이러한 청소년의 자아중심성은 지나치게 자의식적인 동시에 타인들의 의견에 신경을 쓰지 않고 위험 행동이나 문제행동을 하는 청소년기의 독특한 정서적 · 행동적 경험 특성으로 사회적 및 지적 경험을 통해 점차 감소한다(Lapsley et al., 1989). 즉, 상상의 청중 현상은 타인들과의 사회적 상호작용을 통해 그들이 자신과 다른 견해를 가지고 있다는 것을 인식하면서 점차 감소한다. 동시에 개인적 우화는 특별한 타인들과 깊은 개인적 정서의 교류를 통해 자신이 그들과 다르지 않다는 것을 깨달으면서 극복된다. 청소년은 점차 타인들의 감정을 자신의 감정에 통합시키고 자신의 한계를 인식함으로써 사회 중심적이며 타인 지향적인 사고를 하게 된다(장휘숙, 2009).

## 4. 정서적 특성

청소년기는 급격한 신체 발달과 더불어 사회적으로 요구되는 과도한 발달과업 때문에 정서적으로 불안정하거나 역할 혼란을 경험하기도 한다(Erikson, 1968). 즉, 감수성이 풍부해져서 작은 일에도 쉽게 화를 내거나 불쾌해하는 등 정서적 변화가 심하여 충동적으로 행동하기 쉽고, 타인들과 비교하여 열등감이나 지나친 우월감을 가지기도 한다. 또한 친구나 부모의 이야기에 쉽게 분노하거나 슬픔에 잠기기도 하고, 지나치게 남을 의식해 수줍음이 많으며, 종종 이를 감추기 위해서 과장된 행동을 하기도 한다. 그 밖에도 어떤 일에 쉽게 열성을 보이고 호기심이 많거나 모방성이 강해 우상을 만들어 맹목적으로 추종하는 경향도 있다(김향초, 2015).

이러한 청소년기의 정서적 변화를 초래하는 원인으로는 급속한 신체적 발달과 호르몬 변화, 인지적 변화로서 형식적 조작능력의 획득, 자기 이해의 발달, 사회적 역할의 확대와 그에 따른 복잡한 적응 문제 등을 들 수 있다(Lloyd, 1985). 이외에도 가늘고 날씬한 사람을 바람직하게 생각하는 사회 · 문화적 영향, 청소년기의 부족한 영양 섭취, 입시 준비에 따른 극심한 피로 등도 청소년의 정서성(emotionality)을 증가시키는 요인이다(장휘숙, 2009).

이처럼 청소년기는 새로운 욕구인 성적 욕구가 발생하고, 경험하는 사회환경이 확대됨에 따라 불안감을 느낀다. 또한 과도한 기대나 자신의 무능과 다른 사람들의 무관심으로 실망하기 때문에 기분이 쉽게 변하게 된다. 그러나 아동기부터 청소년은 자신의 감정을 드러내는 것에 대해 억압받아왔다고 볼 수 있다. 특히 청소년은 공부에 많은 시간을 투자하지만, 자신의 감정을 인식하거나 표현하고, 타인들과 나누는 것에 대해서는 실제로 배우지 못하기 때문에 다양한 문제에 직면할 수도 있다. 따라서 청소년기의 중요한 발달과업 중의 하나는 청소년이 자신의 정서를 인식하고 감정을 이해하며 수용하는 것이다(김성이 외, 2010).

강하고 변화가 심한 극단적 정서를 경험하는 청소년은 언제 그리고 어떻게 감정을 표현하고, 그런 감정표현이 자신과 타인에게 어떤 결과를 가져올 것인지를 학습해야 한다. 청소년은 아동기 동안 학습한 정서적 억압을 느슨하게 하는 동시에 융통성 있는 통제 능력을 발달시킴으로써 그들의 정서를 조절할 수 있다(장휘숙, 2009). 이와 같은 청소년기의 정서적 특성을 살펴보면 다음과 같다(최윤미 외, 1998).

첫째는 격렬함과 동요성이다. 청소년은 친구나 부모의 반응에 쉽게 분노하거나 슬픔에 잠긴다. 이러한 격동성은 초기 청소년기에 더욱 두드러지게 나타난다. 하지만 청소년은 점차 자기 정서를 이해하고, 정서적 긴장을 해소하는 방법을 익히고 사회적 통제를 이해하면서 반항도 줄어든다.

둘째는 정서의 자극 대상이 변한다. 아동기는 사회적 학습 과정에서 불쾌한 정서 자극(벌, 열등감 등)을 받는다. 하지만 상대적으로 청소년기는 무능력감과 불안정감을 일으키는 대상에 대해 정서 자극(죽음, 부모의 불화, 친구를 잃는 것, 학교에서의 실패 등)을 많이 받는다.

셋째는 정서 표현의 내면화이다. 청소년기의 정서는 의식적으로 억제되는 경우가 많으므로 분노가 초조감이나 혐오감으로, 공포심이 불안이나 우울의 형태로 나타나기도 한다. 특히 억압된 강렬한 정서의 해소 방법으로 자살하는 예도 있다.

넷째는 성적 성숙의 영향으로 정서에 성적인 색채를 띠는 경우도 많다. 예를 들어 신체적 성숙과 더불어 성에 관한 관심과 욕구는 증가한다. 하지만 이를 수치스럽게 생각해 이성에 반감을 표시하거나 주변 사람에게 과장된 반항을 할 수 있다(조흥식 외, 2010).

다섯째는 개인차가 다양하고 두드러진다. 성공과 실패, 흥미, 사회적 요인 등으로 정서가 자극되지만, 어떤 상황에서 어떤 정서가 자극되는가는 개인차가 있다. 일반적으로 여성 청소년은 정서적 경향이 더 많이 나타나는데, 이는 사회환경이 그들에게 강한 억제를 요구하기 때문으로 볼 수 있다.

이와 같은 청소년기의 정서적 특성으로 긍정적인 것보다는 부정적인 정서가 증가할 수도 있다. 청소년기에 경험하는 부정적인 정서에는 우울, 공포와 불안, 외로움, 죄책감, 분노 등이 대표적이며, 성별에 따라 정서적 특성에서 차이를 보이기도 한다. 이러한 부정적 정서를 살펴보면 다음과 같다(장휘숙, 2009).

첫째는 극단적 슬픔이나 무감각의 상태가 상당 기간 지속하는 우울이다. 일반적으로 청소년은 좋지 못한 학업성적, 이성 친구와의 이별과 같이 자신의 기대가 좌절될 때 우울한 감정을 경험한다. 따라서 청소년기는 우울증에 가장 취약한 시기이며, 대체로 남성 청소년보다 여성 청소년이 임상적 우울증에 더 취약하다. 이는 같은 수준의 우울이 발현하더라도 생활의 다양한 요소에 미치는 영향은 차별적일 수 있다(유지애 · 김욱진, 2018).

둘째는 공포와 불안이다. 공포란 확인될 수 있는 특정 대상물에 대한 위험이나 위협을 느끼는 정서 상태이다. 일반적으로 개인이 경험하는 공포는 그것을 일으키는 상황이나 사건을 회피함으로써 지속한다. 시험 전에 배가 아프거나 머리가 아픈 것은 시험 상황을 회피하기 위한 무의식적 행동이다. '정서적 여성'과 '강하고 과묵한 남성'의 고정 관념적 성역할과 일치되게 여성 청소년이 공포를 더 자주 표현하는 경향이 있다. 한편, 불안은 막연하게 두려움이나 위협을 느끼는 정서 상태로서 불안을 일으키는 대상물을 찾을 수 없다는 것이 특징이다. 일반적으로 청소년의 불안은 강박적 행동이나 상황에 대한 부적절한 정서 반응 혹은 독단적 행동 등으로 표현된다.

셋째는 외로움이다. 청소년이 가진 개인적 우화는 부모나 타인들과의 접촉을 회피하게 함으로써 빈번하게 외로움을 느낀다. 동시에 또래 집단의 수용을 중요시하는 청소년은 그들로부터 소외될 때 버림받은 느낌을 경험한다.

넷째는 죄책감이다. 아동기보다 청소년기는 사회적 관계의 확대로 다양한 사람, 생각, 상황 등을 경험한다. 그에 따라 청소년은 아동기까지 부모와 학교를 통해 내면화한 가치관과는 전혀 다른 가치에 자주 노출된다. 지금까지 옳지 못하다고 배운 행동을 하는 친구들과 함께 그런 행동을 하면서 죄책감을 경험하기도 한다. 죄책감은 개인적 및 사회적 통제를 위한 내적 수단이지만, 지나친 죄책감은 개인적 및 사회적 발달을 방해한다. 특히 청소년의 과도한 자위행위는 죄책감을 유발하고 우울하게 만든다. 청소년기 동안 죄책감의 지배를 약화하고, '해야 하는 것'과 '하지 말아야 하는 것'을 자기 주도적으로 결정할 수 있어야 한다.

다섯째는 분노이다. 분노는 좌절의 결과로써 사람이나 사물에 대한 위협이나 언어적 혹은 신체적 공격으로 표출된다. 성숙함에 따라 청소년은 분노에 대한 반응으로 신체적 공격보다는 언어적 공격을 더 빈번하게 사용한다. 그들은 정서적 긴장을 해소하기 위하여 운동이나 일에 몰두하기도 한다. 청소년은 타인의 위선이나 무례한 행동, 부당한 대우와 무시, 가족의 편애나 자신에 대한 실망 때문에 분노를 일으킨다.

## 5. 사회적 특성

청소년기는 부모나 가족으로부터 분리되어 독립성과 자율성을 획득하려고 시도하는 시기이다. 즉, 아동기의 부모나 가족 중심의 대인관계에서 또래 친구 중심으로 변화하는 시기이다. 따라서 청소년을 통제하려는 부모와의 관계에서 잦은 갈등이 일어나고, 가족생활보다는 동성이나 이성 친구와의 또래 활동에 몰두한다. 청소년기의 사회적 특성을 살펴보면 다음과 같다(김성이 외, 2010; 장휘숙, 2009).

첫째, 부모로부터 개별화되고자 한다. 개별화란 청소년이 부모와 정서적인 유대를 지속하면서 자신을 부모와는 다른 독특한 한 사람의 인격체로 인식하고 경험하는 심리적인 과정을 말한다. 즉, 가족과 보내는 시간이 감소하고, 부모와의 대화 시간이나 활동의 공유 및 역할 분담의 참여가 약화하면서 가족관계가 이전보다 소원한 특징을 보인다(김향초, 2015). 이러한 영향으로 애착 대상이 부모에서 친구로 바뀌며, 부모와는 다른 가치관이나 생각을 내면화하게 된다. 이런 청소년의 개별화 노력은 성인으로 독립하는 데 있어 절대적으로 필요한 요소이다. 그러나 이러한 과정을 자연스러운 성장 과정으로 부모가 인정하지 않고 부모에 대한 도전이나 반항으로 인식할 때 부모와 청소년 간의 갈등이 증폭될 수 있다. 특히 어떤 부모는 청소년기 자녀를 이해하기보다는 아동기와 마찬가지로 지나치게 보호하고 간섭하기도 한다. 이러한 부모의 태도에 청소년은 불만을 품고 비판 또는 반항하거나 도피함으로써 부모와 극도의 긴장 관계를 형성하기도 한다. 이처럼 부모에게 반항하는 행동적 특성 때문에 제1의 반항기인 걸음마기에 비유하여 청소년기를 제2의 반항기라고도 부른다. 청소년기에 가족과의 갈등 없이 안정된 가족관계를 유지하기 위해서는 부모와 청소년 자녀가 서로의 의견을 경청하고, 그 차이와 극복 방안에 대해 상의하여 결정하여야 한다. 이러한 가족관계 유형이 형성될 때 청소년은 부모나 교사 등 성인의 생활양식을 부정하기보다는 인정하는 안정된 입장을 갖게 된다. 이러한 인식의 발달과 함께 제2의 반항기는 끝나게 된다(권중돈, 2021).

둘째, 동성이나 이성 친구 등 또래에 몰입한다. 청소년기 이전부터 또래와의 관계는 유지되지만, 그 이전과는 구별되게 청소년기는 서로 간에 심리적으로 관여하는 정도가 매우 깊어지고 비밀을 털어놓을 수 있는 친밀한 관계를 형성한다. 즉, 청소년은 부모나 가족과의 대화보다는 친구를 직접 만나거나 전화 통화를 하거나 스마트폰과 인터넷의 SNS로 소통하는 데 더 많은 시간을 보낸다. 특히 청소년은 오프라인보다 온라인에서 훨씬 활발하게 관계를 맺는데, 이는 현재 청소년이 온라인상의 관계에 대한 심리적 장벽이 그만큼 낮다는 것을 보여준다(최윤정 외, 2020). 이처럼 청소년은 같은 발달단계에서 비슷한 경험을 하는 또래와의 관계를 통해 자아정체성의 형성과 유지에 필요한 심리 · 사회적 지지를 얻는다. 청소년은 성장하면서 성인과 자신의 관계를 수직적으로 인식하지만, 또래와는 수평적 관계나 평등한 대인관계 형태를 배우게 된다. 따라서 또래와의 관계에서 시야를 넓히고 더 큰 사회를 익히며, 성인의 권위에서 독립적으로 행동할 수 있는 능력을 신장하는 데 도움을 받는다(이혜원 외, 2008). 특히 동성 친구와의 경험을 통해 적절한 성역할 행동 규범을 배우고, 신체적 변화를 자신의 성 정체성에 통합시키며, 성적 충동을 조절하게 되고, 성인이 되었을 때의 성역할에 대한 사회적 기대를 수용하게 된다.

청소년기의 또래는 청소년의 생각이나 행동의 준거 틀이 된다. 특히 중기 청소년기의 청소년은 자기 몸에 대한 집착에서 벗어나 친구에 관심을 두고, 친구가 이상적 기준을 마련해 주고 자아존중감을 조절하며 자신의 충동을 조절하는 대상으로 본다. 친구나 또래는 자신의 자아정체성이나 몸에 대한 이미지를 판단하는 거울이 되기도 한다. 또한 또래에 수용되고 인정받고 싶은 욕구 때문에 또래의 행동양식을 추구하는 경향(예, 친구들과 같은 옷을 입거나 같은 장신구를 씀)이 있으며, 친구들과의 이질적 특성으로 갈등과 수용을 반복하여 경험하게 된다. 나아가 또래 내에서 자신의 위치를 파악하거나 하위집단을 형성하기도 한다. 하지만 부모의 자기도취적(예, 학업에 대한 기대, 친구의 선택) 욕구가 청소년의 친구 관계에 영향을 미친다. 예를 들어 부모는 청소년기 자녀가 친구와 보내는 시간보다는 학업에 열중하기를 바라고, 부모의 기준에 맞는 특정 친구만을 사귀도록 종용하기도 한다. 그런데 청소년은 부모의 기준과 상관없이 친구를 선택하기 때문에 부모와의 갈등이 표출될 수 있다. 부모와 또래로부터 심리 · 사회적 지지를 받지 못하는 청소년은 부정적인 자아상을 형성하거나 사회적 거부와 배척의 감정 또는 고립감을 느끼기도 한다(김성이 외, 2010). 심지어는 또래에 수용되기 위해서 술, 담배, 약물 등을 배우거나 직접 문제행동을 하기도 한다. 또한 친구들의 거부와 무시를 당하는 청소년은 극도의 스트레스와 좌절감 때문에 정신건강 문제나 부적응적인 문제행동을 겪기도 한다.

CHAPTER

# 03

# 청소년 발달이론

# 03 CHAPTER 청소년 발달이론

**학·습·목·표**

- 생물학적 이론을 설명할 수 있다.
- 정신분석이론을 설명할 수 있다.
- 인지발달이론을 설명할 수 있다.
- 학습이론을 설명할 수 있다.

인간은 전 생애에 걸쳐 역동적 변화를 거듭하는 존재이다. 이러한 인간의 역동적 변화를 설명하는 개념이 발달(development)이다. 일반적으로 발달이란 인간의 수정에서부터 죽음에 이르기까지 전 생애에 걸쳐 체계적인 과정에 따라 이루어지는 일련의 변화의 양상과 과정을 의미한다. 즉, 발달이란 전 생애에 걸쳐서 신체 · 심리 · 사회적 측면에서 나타나는 질서정연하고 연속적이며 상승적 또는 퇴행적 변화 과정을 의미한다(권중돈, 2021).

청소년 발달도 다양한 요인에 의해 영향을 받는다. 이러한 청소년 발달을 설명하는 다양한 이론이 있지만, 그 어떤 이론도 청소년 발달을 총체적으로 설명할 수 없다(정옥분, 2019). 즉, 청소년 발달을 포괄적으로 이해하는 데 설명력이 큰 이론이 있지만, 그렇지 못한 이론도 있기 때문이다(정익중 외, 2021). 이러한 맥락에서 청소년 발달과 관련된 다양한 이론 중에서 생물학적 이론, 정신분석이론, 인지발달이론, 학습이론 등을 중심으로 살펴보고자 한다.

## 1. 생물학적 이론

생물학적 이론은 청소년 발달의 원동력으로 사춘기의 호르몬과 신체적 변화를 강조한다. 대표적인 생물사회학 이론가로는 청소년기에 관한 과학적 연구의 아버지로 알려진 Hall을 들 수 있다. 홀(G. S. Hall)은 다윈(C. Darwin)의 진화과정을 인간 발달에 적용하여 개체 발생(ontogeny, 개별적 유기체의 생물학적 발달)은 계통 발달(phylogeny, 종의 역사적 진화)을 반복한다는 진화론자의 주장을 그대로 수용하였다. 즉, 태내 발달은 인간의 진화과정과 매우 비슷한 발달단계를 거친다는 반복의 원칙을 인간 발달에 적용하였다. 그는 인류의 발달이 원시사회에서 문명사회로 발달하였듯이, 개인의 발달에서 유아기는 진화과정의 원시시대와 같으며 청소년기는 문명사회로의 진화 시기로 보았다. 이처럼 인간 발달은 유전적 요인에 의해 결정되며, 특히 유아기와 아동기는 환경의 영향을 거의 받지 않지만, 청소년기의 발달은 유전과 환경의 상호작용으로 이루어진다고 보았다(Steinberg, 2011).

홀은 1904년에 발간한 『청소년기(Adolescence)』에서 감정적 혼란과 반항의 시기로 청소년기를 언급하고, 이를 질풍노도의 시기(a time of storm and stress)로 명명했다. 질풍노도란 강한 바람과 성난 파도라는 뜻으로 청소년기의 격동적인 감정생활을 표현하는 말로 사용된다. 즉, 아동도 아니고 성인도 아닌 주변인 위치에 있는 청소년은 자아의식과 현실 적응 사이의 갈등, 소외, 외로움, 혼돈 등의 감정을 경험한다. 그러한 긴장과 혼란이 질풍노도의 시기로 만든다는 것이다. 또한 피할 수 없는 생물학적 변화인 사춘기의 호르몬 변화는 청소년들에게 변화를 일으키는 원인으로 보았다. 따라서 사춘기의 호르몬 변화로 어려움을 겪는 청소년을 돕는 방법을 마련하는 것이 사회가 할 수 있는 최선이라고 보았다(정규석 외, 2017).

홀은 청소년기의 특징적 행동이 생물학적 변화로부터 시작된다고 가정하였다. 이러한 생물학적 변화에 따른 사춘기의 신체적 변화와 사회적 및 정서적 성숙에 대한 사회의 요구 때문에 청소년은 혼란과 갈등을 경험한다고 주장하였다. 홀은 인간의 행동은 환경보다 유전의 영향에 의해 결정되고, 양육보다는 천성이 인간 발달에 더 중요한 요인이라고 믿었다. 이처럼 청소년기를 질풍노도의 시기로 명명한 홀의 견해가 오랫동안 청소년기에 대한 고정관념으로 작용하였지만, 문제는 실증적 연구로 뒷받침되지 못한 것이다. 대부분의 연구에서 청소년은 부모나 기성세대와 심각한 갈등 없이 청소년기를 보내고 있었다(송명자, 2008). 또한 홀의 이론은 청소년기 발달에서 생물학적 결정요인을 지나치게 강조할 뿐만 아니라 갑작스럽게 이루어진다고 가정했다는 점에서도 비판받는다. 홀은 인간 발달에 미치는 사회·문화적 요인의 중요성을 간과하였고, 청소년기 발달도 본질에서 점진적이고 단계적이며 계속 이루어진다는 것을 인정하지 않았다.

## 2. 정신분석이론

프로이드(Freud)는 정신분석이론을 인간의 성격, 정서 등 심리 · 사회적 발달과정을 설명하는 데 적용하였다. 에릭슨(Erikson)도 프로이트(S. Freud)의 전통을 이어받으면서도 인간 발달을 좀 더 폭넓은 관점에서 살펴보았다. 프로이트와 에릭슨(E. Erikson)은 공통으로 인간의 생존을 위한 기본욕구와 이를 충족시켜 주거나 억압하는 사회적 요인 간의 갈등과 그 극복과정을 통해 나타나는 성격 구조를 중시하고 있다. 그러나 내적 갈등과 극복과정을 설명하는 과정에서 어느 요인을 강조하느냐에 따라 관점을 달리하고 있다. 프로이트는 성욕이나 공격욕 등 인간의 본능적이고 무의식적인 욕구를 강조하지만, 에릭슨은 이러한 욕구를 충족시키거나 억압하는 사회적 요인을 강조하고 있다. 이러한 점에서 프로이트의 이론은 심리성적 이론이라 부르지만, 에릭슨의 이론은 심리 · 사회적 이론이라 부른다(송명자, 2008; 정규석 외, 2017).

### 1) 프로이트의 심리성적 이론

프로이트는 발달과정에서 나타나는 심리성적 갈등의 맥락에서 발달을 이해하고 있다. 그는 성적 에너지인 리비도(libido)가 집중적으로 표출되고 만족을 얻는 신체 부위의 변화에 따라 심리성적 발달단계를 구순기, 항문기, 남근기, 잠재기, 생식기의 다섯 단계로 구분하였다. 이러한 심리성적 발달단계에서 리비도가 추구하는 욕구가 적절히 충족될 때 개인은 정상적인 성격 발달을 이룰 수 있다. 하지만 리비도가 심하게 억압되거나 좌절된다면, 그 신체 부위의 욕구에 고착된다(송명자, 2008). 이러한 프로이트의 심리성적 발달단계를 살펴보면 다음과 같다(권중돈, 2021).

① 구순기

구순기(oral stage)는 출생~1.5세경의 시기에 해당하며, 유아의 생존 및 쾌락 획득과 밀접한 관련성을 지닌 신체 부위는 입, 입술, 혀이다. 따라서 유아는 빨기와 삼키기가 긴장을 줄이고 쾌락을 성취하는 주된 전략이다. 구순기의 욕구를 적절히 충족하게 되면, 유아의 발달과업인 개별화, 분리, 대상관계의 형성 등을 적절히 성취할 수 있게 된다.

② 항문기

항문기(anal stage)는 1.5~3세의 시기에 해당하며, 유아는 신경계의 발달로 괄약근을 본인의 의지에 따라 조절할 수 있다. 따라서 유아는 자신의 배변이나 배뇨를 조절할 수 있게 되며, 배설 행동을 중심으로 성격이 발달한다. 이처럼 항문기는 배변 훈련이 중요하기 때문에 부모와 자녀 간의 통제 문제는 매우 중요하다. 이러한 통제 문제가 성공적으로 해결된다면, 유아는 권위에 대해 균형 잡힌 존경을 표시할 수 있다. 하지만 이 단계에 고착된다면, 자신에게 몰입하거나 타인을 배려하지 못하는 성격 특성을 보이게 된다.

③ 남근기

남근기(phallic stage)는 3~6세까지 지속되며, 유아는 자기 성기를 자세히 관찰하고 자위행위를 하며, 부모에게 출생과 성에 대해 질문한다. 이 단계의 유아는 이성의 부모에 대하여 무의식적인 성적 소망을 품게 된다. 남아가 겪는 갈등을 오이디푸스 콤플렉스(Oedipus complex)라고 하며, 여아가 겪는 갈등은 엘렉트라 콤플렉스(Electra complex)라고 부른다. 이 시기에 유아는 동성 부모와 경쟁자의 관계를 형성하고, 질투와 분노 감정을 가지며 갈등을 경험하게 된다. 남근기의 발달과업을 성공적으로 해결한다면, 성역할의 동일시와 성적 정체성을 가질 수 있게 된다.

#### ④ 잠재기

잠재기(latency)는 6~12세 정도까지 계속되며, 아동의 성적 에너지가 무의식 속으로 잠복하여 외부로 표현되지 않는 성적 정숙기이다. 이 단계에서 정신 에너지는 자아 발달에 사용되어 학업에 관한 관심이 증가하고, 인생을 살아가는 데 필요한 사회적 기술을 습득하고 훈련하는 것에 주로 사용된다. 잠재기의 발달과업을 적절히 성취하게 되면, 아동의 학업이나 활동에 성취감을 느끼고 대인관계도 원만해져서 자신감과 적응 능력이 높아진다.

#### ⑤ 생식기

생식기(genital stage)는 사춘기 이후의 시기에 해당한다. 사춘기에는 생식기관이 발달하고 남성 또는 여성 호르몬의 분비가 많아짐에 따라 이차 성징이 발달하게 된다. 이러한 심리성적 이론에서는 홀의 견해처럼 청소년기를 격변기로 본다. 프로이트에 따르면, 사춘기의 호르몬 변화가 잠재기에서 형성되었던 심적인 균형을 뒤흔들어 놓는다. 즉, 사춘기의 호르몬 변화가 성적 욕구를 증가시키기 때문에 청소년은 잠재기에 억압되었던 성적 욕구와 이성에 관한 관심이 되살아나는 것을 경험하게 된다. 청소년기의 가장 큰 도전은 이러한 갈등을 해결하기 위한 심적 균형을 회복하는 것이다(Steinberg, 2011).

## 2) 에릭슨의 심리 · 사회적 이론

에릭슨(Erikson, 1982)은 프로이트와는 다르게 심리 · 성적 갈등보다는 심리 · 사회적 갈등에 초점을 두고 있다. 프로이트는 본능적 충동에 지배되는 원초아(id)의 발달을 강조하지만, 에릭슨은 생각, 정서, 행동을 조절하는 자아(ego)의 발달을 강조하고 있다(Steinberg, 2011). 에릭슨은 자아를 평생의 신체 · 심리 · 사회적 발달과정에서 외부 환경에 대처하고 적응하는 과정에서 형성되는 역동적인 힘으로 규정하였다. 에릭슨은 내적인 본능 및 욕구와 외적인 문화 · 사회적 요구 간의 상호작용으로 인해 심리 · 사회적 발달이 전 생애를 통해 계속된다고 주장하였다. 에릭슨의 전 생애에 걸친 심리 · 사회적 발달에 관한 관점에서 점성원리(epigenesis principle)란 인생 주기의 이전 단계의 발달을 토대로 다음 단계의 발달이 이루어진다는 것이다(Erikson, 1982).

에릭슨은 변화하는 욕구의 충족을 위해 환경과 접촉하는 과정에서 개인이 경험하는 위기와 극복과정을 성격 발달의 주요인으로 보고, 8단계의 심리 · 사회적 발달단계로 구분하였다. 단계마다 욕구가 충족되는 긍정적 경험과 좌절되는 부정적 경험이 교차하는 과정에서 자아 양식은 일종의 위기인 갈등 상황을 경험하게 된다. 즉, 각 발달단계는 나름의 갈등이 있으며, 그 갈등은 양극의 결과를 초래할 수 있다. 만일 긍정적 경험이 부정적 경험의 비율보다 높으면 위기는 긍정적으로 극복되며 개인은 긍정적 성격으로 발달하지만, 반대의 경우 부정적 성격을 형성하게 된다(송명자, 2008). 에릭슨이 제시하는 성공적인 해결은 반드시 긍정적인 측면만을 의미하는 것은 아니다. 최상의 해결책은 긍정적 측면과 부정적 측면이 균형을 이루는 것이다. 이러한 에릭슨의 심리 · 사회적 발달단계의 특징을 제시하면 다음과 같다(권중돈, 2021; 장휘숙, 2009).

① 기본적 신뢰감 대 불신감

심리 · 사회적 발달의 첫 단계인 기본적 신뢰감 대 불신감(sense of trust vs. distrust)의 위기는 출생~2세에 나타나며, 프로이트의 구순기에 상응하는 단계이다. 이 시기에 모성 인물로부터 적절한 보살핌을 받아 기본적인 욕구가 충족된 영아는 신뢰감을 형성하지만, 욕구 좌절 때문에 부정적 경험이 많은 영아는 불신감을 형성하게 된다. 이 시기에 형성된 기본적 신뢰감 또는 불신감은 평생 지속하며, 다음 단계의 성격 발달에 직접적인 영향을 미친다. 그러나 영아는 신뢰감과 불신감을 모두 경험해야 한다. 신뢰감만 경험한다면, 너무 속기 쉬운 개인이 될 수도 있다. 따라서 불신감과 신뢰감을 구별하는 것을 배우기 위해서라도 적당한 양의 불신감을 경험할 필요가 있다. 중요한 것은 모성 인물의 보살핌을 통하여 신뢰감을 형성한 영아는 처음으로 나타나는 심리 · 사회적 강점인 희망, 즉 좌절과 실망에도 불구하고 미래에 좋은 것이 성취될 것이라는 기대를 형성하게 된다.

### ② 자율성 대 수치심과 의심

두 번째 심리 · 사회적 발달단계인 자율성 대 수치심과 의심(sense of autonomy vs. shame and doubt)의 위기는 2~4세경에 나타나며, 프로이트의 항문기에 해당한다. 이 단계의 유아는 신체적 · 생리적 성숙으로 말을 할 수 있고, 걸을 수 있어서 세상을 탐색하기 시작한다. 혼자서 먹으려고 하다가 주위를 엉망으로 만들며, '내가' 또는 '아니오.'라는 언어 표현을 통해 자율성을 보인다. 자율성은 생리적 성숙으로 혼자 서는 것, 손을 사용하고 항문 근육을 조절할 수 있는 것으로부터 시작되지만, 수치심과 의심은 사회의 기대나 압력에 대한 자각으로부터 시작된다. 이러한 수치심이란 다른 사람의 눈에 자신이 좋지 않게 보일까 하는 두려움이며, 의심이란 자신이 그렇게 힘 있지 않으며 다른 사람이 자신을 통제할 수 있다는 느낌이다.

이 단계의 심리 · 사회적 위기를 유아가 극복하기 위해서는 유아의 행동을 자유롭게 조절하도록 허용하는 부모의 의지에 달려 있다. 바람직한 상태란 유아가 너무 많은 자율성을 잃지 않고, 사회의 규제에 적응하도록 하는 것이다. 따라서 이 시기에 부모는 과도한 통제보다는 자율성을 경험하도록 교육하는 것이 중요하다. 하지만 부모가 인내하지 못하고 유아를 대신하여 일을 처리하거나 유아가 할 수 없는 것을 혼자서 해야 한다고 지나치게 요구할 때 수치심을 갖게 된다. 이 시기의 심리 · 사회적 위기를 성공적으로 해결하면, 유아는 의지인 자기 절제뿐만 아니라 자유롭게 선택할 수 있는 결단력을 형성하게 된다. 반면에 자율성 대 수치심의 부정적 결과는 강박증, 즉 충동을 제한하기 위하여 반복적 행동을 하게 된다.

### ③ 주도성 대 죄의식

세 번째 심리 · 사회적 발달단계인 주도성 대 죄의식(sense of initiative vs. guilt)의 위기는 4~6세경에 나타나며, 프로이트의 남근기에 해당한다. 이 시기의 유아는 놀이와 자신이 선택한 활동에 더 많은 관심을 보인다. 즉, 유아는 자신의 활동을 계획하고, 목표를 수립하며, 이를 달성하려고 노력한다. 신체적 놀이와 상징 놀이를 통해 성인의 행동을 모방함으로써 유아는 성인처럼 되는 것이 어떤 것인가를 알게 된다.

유아의 주도성 발달 정도는 부모가 어떻게 반응하느냐에 달려 있다. 유아가 스스로 환경을 탐색하고 행동할 수 있도록 부모가 격려하면, 유아는 주도성을 형성하게 된다. 하지만 유아가 스스로 어떤 일을 완수할 기회를 부모가 부여하지 않고, 꾸지람한다면 죄의식을 내면화하게 된다. 이러한 죄의식은 사회적응을 위해 필요하지만, 주도성을 억제한다. 부모는 권위주의적인 방식보다는 민주적인 양육방식으로 유아가 주도성을 확립하도록 도와야 한다. 이 단계의 심리 · 사회적 위기를 성공적으로 극복하면, 유아는 강한 목적의식, 즉 가치 있는 목표를 계획하고 추구하는 용기를 형성하게 된다. 하지만 과도하게 방해받는다면, 유아는 목표 달성의 의지와 용기가 부족하고, 생각과 표현의 자유를 방해하는 금지의 감정이 강하게 나타날 수 있다.

### ④ 근면성 대 열등감

네 번째 심리 · 사회적 발달단계인 근면성 대 열등감(sense of industry vs. inferiority)은 아동기인 6~12세경에 나타나며, 프로이트의 잠재기에 해당한다. 이 시기 아동의 중요한 과업은 공식적 교육을 통하여 인지적 기술과 사회적 기술에 숙달하는 것이다. 즉, 이 시기의 아동은 정해진 규칙에 따라 또래와 협동하고 어울릴 수 있는 능력뿐만 아니라 연역적 추리, 자기통제 등의 능력을 발전시켜야 한다.

이 시기의 아동은 학교에서 부과하는 여러 과제를 성실하게 수행하는 과정에서 근면성의 획득을 통하여 전 생애에서 중요한 과업 성실성을 갖게 된다. 하지만 아동은 가정과 학교에서 부모나 교사가 요구한 과업을 성취하지 못하거나 자기 능력이나 지위가 또래와 비교하여 부족하다고 느낄 때 열등감을 경험하게 된다. 따라서 아동을 격려하며 재능을 북돋워 주는 교사나 부모의 역할이 매우 중요하다. 이 단계의 심리 · 사회적 위기를 성공적으로 극복하면, 아동은 유능감, 즉 업무 수행에 필요한 지식이나 기술을 가지고 있다는 확신을 형성하게 된다. 하지만 부정적으로 해결하면, 아동은 생산적 작업을 방해하는 사고와 행동의 마비를 의미하는 비활동성이라는 결과를 얻게 된다.

### ⑤ 정체성 대 정체성 혼란

다섯 번째 심리 · 사회적 발달단계인 정체성 대 정체성 혼란(identity vs. identity diffusion)은 청소년기이자 프로이트의 생식기에 해당하는 자아정체성을 확립하는 시기이다. 자아정체성이란 자신의 존재, 사회에서 자신의 위치에 관한 생각을 말하며, 자기 능력, 역할, 선호에 관한 생각, 전반적 가치관, 사회관, 인생관을 포함한다. 즉, 청소년은 주어진 권위에 순종하던 데서 벗어나서 내적으로 스스로 확신하는 독특한 자기 모습을 찾기 위해 고민하게 된다. 이 과정에서 "나는 누구인가?" "인생이 무엇인가?" 등의 질문을 하면서 해답을 얻기 위해 노력한다(정규석 외, 2017).

청소년기는 이상적인 가정, 종교, 철학, 사회를 동경하지만, 현실적 여건이 이런 이상향을 충족하지 못하기 때문에 고민하게 된다. 청소년의 고민은 다른 사람들의 눈에 좋지 않게 보이거나 기대에 어긋날지도 모른다는 두려움, 현재 자신의 존재에 대한 불확신, 자신이 앞으로 사회에서 어떤 지위와 역할을 갖게 될지에 대한 불안감 등이다. 이런 고민의 과정에서 청소년은 자기 모습을 희미하게 깨닫고 자기 삶에 대한 방향 감각을 갖게 된다, 정체성 혼란을 극복하고 정체성을 확립하려는 청소년에게 사회는 여러 가지 역할과 행동양식을 시험할 수 있도록 허용하는 동시에 적절한 진로지도가 필요하다. 이 단계의 심리 · 사회적 위기를 성공적으로 극복하면, 청소년은 충성심, 즉 자신이 자유롭게 결정한 것을 지속해서 지킬 수 있는 능력을 형성하게 된다. 하지만 정체성의 위기를 극복하지 못한 청소년은 부정적 정체성을 느끼게 되어 비행과 같은 부적응적 행동을 보이거나 성인기의 발달과업도 제대로 성취하기 어렵게 된다.

## 3. 인지발달이론

인간 발달을 이해하면서 프로이트와 에릭슨은 정서적 및 사회적 발달에 초점을 두었지만, Piaget는 인지 혹은 사고의 발달에 초점을 두었다. 인지발달이론으로 더 잘 알려진 피아제로부터 학문적 영향을 많이 받은 콜버그(L. Kohlberg)는 피아제의 도덕성 발달이론을 정교화시켜 자신의 도덕성 발달이론을 확립하였다(허혜경 · 김혜수, 2010). 여기서는 피아제의 인지발달이론과 콜버거의 도덕성 발달이론을 살펴보고자 한다.

### 1) 피아제의 인지발달이론

피아제(J. Piaget)에 의하면 인지발달은 유기체와 환경 간의 상호작용으로 이루어지는 적응과정이며, 인간은 출생하여 청소년기까지 성장하면서 질적으로 구분되는 4단계의 인지발달 단계를 통과하게 된다고 한다. 질적으로 다른 4단계는 정해진 순서대로 진행되고, 단계가 높아질수록 복잡성이 증가한다. 각 단계에서 나타나는 사고와 추론의 특징을 이해하면, 그 시점에서의 전반적 발달을 더 잘 파악할 수 있다(송명자, 2008; 정옥분, 2019).

#### ① 감각운동기

감각운동기(sensorimotor stage: 0~2세)는 주로 행동을 통해 세계를 이해하는 단계로서 감각기능과 운동기능이 발달한다. 이 단계에서 유아의 행동은 자극에 대한 반응이며, 이때 자극은 감각이고 반응은 운동이라서 감각운동기라고 부른다. 즉, 잡기, 빨기, 보기 등과 같은 단순한 반사 기능에서 잡기-빨기 도식, 잡기-보기 도식 등과 같은 다양한 감각 운동적 도식으로, 다양한 감각 운동적 도식에서 의도적 · 체계적 행동으로 발달하며, 대상영속성과 표상이 형성된다.

② 전조작기

전조작기(preoperational stage: 2~6세)가 되면 유아의 언어가 급격히 발달하고 상징적으로 사고하는 능력도 향상한다. 그러나 전조작기는 완전한 지적 사고의 이전 단계로서 자기중심적 사고, 일의 과정보다는 눈에 보이는 결과에 초점을 맞추는 직관적 사고를 하는 시기이다. 여기서 '조작'이란 과거에 일어났던 사건들과 상황들을 내면화시켜 이들을 논리적으로 서로 관련지을 수 있는 것을 뜻한다. 그러나 전조작기는 논리적인 조작이 불가능하므로 전조작기라 부른다. 전조작기 사고의 특징은 상징 놀이, 자기중심적 사고, 직관적 사고 등이다. 여기서 자기중심적 사고란 타인의 생각, 감정, 지각, 관점 등이 자신의 것과 같다고 가정하는 사고를 말한다. 또한 직관적 사고란 대상이나 상황이 갖는 단 한 가지의 가장 현저한 지각적 속성으로 그 대상이나 상황의 성격을 판단하는 사고를 말한다.

③ 구체적 조작기

구체적 조작기(concrete operational stage: 6~12세)에서 아동은 자기중심성에서 탈피하고 관계성을 이해할 수 있으며, 전조작기에서 갖지 못한 가역성의 특성을 보인다. 또한 한 차원에서의 변화가 다른 차원에서의 변화와 상쇄됨을 이해하는 보존개념을 획득하고, 유목화와 서열화를 할 수 있다. 그러나 구체적 조작기의 아동은 어떤 문제를 해결할 때 현재의 구체적인 경험에 제한되는 경향을 보인다.

④ 형식적 조작기

형식적 조작기(formal operational stage: 12세 이후)의 청소년은 구체적인 물건이나 사건을 조작한 후에 어떤 결과가 나타나는지를 검증하는 아동의 인지 수준을 넘어 성인과 같은 논리적, 추상적, 체계적, 이상주의적 사고의 특징을 보인다. 형식적 조작기의 특징은 다음과 같다. 첫째, 새로운 상황에 직면할 때 현재의 경험뿐만 아니라 과거와 미래의 경험을 이용한다. 즉, 구체적 조작기의 아동은 현재의 문제만 다루지만, 형식적 조작기의 청소년은 시간을 초월하여 문제를 다룬다. 둘째, 추상적 사고가 가능하다. 구체적 조작기의 아동은 눈에 보이는 구체적 사실에 대해서만 사고가 가능하지만, 형식적 조작기의 청소년은 추상적인 개념도 이해할 수 있다. 셋째, 체계적인 과학적 사고가 가능하다. 즉, 형식적 조작기의 청소년은 문제해결을 위해 사전에 계획을 세우고, 체계적으로 해결책을 시험한다. 넷째, 이상주의적 사고를 한다. 즉, 구체적 조작기의 아동은 구체적 사실에만 제한된 사고를 한다. 반면에 형식적 조작기의 청소년은 이상적인 특성, 즉 자신과 타인들에게 이상적이었으면 하는 특성들에 대해 사고하기 시작한다(정옥분, 2019).

이러한 사고능력의 향상으로 청소년은 "나는 누구인가?"와 같은 추상적인 질문을 자신에게 할 수 있게 된다. 또한 청소년은 더는 자기 부모가 절대적인 존재가 아니라는 사실을 알게 되며, 부모와 다른 의견을 제시하려는 행동을 보이기도 한다. 이러한 행동은 인지능력의 발달에 의한 자연스러운 결과로 볼 수 있다. 그러나 유의할 점은 모든 청소년이 이런 사고를 할 수 있는 것은 아니다. 따라서 청소년기의 형식적 조작사고를 촉진하기 위해서는 논리적으로 사고하고 탐색할 기회를 더 많이 제공하는 체계적인 교육환경이 필요하다.

## 2) 콜버거의 도덕성발달이론

콜버거(L. Kohlberg)는 피아제의 도덕성발달이론을 발전시켜 3수준 6단계의 도덕성 발달이론을 확립하였다(송명자, 2008). 콜버거 이론의 가장 큰 특징은 도덕성 발달이 인지발달 수준에 따라 그 수준과 단계가 결정된다는 것이다. 개인의 도덕성 발달단계를 평가하기 위하여 콜버거는 가상의 도덕적 갈등 상황을 제시한 후에 개인이 자신의 판단을 정당화하기 위해 어떤 이유를 제시하는가에 관심을 두었다. 특히 개인이 사건의 의도나 결과를 어떻게 이해하며 인습적 규칙과 추상적 원리를 어떻게 적용하는지가 중요하다. 여기서 인습(convention)이란 이전부터 전해 내려오는 풍속이나 습관으로 식탁에서의 예절, 의복, 머리 모양, 인사 예절, 성역할 등에서 나타나는 그 사회 특유의 합의된 행동 규범을 의미한다. 그러므로 인습은 그 사회가 정한 규칙이나 금지규정으로 규정이 달라지면 언제나 변할 수 있는 특성을 보인다. 콜버거는 인습의 이해 수준에 기초하여 3수준 6단계의 도덕성 발달단계를 제시하였다(장휘숙, 2009).

### ① 수준 1: 전인습적 수준

전인습적 수준(pre-conventional level)에서는 자기중심적이며 사회의 규칙이나 기대를 잘 이해하지 못하는 수준의 도덕적 판단을 한다. 이 수준의 아동은 매우 자기중심적이어서 타인의 상황을 이해하지 못하고, 자신의 욕구 충족에만 관심이 있다. 이 수준은 두 단계로 나뉘며, 사회적 인습을 이해하지 못하는 수준 1의 전인습적 수준의 아동은 기쁨을 얻고 고통을 회피하려는 이기적 소망을 기초로 도덕적 추리를 한다.

■ **단계 1: 처벌과 복종 지향**

결과에 따라 옳고 그름을 결정하며, 처벌을 피하고자 규칙에 순응하거나 힘이 있는 사람에게 무조건 복종하는 것이 도덕적 가치를 지닌다. 이 단계의 아동은 결과만 가지고 행동을 판단한다. 즉, 보상받는 행동은 좋은 것이고, 벌을 받는 행동은 나쁜 것이므로 아동은 벌을 피하려고 복종한다. 예를 들어 지민은 부모에게 야단을 맞을까 봐 차가 달리는 거리에서 뛰어다니지 않는다.

■ **단계 2: 도구적 상대주의 지향**

자신이나 타인의 욕구를 도구적으로 충족시키는 것이 옳은 행위이며, 인간관계는 시장 원리와 유사하다. 진정한 정의나 관용보다는 서로의 등을 긁어 주는 것과 같이 자신에게 돌아오는 이익을 생각하는 수단적인 호혜성의 수준에 그친다. 이 단계에서 아동은 타인의 입장을 고려하기 시작하지만, 대부분 자신이 원하는 것만을 얻기 위해서이다. 예를 들어 지민은 어머니가 약속한 상 때문에 찻길에서 뛰어다니지 않는다.

② 수준 2: 인습적 수준

인습적 수준(conventional level)에서는 타인의 입장을 고려하게 되어 가족, 사회, 국가의 기대를 유지하는 것 자체가 그 결과와는 무관하게 가치를 지닌다. 즉, 사회관습에 걸맞은 행동을 도덕적 행동으로 간주한다.

■ **단계 3: 대인 간 조화 또는 착한 소년-소녀 지향**

이 단계에서 옳은 행동은 타인을 기쁘게 하거나 도와주며, 타인의 인정을 받는 것이다. 심리적인 인정 여부에 관심이 있으며, 착해짐으로써 타인의 인정을 얻는다. 이 단계부터 사회적 규제를 수용하며, 의도에 의해 행위의 옳고 그름을 판단하기 시작한다. 이 단계에서는 동기나 의도가 중요하며, 신뢰, 충성, 존경, 감사의 의미가 중요하다. 예를 들어 정희는 동생 장훈이가 자기를 믿기 때문에 장훈이가 담배 피우는 것을 부모님께 말씀드리지 않는다.

■ **단계 4: 법과 질서 지향**

이 단계에서는 자신이 속한 사회의 법과 규범에 따라 도덕적 판단을 한다. 권위자를 존중하고 사회 질서를 유지하는 것이 옳은 행동이다. 예를 들어 장훈이의 아빠는 사회의 법과 질서를 준수하기 위해 보는 사람이 없더라도 '멈춤' 표지판 앞에서 차를 멈춘다.

### ③ 수준 3: 후인습적 수준

후인습적 수준(post-conventional level)에서는 집단의 권위를 행사하는 사람들과는 무관하게 도덕적 가치와 원리를 진행하고자 한다.

■ **단계 5: 사회적 계약 지향**

개인의 권리를 존중하고 사회가 인정하는 기준을 준수하는 것이 옳은 행위이다. 사회적 약속은 대다수 사람의 더 나은 이익을 위해 항상 바뀔 수 있는 것으로 판단되며, 이전 단계와 달리 도덕적 융통성을 가진다.

■ **단계 6: 보편적인 윤리적 원리 지향**

옳은 행동은 자신이 선택한 윤리적 원리와 일치하는 양심에 의해 결정된다. 이 원리는 구체적인 규율이 아닌 인간의 존엄성, 정의, 사랑, 공정성에 근거를 둔 추상적이며 보편적인 행동 지침이다.

도덕성 교육의 방향 제시에 큰 공헌을 한 콜버거의 도덕성 발달이론은 청소년기의 도덕성 함양과 관련하여 주는 시사점은 다음과 같다(허혜경 · 김혜수, 2010). 첫째, 부모는 도덕적인 역할 모델로서 중요한 기능을 하므로 애정적이면서도 도덕적인 기준을 명확히 제공하여 자녀를 적절히 통제하는 것이 필요하다. 청소년이 가지고 있는 도덕적 규준과 부모의 것이 다를 때에는 논리적으로 설명해 주는 것이 도덕성 발달에 긍정적인 영향을 미친다. 둘째, 가정에서 또는 학교에서 가상이거나 실제인 도덕적 문제를 토론하는 기회를 통해 청소년의 도덕적 향상을 촉진할 수 있다.

## 4. 학습이론

행동이 발생하는 환경을 강조하는 학습이론에서는 청소년기를 특별한 발달 시기로 간주하지 않으며, 인간 행동의 기본과정은 다른 시기의 과정과 청소년기의 과정이 같다고 본다(정규석 외, 2017).

### 1) 행동주의 학습이론

행동주의 학습이론(behavioral learning theory)에서는 청소년 행동의 주요 영향 요인으로서 강화와 처벌을 강조한다. 이러한 견해를 주창한 스키너(B.F. Skinner)의 조작적 조건형성 이론, 즉 사람들은 어떤 행동에 대해 보상이 주어지면 그 행동을 계속하고, 반대로 아무런 보상이 없거나 처벌을 받게 되면 그 행동을 중단 또는 하지 않으려 한다는 것이다. 이러한 조작적 조건형성 이론에서 강화(reinforcement)는 어떤 행동이 또 발생할 가능성을 높이는 과정을 말하지만, 처벌(punishment)은 어떤 행동이 다시 발생할 가능성을 낮추는 과정으로 정의된다. 이러한 관점에서 볼 때, 청소년의 행동은 청소년이 경험하는 다양한 강화와 처벌의 결과다, 예를 들어 학교에서 잘하려고 노력하는 청소년은 과거에 이러한 행동에 대해 강화를 받았거나 혹은 이렇게 행동하지 않았을 때 처벌을 받았기 때문에 그렇게 행동한다고 본다.

### 2) 사회학습이론

사회학습이론(social learning theory)은 청소년이 행동을 학습하는 방법을 강조한다. 즉, 밖으로 드러나는 행동에만 초점을 맞추는 행동주의 학습이론과는 대조적으로 반두라(A. Bandura)의 사회학습이론은 관찰학습(observational learning)의 과정에 더 큰 비중을 둔다. 모방학습, 대리학습, 모델링 등으로 불리는 관찰학습에 따르면 청소년은 환경 요인의 강화와 벌과 같은 환경적 자극에 대한 반응을 통하여 행동을 학습하는 것이 아니라 타인의 행동을 관찰하고 모방을 통해 학습한다는 것이다. 예를 들어 청소년은 아이돌 가수들의 노래와 춤을 보고 배우거나 그들의 모습이나 행동을 학습한다. 이처럼 사회학습이론은 친구들의 영향 혹은 압력에 의해 청소년이 어떻게 영향을 받는지를 설명하는 데 크게 이바지했다.

CHAPTER

# 04

# 청소년복지의 이해

1. 청소년복지의 개념
2. 청소년복지의 특성
3. 청소년복지의 목적과 목표
4. 청소년복지의 원칙
5. 청소년복지 실천의 관심 영역

# 04 CHAPTER 청소년복지의 이해

학·습·목·표

- 청소년복지의 개념과 특성을 설명할 수 있다.
- 청소년복지의 목적과 목표를 설명할 수 있다.
- 청소년복지의 원칙을 설명할 수 있다.
- 청소년복지실천의 관심 영역을 설명할 수 있다.

## 1. 청소년복지의 개념

사회복지학의 한 분야인 청소년복지의 개념은 매우 다양하며, 각 개념의 강조점은 조금씩 다르다. 먼저 장인협과 오정수(2001)는 청소년복지를 아동복지와 구분하지 않고 사용하면서 아동 · 청소년복지를 사회구성원으로서의 아동과 청소년의 기본적인 욕구를 충족시키고 건전한 성장과 발달을 도모하기 위하여 여러 가지 활동을 가능케 하는 공적인 방법과 절차로 정의하였다. 홍봉선과 남미애(2018)는 청소년복지의 개념을 아동복지와 구별되는 독립된 사회복지 분야 중의 하나로서, 청소년의 기본적 욕구의 충족과 건강한 성장 · 발달의 촉진은 물론 청소년이 현재 사회구성원의 한 사람으로서 주체적인 삶을 영위하도록 하고, 더 나아가 청소년을 둘러싼 환경이 청소년의 성장을 돕기 위해 최적의 기능을 발휘할 수 있도록 청소년과 가정, 사회를 통해 직 · 간접적으로 제공되는 모든 사회정책과 관련 제도 및 전문적 활동으로 정의하고 있다. 또한 「청소년 기본법」(제3조 제4호)과 「청소년복지 지원법」(제2조 제2호)에서 "청소년복지란 청소년이 정상적인 삶을 누릴 수 있는 기본적인 여건을 조성하고 조화롭게 성장 · 발달할 수 있도록 제공되는 사회적 · 경제적 지원으로" 정의하고 있다. 여기서는 청소년복지를 대상인 청소년보다는 환경에 초점을 두고 정의하고 있다.

이봉주(2008)는 청소년복지란 위험으로부터 청소년을 보호함으로써 청소년의 건전한 발달을 지향하는 청소년육성을 보완하고, 청소년육성을 통하여 청소년을 위험으로부터 적극적으로 보호할 수 있다고 규정하고 있다. 이처럼 청소년복지를 청소년보호와 청소년육성을 포함하는 개념으로 보면서 보호와 육성이 상호 보완적임을 강조하고 있다. 즉, 청소년복지는 청소년을 대상으로 한 문제의 예방 및 해결, 청소년의 능력계발, 유해환경으로부터의 보호 및 건전한 발달을 지원하기 위한 환경조성을 포함하는 개념으로 보고 있다. 이와 유사한 맥락에서 정규석 등(2017)도 청소년복지란 요보호청소년과 일반청소년을 포함한 모든 청소년의 기본적 욕구를 충족시키고, 청소년 문제를 해결하고 예방하며, 신체적 · 인지적 · 정서적 · 사회적으로 건강한 성장과 발달을 촉진하고, 능력을 계발하며, 유해환경으로부터 보호하고 건강한 발달을 지원하기 위한 환경을 조성하는 정책적 · 실천적 활동으로 정의하고 있다.

청소년복지는 대상 범위에 따라 좁게 혹은 넓게 정의될 수 있다(김성이 외, 2010). 먼저 좁은 의미의 청소년복지란 요보호청소년 혹은 문제 청소년을 대상으로 하는 복지이다. 즉, 발달상의 장애 혹은 정서 · 행동 문제를 가진 청소년이거나 구조적으로나 기능적으로 부적절한 양육환경인 빈곤가정이나 학대와 폭력 및 해체가정에서 성장하는 청소년을 대상으로 하는 복지를 의미한다. 이처럼 특별한 보호가 필요한 청소년을 위한 부모와 가족의 역할은 한계가 있으므로 국가와 지방자치단체의 지원이 매우 강조된다(정익중 외, 2021). 다음으로 넓은 의미의 청소년복지란 좁은 의미의 청소년복지 대상뿐만 아니라 일반청소년을 포함한 모든 청소년을 대상으로 하는 복지를 말한다. 즉, 넓은 의미에서 청소년복지는 대상 집단이 요보호청소년과 같이 특정 집단에만 국한되는 것이 아니라 일반청소년과 청소년의 생활에 가장 직접적인 영향을 미치는 부모와 가족을 포함하며, 청소년에 대한 직접적 서비스뿐만 아니라 간접적 서비스인 모든 정책과 제도를 포함하는 광범위한 개념이다. 또한 청소년복지는 기본적 욕구의 충족을 넘어서 주체적인 삶을 위해 이들의 발달과 기능을 최적으로 촉진, 발휘할 수 있도록 보장하고 서비스 제공의 주체도 민간과 정부 기관의 모든 서비스를 포함하고 있다(김성이 외, 2010).

이처럼 다양한 청소년복지의 개념 정의들은 청소년복지의 대상, 목표 및 초점, 접근방법 등을 공통 요소로 포함하고 있다. 먼저 청소년복지의 대상은 요보호청소년인 위기청소년과 일반청소년을 포함한 모든 청소년이다. 목표 및 초점은 청소년의 기본적 욕구 충족, 문제의 해결 및 예방, 건강한 성장과 발달 및 능력계발, 유해환경으로부터의 보호 및 건강한 환경조성 등이다. 접근방법은 조직적이고 전문적인 제반 활동으로 사회복지의 두 가지 접근방법인 미시적 접근인 실천 활동과 거시적 접근인 정책으로 나뉜다(정규석 외, 2017). 이러한 공통 요소를 종합하면, 청소년복지란 모든 청소년의 건강한 발달과 능력을 계발하고 기본적인 욕구 충족과 청소년 문제의 예방과 해결을 위한 미시적 수준뿐만 아니라 청소년의 환경을 우호적으로 조성하는 거시적 수준의 실천까지 통합적으로 시행하는 모든 전문적인 활동으로 정의할 수 있다.

## 2. 청소년복지의 특성

청소년복지의 다양한 개념 정의를 토대로 청소년복지의 특성을 살펴보면 다음과 같다(홍봉선 · 남미애, 2018).

첫째, 청소년은 독립적이고 통합된 인격체로서 존중되어야 한다. 청소년은 성인과 동등한 자주적이고 독립적인 인격체인 동시에 어떠한 상황에서도 존중되어야 할 사회적 존재이다. 따라서 빈곤, 장애, 비행 등 어떠한 조건에서도 차별 없이 인간의 존엄성이 유지되어야 하며, 그들의 개별적이고 다양한 요구를 인정하여야 한다. 또한 청소년은 다면적이며 전체적인 존재로서 인식해야 한다.

둘째, 청소년은 완성된 존재가 아니라 성장 과정에 있는 존재이므로 청소년복지의 접근은 긍정적이며 신속하게 지속해서 이루어져야 한다. 청소년은 성장 과정에 있으므로 가정과 사회의 긍정적인 관심과 적극적이며 체계적인 지원이 필요하다. 특히 청소년의 생활환경은 그들의 성장을 촉진하는 방향으로 조성되고 기능할 때 청소년의 성장과 발달은 긍정적인 방향으로 극대화될 수 있다. 따라서 청소년복지는 청소년의 약점을 보완하는 동시에 강점을 더 강화하고 극대화할 수 있는 방향으로 접근해야 한다.

셋째, 청소년복지는 독립된 발달단계인 청소년기를 고려한 과학적, 체계적, 전문적인 개입이어야 한다. 청소년기는 과도기로서의 의미만이 있는 것이 아니라 가족으로부터 독립하고 동성과 이성의 친구를 선택하고 진로를 결정하는 등의 다양한 발달과업을 수행해야 한다. 특히 아동기나 성인기와 차별되는 독특한 특성을 가진 시기이므로 청소년에 대한 과학적이고 체계적인 이해와 함께 전문적인 지식과 기술에 근거한 지원이 필요하다.

넷째, 청소년은 복지의 대상인 동시에 주체이다. 청소년은 한 인간으로서 모든 권리와 의무가 있지만, 청소년기의 특성 때문에 가정과 사회로부터 특별한 보호를 받아야 하는 존재이다. 그 결과 그동안 청소년은 복지의 대상으로만 간주하여 청소년의 자발적인 참여는 소극적이었다. 최근 시민사회의 진전에 따라 청소년의 권리가 강조되면서 청소년 관련 정책의 의사결정에 청소년이 참여해야 할 책임이 있다. 또한 청소년이 자원봉사활동을 통해서 지역사회 문제의 해결에 참여하고, 미래의 주축인 동시에 현재의 민주시민으로서 책임을 강조하고 있다.

다섯째, 청소년복지의 대상은 특정한 문제와 욕구가 있는 요보호청소년인 위기청소년뿐만 아니라 일반청소년까지 모든 청소년이다. 따라서 청소년의 치료나 재활에서부터 예방 차원까지 다양한 서비스가 제공되어야 한다. 그러나 모든 청소년 중에서도 상대적으로 더 열악한 상황에 있는 위기청소년에 대한 개입과 지원이 먼저 되어야 하며, 지원 수준도 생활 보장의 최저 수준이 아니라 건강한 삶을 영위할 수 있는 최적 수준이 되어야 한다.

여섯째, 청소년복지는 청소년복지 정책뿐만 아니라 다른 사회복지 정책과 밀접한 관련이 있으므로 통합적으로 추진해야 한다. 청소년은 가족, 학교, 지역사회 등 다양한 체계들로부터 영향을 받는다. 특히 가족해체의 증가는 청소년 문제의 중요한 원인이며, 기혼 여성의 취업은 아동의 보육 문제와 청소년의 정서적 발달에도 부정적인 영향을 줄 수 있다. 또한 산업화와 도시화가 진행되면서 전통사회의 공동체 기능이 약화하고 청소년의 생활공간은 상업화되었다. 따라서 청소년복지는 청소년과 가족의 복지 증진을 위해 관련 사회복지 정책들과 밀접한 관계 속에서 일관성을 가지고 통합적으로 추진해야 한다.

일곱째, 청소년복지가 바람직한 방향으로 전개되기 위해서는 정부와 민간의 연계와 협력은 물론 여러 분야의 전문가와 지역주민 등 다양한 사람들의 협조가 필요하다. 청소년복지의 일차적 책임은 정부에 있지만, 민간의 참여도 필요하므로 상호 연계 체계가 구축되어야 한다. 또한 청소년복지는 전문성이 요구되기 때문에 여러 분야의 전문가와 자원봉사자를 포함한 지역주민의 폭넓은 참여도 이루어지는 상호 협력체계를 구축해야 한다.

## 3. 청소년복지의 목적과 목표

대한민국「헌법」(제34조)에 따르면 모든 국민은 인간다운 생활을 할 권리를 지니며 국가는 청소년의 복지 향상을 위한 정책을 실시할 의무를 진다고 규정하고 있다. 그리고「청소년 기본법」에서 기본 이념으로 청소년이 사회구성원으로서 정당한 대우와 권익을 보장받음과 아울러 스스로 생각하고 자유롭게 활동할 수 있도록 하며, 더욱 나은 삶을 누리고 해로운 환경으로부터 보호될 수 있도록 함으로써 국가와 사회가 필요로 하는 건전한 민주시민으로 자랄 수 있도록 하는 것으로 규정하고 있다(제2조). 이러한「헌법」과「청소년 기본법」에 명시된 권리와 의무 및 이념에서 청소년복지의 목적과 목표를 도출할 수 있다.

### 1) 청소년복지의 목적

청소년복지의 목적은「헌법」에 명시된 청소년의 권리인 인간다운 생활의 영위를 지원하는 동시에 국가의 의무인 청소년의 복지 향상을 위한 것이다. 즉, 청소년의 생존과 생활에 대한 복지권의 기본 이념에 따라 청소년복지의 목적은 청소년의 행복과 건강한 발달을 도모하는 동시에 청소년의 독립성과 주체성을 인정하는 것이다. 이러한 목적을 달성하기 위해서는 청소년 개인의 변화와 함께 청소년을 둘러싼 환경도 우호적으로 변화해야 한다. 이를 위해 청소년복지는 모든 청소년이 심신의 불완전한 상태를 극복하는 정상화를 지향하며, 다양한 전문적 서비스의 제공을 통해 청소년이 건전한 민주시민으로 성장할 수 있는 바람직한 환경의 조성을 위한 제도적 개선을 지향한다.

## 2) 청소년복지의 목표

청소년의 행복과 건강한 발달을 도모하는 동시에 청소년의 독립성과 주체성을 인정하려는 청소년복지의 목적을 달성하기 위한 목표는 매우 광범위하다. 즉, 청소년의 모든 권리를 존중하며, 건강한 발달과 인격 형성 및 올바른 가치관을 정립하는 데 필요한 좋은 교육을 실현하고, 바람직한 환경을 조성하기 위한 국가와 사회의 적극적인 제반 노력과 활동이라고 할 수 있다. 이처럼 청소년복지가 청소년의 건강한 발달과 바람직한 환경을 마련하는 것이라는 관점에서 청소년복지의 목표를 세 가지 측면으로 구분할 수 있다(오영재 외, 2001).

첫째, 청소년의 모든 권리를 존중하는 것이다. 이러한 목표는 청소년이 생활하는 다양한 사회환경에 대한 제도적 개선을 통해 실현될 수 있다. 사회환경의 개선은 청소년의 가치관 형성에 부정적 영향을 미치는 사회 · 문화적 환경과 교육환경의 개선을 지향한다. 여기에는 청소년의 삶에 부정적 영향을 미치는 유해환경을 타파하여 우호적인 환경으로 변화시키는 것이다.

둘째, 왜곡된 사회화를 바로잡아 정상적 사회화를 도모하는 것이다. 특히 청소년 특성별로 그들의 상황을 고려하여 전반적인 사회화 과정을 파악하고, 그 문제점을 바로잡을 수 있도록 구체적인 서비스를 제공하는 것을 의미한다. 이 영역에서 제공되는 전문적인 서비스는 청소년 문제를 예방하기 위한 성격이다. 이러한 전문적이며 체계적인 서비스 제공을 위해서 복지서비스의 제도화가 필요하다. 특히 예방적 복지는 학생 청소년과 학교 밖 청소년 등 모든 청소년의 특성에 따라서 적절한 복지서비스를 제공함으로써 그 목표를 실현할 수 있다.

셋째, 왜곡된 사회화의 부정적 결과인 청소년 문제와 관련하여 사후적이고 치료의 방법이기는 하지만 실질적으로 지원하는 것이다. 또한 다양한 요보호청소년인 위기청소년이 사회의 보호 속에서 떳떳하게 생활할 수 있도록 공공부조제도를 내실화하는 동시에 각종 후원제도를 마련하여 인간적 생활의 영위가 가능하게 함으로써 사회통합을 이루는 과정으로 구체화할 수 있다.

## 4. 청소년복지의 원칙

청소년복지란 모든 청소년의 건강한 발달과 능력을 계발하고 기본적인 욕구 충족과 청소년 문제의 예방과 해결을 위한 미시적 수준뿐만 아니라 청소년의 환경을 우호적으로 조성하는 거시적 수준의 실천까지 통합적으로 시행하는 전문적인 모든 활동을 말한다. 이런 청소년복지를 실천할 때 고려해야 할 주요 원칙을 살펴보면 다음과 같다(장인협 · 오정수, 2001; 정규석 외, 2017).

### 1) 참여와 책임의 원칙

청소년복지는 사회발전의 핵심 인력으로서 청소년이 수동적 존재가 아니라 적극적인 사회구성원의 역할을 감당할 수 있도록 도와야 한다. 이 과정에서 청소년의 참여는 핵심적인 요소이다. 청소년의 참여란 청소년이 자기 삶에 영향을 미치는 의사결정 과정에 참여하거나, 관심 있는 사안에 대해 행동할 수 있도록 권한을 부여하는 모든 활동뿐만 아니라 성인들이 청소년의 목소리를 경청할 수 있도록 하는 것을 포함한다(천정웅, 2021a). 궁극적으로 청소년 참여의 목적은 성인과의 동반자 관계를 형성하여 청소년과 사회 모두에 유익한 권익과 발달을 성취하는 것이다. 따라서 청소년은 참여를 통해 역량, 자아존중감, 사회적 기술, 시민성 등을 향상할 수 있다(이상희, 2008). 한편, 이러한 청소년 참여에는 두 가지 책임이 뒤따른다. 하나는 청소년을 둘러싼 환경이 청소년에 대해서 갖는 책임이고, 다른 하나는 청소년이 자신을 둘러싼 환경과 타인들에 대하여 갖는 책임이다. 이처럼 청소년 참여에는 반드시 책임이 뒤따른다는 것을 인식함으로써 처음부터 결과와 평가를 고려한 책임 있는 참여 자세를 확립해야 한다. 따라서 청소년의 자기 주도적인 역량 강화를 위해 다양한 사회적 참여 기회를 제공하며, 청소년의 사회적 책임 의식을 고양해야 한다(노혁, 2007).

### 2) 보호의 원칙

보호의 원칙이란 다양한 변화가 일어나는 청소년기에 가정, 학교, 사회 등의 안전한 사회환경을 제공함으로써 청소년의 기본적인 성장 기반을 마련해야 한다는 것이다. 특히 빈곤과 장애를 포함한 불평등한 조건을 지닌 요보호청소년인 위기청소년에 대한 보호는 지속적이고 체계적으로 이루어져야 한다. 이를 위해 물질적인 지원과 함께 가정에서의 상호관계 수립, 부모 교육과 청소년 보호 프로그램을 제공하여야 한다. 아울러 가정 밖 청소년과 학교 밖 청소년에게도 국가와 사회가 적극적으로 보호 노력을 수행해야 한다(노혁, 2007).

### 3) 보편주의와 선별주의 원칙

보편주의 원칙은 모든 청소년에게 급여나 서비스를 제공하지만, 선별주의는 빈곤가정 청소년이나 학교 밖 청소년과 같이 일정한 범주에 해당하는 요보호청소년에게 급여나 서비스를 제공하는 것을 말한다. 그러므로 청소년복지 실천에서 보편주의와 선별주의 원칙을 모두 적용하여야 한다. 특히 선별주의 원칙에 따른 급여와 서비스는 시혜적이고 열등 처우의 원칙이 불가피하므로 낙인에 의한 수치심을 초래할 수 있다. 청소년복지의 대상은 요보호청소년을 위한 특별지원뿐만 아니라 모든 청소년을 대상으로 하는 예방적 서비스가 계속해서 제공되어야 한다.

### 4) 개발적 기능의 원칙

개발적 기능의 원칙이란 청소년 문제에 대한 사후 대책의 기능이 아니라 예방적이며 긍정적인 변화를 가져올 수 있는 복지체계를 형성하는 것을 말한다. 이처럼 청소년복지는 우리 사회의 중요한 인적자원인 청소년을 보호하는 개발적 기능을 수행하여야 한다. 청소년의 잠재력을 계발함으로써 청소년의 자립뿐만 아니라 사회발전에 이바지할 수 있다. 이러한 개발적 기능의 원칙을 강화하기 위해서는 청소년의 직업능력 향상을 위한 직업교육, 문화 역량 향상을 위한 문화적 지원, 민주시민 의식 정립을 위한 교육 등이 이루어져야 한다(노혁, 2007). 이와 함께 다양한 진로와 취업 기회를 제공함으로써 청소년의 자립생활 기반을 마련하고, 나아가 성인이 되어서 스스로 사회적 기능을 수행하고 생활 능력을 향상하여 자아실현의 목표를 달성하는 사회구성원이 되도록 해야 한다.

### 5) 포괄성의 원칙

포괄성의 원칙이란 청소년복지를 효과적 · 효율적으로 수행하기 위해서는 청소년복지 영역의 정책과 실천만으로는 부족하다. 따라서 청소년의 활동 · 보호 · 복지를 중심으로 하되, 가족, 교육, 보건, 노동, 장애인 정책 및 실천 등과 연계해야 함을 의미한다. 청소년의 신체적, 심리적, 사회적 발달 등은 분리된 것이 아니라 사회환경과 역동적으로 상호 관련되어 있으므로 청소년의 욕구에 대해서 통합적인 관점으로 접근해야 한다. 이러한 포괄성의 원칙을 적용하기 위해서 국가는 청소년복지 정책의 총괄 · 조정 기능을 강화해야 한다(이광호, 2008).

### 6) 전문성의 원칙

청소년복지는 청소년기에 대한 과학적 이해에 근거한 전문적인 복지정책과 함께 전문지식과 기술을 갖춘 청소년복지 전문가의 활동으로 이루어져야 한다. 청소년기는 아동기나 성인기와는 구별되는 독특한 특성을 가진 시기이다. 청소년기는 부모에게서 독립하여 동성 및 이성 친구와 친밀한 관계를 형성하며 직업을 준비하는 독특한 발달단계이다. 따라서 청소년들이 발달과업을 성공적으로 달성할 수 있도록 전문적인 복지정책과 청소년복지 전문가의 활동으로 뒷받침하여야 한다.

## 5. 청소년복지 실천의 관심 영역

청소년의 건강한 성장과 발달을 위해 청소년복지 실천의 영역에서 청소년복지 전문가인 사회복지사가 관심을 가져야 할 영역을 신체적 · 심리적 · 사회적 발달 영역을 중심으로 살펴보고자 한다(권중돈, 2021).

### 1) 신체적 발달의 관심 영역

급격한 신체 성장을 경험하는 청소년은 일시적으로 신체 불균형 현상을 경험하기 때문에 부정적 신체상을 형성할 가능성이 크다. 따라서 사회복지사는 청소년기의 부정적 신체상으로 초래될 수 있는 청소년의 다양한 심리적 문제와 증상을 다루어야 한다. 특히 비만 청소년은 강한 자의식 때문에 위축되고 열등감을 느끼며 또래와 어울리지 못하는 경향이 있다. 또한 사회에서 요구하는 미적 기준을 충족하기 위하여 많은 청소년이 식이요법을 하거나, 더 심하면 음식 섭취를 거부하는 거식증이라는 정신신체장애가 나타나기도 한다. 그러므로 청소년복지 전문가인 사회복지사는 의료기관과 연계하여 청소년기의 신체 변화를 이해하는 교육프로그램, 식이요법 지도, 헬스나 요가 프로그램 등을 개발 · 시행함으로써 청소년의 건전한 신체 발달을 지원하여야 한다.

사회복지사는 청소년을 대상으로 성에 대한 올바른 이해와 가치관 형성을 위한 다양한 프로그램을 시행하여야 한다. 먼저 청소년의 성에 대한 올바른 이해를 도모하기 위하여 학교나 청소년성문화센터와 협력하여 성교육을 시행할 수도 있다. 또한 청소년의 초경 불안, 몽정 불안, 자위행위, 이성의 성적 요구 등과 같은 성과 관련된 심리적 문제해결을 위한 상담을 시행할 필요가 있다.

청소년복지 전문가인 사회복지사는 청소년기의 대표적인 성 문제인 10대 임신, 미혼 부모 문제, 성폭력 문제에 대한 개입도 준비하여야 한다. 최근에는 10대 청소년들이 이전 세대보다 성에 대해 개방적인 태도를 보이며, 대중매체를 통한 성적 자극의 증가로 성관계를 하는 연령이 낮아져

10대 임신이 증가하고 있다. 사회복지사는 미혼 부모와의 상담을 통하여 출산에 대한 의사결정, 입양 및 자녀 양육 계획, 자신을 버린 이성에 대한 원망과 자책감에 대한 미혼 부모의 심리적 적응, 미래 생활계획의 수립 등을 지원하여야 하며, 필요한 경우 전문기관에 의뢰하여야 한다.

정부 차원에서 청소년 성폭력 문제의 대처를 위해 아동 · 청소년 대상 성범죄자 신상정보 등록 · 공개제도 및 취업제한, 성폭력 및 성매매 피해 아동 · 청소년에 대한 인지행동 상담 · 치료교육을 통한 성폭력 재발 방지를 위해 노력하고 있다. 그리고 「성폭력 방지 및 피해자 보호 등에 관한 법률」을 제정하였고, 여성 긴급전화 '1366'을 운영하고 있다. 하지만 청소년의 성폭력 문제는 더욱 심화하고 있어서 성폭력 상담소와 보호시설의 설치 · 확대 등과 함께 성폭력 예방을 위한 다양한 사회복지 정책을 수립하여야 한다.

## 2) 심리적 발달의 관심 영역

우리 사회에서 청소년기의 최대 과업은 대학진학이므로 사회복지기관에서는 빈곤가정 청소년의 인지발달을 위해 청소년방과후아카데미를 운영할 필요가 있다. 하지만 청소년의 인지적 발달만 강조한다면, 사회복지기관은 제2의 청소년 교육기관으로 전락할 위험성이 있다. 따라서 사회복지기관은 체육활동, 문화예술활동, 자원봉사활동, 자아발견 프로그램 등과 같은 여가 및 인성 개발 프로그램을 시행함으로써 청소년의 전인적 발달을 지원하여야 한다.

청소년기의 중요한 발달과업인 자아정체성 형성을 위해 사회복지사는 자기주장훈련이나 인간관계훈련을 시행할 필요가 있다. 또한 청소년이 자신의 자질을 발견할 수 있도록 돕기 위하여 사회복지관은 진로지도, 자원봉사활동, 문화예술활동 등 다양한 청소년활동 프로그램을 청소년복지기관과 연계하여 시행할 필요가 있다.

청소년기는 심리적 격동기로서 다양한 정신장애가 일어날 가능성이 크다. 일반적으로 청소년기에 발생하는 정신장애로는 불안, 우울, 약물남용, 자살 등이 있다. 특히 우리나라의 경우 지나친 입시경쟁으로 많은 청소년이 시험 불안을 경험하고 있다. 따라서 사회복지사는 청소년의 정신건강과 건전한 발달을 지원하기 위하여 청소년을 대상으로 개별상담과 스트레스 예방 및 관리 방법, 약물 예방 교육 및 치료 프로그램 등을 실시하여야 한다. 또한 청소년 가족을 위해서는 부모 상담이나 가족치료 프로그램을 시행하고, 필요한 경우 청소년상담복지센터와 연계하거나 심하면 정신병원에 입원을 의뢰하여야 한다.

### 3) 사회적 발달의 관심 영역

청소년기의 사회적 발달과 관련된 대표적인 문제는 청소년 비행 문제이다. 청소년 비행이란 일탈행동 또는 청소년 범죄와 유사한 의미로 사용되는 것으로 사회 또는 집단에서 규정하는 규범이나 규범을 위반하는 모든 행위를 말한다. 청소년 비행 문제를 예방하기 위하여 「청소년 보호법」을 1997년부터 시행하고 있고, 여성가족부에서는 청소년 유해환경 개선을 위해 다양한 정책을 추진하고 있다. 하지만 대중매체의 선정성, 유흥업소의 증가, 인터넷이나 스마트폰을 통한 음란물 접촉, 전화방이나 멀티방 등과 같은 청소년 유해환경은 계속 증가하는 추세이다.

우리나라에서 청소년 비행 문제의 해결을 위한 대책으로는 소년원학교 운영, 보호관찰, 갱생보호, 사회봉사 명령제 등을 들 수 있다. 하지만 이런 대책들은 주로 사후에 시행하기 때문에 청소년 비행 문제는 예방에 초점을 두어야 한다. 따라서 가족복지 정책의 확대를 통하여 가정의 기능을 강화하는 동시에 학교 교육을 통하여 인간성을 회복하여야 한다. 이와 함께 경제적 불평등 완화와 같은 사회구조적 개선을 통하여 청소년 비행을 예방하고, 처벌 위주보다는 성격과 행동의 교정과 사회복귀에 초점을 둔 사회복지적 개입을 시행해야 한다.

사회복지기관에서 사회복지사는 교육복지우선지원사업을 시행하는 학교와 협력하거나 청소년 비행 문제의 예방을 위하여 청소년 가족의 상담 및 치료를 시행하는 동시에 인근 학교와 연계하여 학교사회복지를 시행할 필요가 있다. 그리고 비행 가능성이 큰 위기청소년인 가정 밖 청소년과 학교 부적응 또는 학교 밖 청소년의 지도를 위한 지역사회조직사업, 청소년 쉼터와의 연계 프로그램, 비행 또는 범죄 청소년의 사회복귀를 지원할 수 있는 각종 직업훈련 프로그램이나 대안교육 프로그램 등을 시행하여야 한다.

마지막으로 청소년 비행 문제의 해결과 청소년의 사회적 발달 영역과 관련하여 관심을 기울일 부분은 청소년기 가족관계의 재조정이다. 따라서 사회복지기관에서 사회복지사는 청소년과 가족을 대상으로 가족관계 강화 프로그램을 시행하고, 가족 상담이나 가족치료를 더욱 강화할 필요가 있다. 그리고 인터넷 중독과 범죄를 예방하고 컴퓨터와 스마트폰 등 매체의 건전한 활용을 지원할 수 있도록 인터넷 중독대응센터(스마트 쉼 센터, http://www.iapc.or.kr)와 연계하여 청소년을 대상으로 매체중독 예방 및 활용 교육프로그램을 시행하여야 한다. 이와 함께 청소년의 발달에 부정적 영향을 미치는 인터넷 사이트에 대한 감시 운동과 같은 사회운동을 전개할 필요가 있다.

CHAPTER

# 05

# 청소년복지 관련 이론적 접근

1. 생태체계 관점
2. 강점 관점
3. 임파워먼트 접근
4. 적응유연성 접근

# 05 CHAPTER 청소년복지 관련 이론적 접근

**학·습·목·표**

- 생태체계 관점을 설명할 수 있다.
- 강점 관점을 설명할 수 있다.
- 임파워먼트 접근을 설명할 수 있다.
- 적응유연성 접근을 설명할 수 있다.

## 1. 생태체계 관점

### 1) 생태체계 관점의 개념과 특성

생태체계(eco-system) 관점은 사회복지실천의 대표적인 패러다임으로서 인간의 행동을 이해하고 인간과 환경 간의 상호작용을 파악하는 데 유용한 이론적 준거틀이다. 생태체계라는 개념은 일반체계이론에 생태학적 관점을 결합한 것으로, 생활모델이라는 사회복지실천 모델을 제시하는 가운데 생태체계 관점을 도입하면서 사회복지실천에 자리 잡게 되었다(김동배, 2003; Gitterman & Germain, 2008).

생태체계 관점에서 인간은 환경에 수동적으로 반응하는 존재가 아니라 환경과의 역동적이고 적극적인 상호작용 속에서 적응하는 진화적이고 능동적인 존재이다. 즉, 인간의 행동을 자신이 속해 있는 환경과의 상호작용을 통해 이해할 수 있는데, 이러한 인간의 행동은 자신의 환경에 효과적으로 반응하기 위한 시도로 볼 수 있다. 이처럼 생태체계 관점에서는 인간을 한 개인으로만 파악하는 것이 아니라 환경과 분리하여 생각할 수 없는 총체적 존재로 인식한다(Dickens, 2004). 특히 인간의 행동과 성격은 인간이 환경의 요구에 적응하고, 환경을 자신의 욕구에 맞게 수정 · 변화시키는 과정에서 형성되며 발달한다고 가정한다. 따라서 인간의 발달은 유전적 요인과 환경 및 사회적 상황 속에서 이해될 수 있고, 인간의 성격이나 행동 특성은 인간과 환경 간의 상호작용 산물로 볼 수 있다.

생태체계 관점의 또 다른 주요 특성은 인간과 환경의 상호작용에 대해 다차원적이고 순환적인 관점을 적용한다는 것이다. 생태체계 관점에서 환경체계 내의 모든 구성원은 상호교류적인 영향을 공유하며, 유기적으로 밀접하게 상호 연관되어 있다. 따라서 인간이 환경체계 내에서 경험하는 모든 행동과 문제는 단선적 원인이라기보다는 순환적 원인과 과정에 의해 발생하는 것이다(정규석 외, 2017). 이처럼 생태체계 관점은 인간이 환경에 적응하거나 압도되기도 하지만, 환경을 변화시킬 수도 있다고 보고 있다.

### 2) 생태체계의 요소

인간 발달의 생태학에서 다양한 수준의 체계인 생태학적 환경체계는 한 가지 구조 안에 하위구조가 각각 포함된 동심원적 구조로 볼 수 있다. 생태학적 환경체계는 미시체계, 중간체계, 외적체계, 거시체계라는 네 가지 수준의 체계로 구분할 수 있다(Bronfenbrenner, 1979; 조학래, 2022).

#### ① 미시체계

미시체계(microsystem)는 개인의 일상생활에 존재하는 가장 근접한 수준의 환경, 즉 가족, 친구, 이웃, 학교, 교회 등의 물리적 환경과 사회적 환경 그리고 그 환경 내의 지위나 역할, 활동, 대인관계 등을 의미한다. 이처럼 미시체계는 개인이 쉽게 얼굴을 마주 대하는 상호작용에 참여하며, 그 과정에서 영향을 주고받는다. 미시체계는 개인의 특성과 발달단계에 따라 달라지는데, 청소년기는 또래가 미시체계가 될 수 있다.

#### ② 중간체계

중간체계(mesosystem)는 미시체계의 연결망, 즉 환경 속에서 개인과 긴밀하게 상호작용하는 둘 이상의 미시체계 사이의 상호 의존적 관계와 작용 또는 특정 시점에서 미시체계 사이의 상호작용을 말한다. 예를 들어 청소년은 가족 내에서 자녀의 지위와 역할을 수행하지만, 학교에서는 학생의 지위와 역할을 동시에 수행한다. 그 결과 각각의 미시체계로부터 긍정적 혹은 부정적 영향을 받기도 하지만, 두 개의 미시체계가 동시에 작용하여 만들어 내는 상승적 효과로 인한 영향도 받는다. 만약 중간체계가 약하면 부모는 청소년 자녀의 친구가 누구이고 교사가 어떤 사람인지를 알지 못하며, 자녀의 학업성적에도 관심이 없을 가능성이 크다.

③ 외적체계

외적체계(exosystem)는 개인이 직접 참여하거나 상호작용하지는 않지만, 그 개인의 생활과 복지에 간접적으로 영향을 미치는 환경체계를 말한다. 청소년의 외적체계에는 부모의 직장, 교통체계, 사회복지기관, 대중매체 등이 포함될 수 있다. 부모의 직장은 부모에게는 미시체계이지만, 청소년에게는 외적체계에 해당한다. 예를 들어 직장에서 부모의 근무 시간이 길어지거나 지방에 있다면, 부모는 청소년 자녀를 만날 수 있는 시간이 제한되거나 휴가를 낼 수 없다. 그 결과 부모와 여행을 떠나지 못하거나 부모의 해고로 경제 상황이 어려워질 수 있다. 이처럼 청소년은 외적체계에 직접 참여하지는 못하지만, 외적체계에서 이루어지는 의사결정은 청소년의 생활에 직간접적으로 영향을 미칠 수 있는 요인으로 작용할 수 있다.

④ 거시체계

거시체계(macrosystem)는 개인을 둘러싸고 있는 최상위의 체계로서 미시체계, 중간체계, 외적체계 등에 포함된 모든 요소뿐만 아니라 개인이 속한 사회제도, 문화와 이념 등과 같은 가장 외부 수준의 환경을 말한다. 즉, 거시체계는 개인이 생활하는 사회의 정치, 경제, 법, 종교, 복지정책 등과 같은 광범위한 사회적 맥락을 통하여 개인에게 간접적으로 영향을 미친다. 예를 들어 청소년 자살에 영향을 미치는 거시체계로는 경제위기, 실업률, 여성의 경제 참여율 등을 들 수 있다.

### 3) 생태체계 관점과 청소년복지

사회복지사는 생태체계 관점을 적용하여 청소년과 청소년을 둘러싼 다양한 환경체계와의 상호작용을 사정한다. 생태체계 관점에서 청소년의 문제란 청소년의 욕구와 환경적 자원의 불균형 혹은 단절의 결과이기 때문에 환경 내에서 체계와 자원을 연결하고 조정함으로써 변화할 수 있다고 본다. 이처럼 생태체계 관점에서 청소년의 문제는 개인적인 문제가 아니라 개인과 환경 간에 일어나는 교환과 상호작용에 중점을 둔 사회문제로 인식된다(최명민 외, 2022). 따라서 청소년의 욕구를 사정할 때 사회복지사는 청소년과 청소년을 둘러싼 다양한 환경과의 상호작용을 사정할 수 있다. 즉, 청소년과 청소년의 가정과 주변 환경체계와의 부조화, 청소년의 능력과 환경의 요구 및 기대 간의 불일치 등과 같은 상황을 청소년과 환경 간 상호작용의 역기능적 결과로 보고, 이를 해결하기 위해 노력해야 한다. 이러한 청소년의 문제와 욕구를 해결하기 위해 사회복지사는 청소년 문제의 원인이 되거나 문제해결에 유용한 잠재적 자원이 될 수 있는 청소년과 환경체계에 대한 사정을 토대로 모든 체계에서 변화를 촉진하기 위해 개입해야 한다(주석진 외, 2020).

생태체계 관점은 다양한 수준의 체계에서 이루어지는 사회적 관계망을 중시한다. 이처럼 생태체계적 관점은 다양한 수준의 체계를 사정하여 모든 체계를 통합적으로 개입함으로써 체계적인 변화를 도모해야 하므로 사정은 매우 중요하다. 〈표 5-1〉은 생태체계 관점을 통해 청소년과 환경을 사정할 때 고려해야 할 사항이다(홍봉선 · 남미애, 2009).

**[표 5-1] 사회복지사가 청소년과 환경을 사정할 때 고려할 사항**

1. 사회복지사는 청소년을 둘러싼 가정, 학교, 지역사회 등 다양한 수준의 생태체계를 대상으로 자료를 수집하여 사정한다.
2. 사회복지사는 청소년을 직접 관찰하는 것뿐만 아니라 청소년에게 중요한 다른 사람과 주변 사람이 청소년을 어떻게 바라보고, 생각하고 있는지를 다양한 사람들로부터 자료를 수집한다.
   ① 사회복지사는 청소년에게 중요한 다른 사람과 주변 사람, 청소년의 행동을 사정하기 위해 청소년의 가정, 학교, 비공식적 장 등 다양한 범주에서 여러 사람과 일상생활에서의 청소년 행동을 사정한다.
   ② 사회복지사는 가정에서 부모나 가족 구성원들이 청소년을 어떻게 지지하고, 청소년은 가족에게 어떤 영향을 미치는지 그 상호작용을 살펴본다.
   ③ 사회복지사는 대상 청소년을 알고 있는 청소년, 대상 청소년과 상호작용하는 가족이나 친구, 교사, 주위 사람들로부터 조언을 구한다.
3. 사회복지사는 청소년의 신체적 · 인지적 · 정서적 · 행동적 특성과 환경적 상황을 기술해 주는 중요한 모든 변수에 대한 사정 자료를 수집한다.
4. 청소년에 대한 다양한 자료를 수집할 때 사회복지사는 가능한 한 핵심적 요소들을 포함하는 포괄적인 사정을 한다.
5. 사정은 포괄적인 청소년 상황의 특징으로 통합되어야 한다.
6. 사회복지사는 청소년에 대한 사정 자료들의 통합적이면서 선택적인 과정을 통해 효과적인 개입전략들을 도출해야 한다.

한편, 생태체계 관점을 청소년복지의 실천 과정에 적용할 때 얻을 수 있는 이점은 다음과 같다(정규석 외, 2017).

첫째, 생태체계 관점은 청소년의 욕구와 문제를 다양한 환경체계와의 상호작용 속에서 포괄적이고 통합적으로 사정하고 개입할 수 있는 유용한 틀을 제공해 준다(Laser & Nicotera, 2011). 즉, 생태체계 관점을 활용하는 사회복지사는 청소년의 문제를 바라볼 때, 청소년의 개인적 특성을 포함하여 가족, 또래, 이웃, 교사, 학교 환경, 미디어 등 다양한 수준의 환경체계와의 관계 속에서 청소년의 욕구와 역할, 영향력, 강점 및 취약점을 사정하고 개입과정에 활용할 수 있다.

둘째, 생태체계 관점은 미시체계 간의 공유영역인 중간체계의 개념을 강조하므로 청소년 대상의 개입 방법과 문제 사정에 더 정교한 관점을 제시한다. 예를 들어 청소년복지 실천에서 공유영역인 중간체계는 가정과 학교의 관계, 부모와 자녀의 친구 관계라고 할 수 있다. 사회복지사는 이러한 공유영역에서의 다양한 영향력과 스트레스 원, 자원 등을 사정하고 활용할 수 있다.

셋째, 생태체계 관점은 청소년을 내적 동기와 잠재력, 장점 등이 있는 창의적이고 능동적인 존재로 이해하며, 실천 과정에서 청소년 클라이언트와의 동반자 관계를 강조한다. 생태체계 관점을 청소년복지 실천에 활용하는 사회복지사는 청소년의 자기 성장을 추구하는 내적 동기와 다양성을 인정하고, 개입과정에서 그들의 잠재력과 역량을 향상하는 데 초점을 두어야 한다. 즉, 청소년을 문제 청소년이나 수동적인 서비스 수혜자로 보는 것이 아니라 서비스의 모든 과정에 적극적으로 참여하여 문제해결에 동참하는 것을 의미한다(천정웅, 2021b).

넷째, 생태체계 관점은 청소년의 문제를 전체 체계 속에서 이해하기 때문에 문제에 대한 개입에서도 어느 한 체계만이 아니라 모든 관련 체계에 개입하여 체계적인 변화를 일으킨다. 따라서 청소년의 환경인 가족, 또래, 학교를 비롯하여 거시체계인 복지정책이나 청소년 관련 정책 등의 변화를 위해 구체적인 목표를 강조한다.

# 2. 강점 관점

## 1) 강점 관점의 개념과 특성

강점 관점(strengths perspective)은 하나의 이론이 아니라 사회복지사가 클라이언트를 바라보는 방식으로 클라이언트를 원조하기 위한 접근에 영향을 미친다. 따라서 강점 관점은 사회복지의 대상층인 개인, 가족, 집단, 지역사회 등에 대한 병리적 관점, 증상 중심의 의료적 모델, 문제 중심적 시각 등에서 벗어나 그들의 개인적 · 사회적 · 환경적 강점 등에 초점을 둔다. 특히 강점 관점은 클라이언트를 문제를 가진 대상으로 보는 병리적 관점과는 차이가 있다. 병리적 관점에서 문제는 강점 관점에서는 변화를 위한 하나의 도전으로 간주한다. 병리적 관점이 과거 지향이라고 한다면, 강점 관점은 현재를 기반으로 한 미래 지향이다. 이처럼 강점 관점이란 클라이언트를 독특한 존재로 인정하고 다양성을 존중하면서 그의 결점보다는 강점에 초점을 두고 가능한 모든 자원을 활용하여 클라이언트의 역량을 실현하도록 돕는 것이다(양옥경 외, 2018).

원조 전문가인 사회복지사는 클라이언트의 결핍과 문제를 사정하는 것이 매우 익숙하다. 따라서 사회복지사는 클라이언트의 강점보다는 약점, 긍정적인 부분보다는 부정적인 부분, 이미 가지고 있는 것보다는 부족한 것에 초점을 맞추기 쉽다. 하지만 강점 관점에서는 약점을 보완하거나 부정적인 부분을 수정하거나 부족한 부분을 채우기 위한 역량은 강점과 긍정적인 부분과 이미 성취한 점 등에서 찾을 수 있음을 강조한다(김혜란 외,

2013). 즉, 강점 관점에서는 변화의 희망이 없어 보이고 서비스를 완고하게 거부하는 클라이언트라도 역량 강화를 위한 자원이 지원된다면, 바람직한 변화와 개선을 할 수 있다는 점을 강조한다.

이러한 강점은 어떤 사람의 자질, 특성, 배운 것, 경험을 통해 터득한 것 등 다양한 원천에서 발견된다. 흔히 강점을 장점과 같은 의미로 생각하여 잘하는 것으로만 인식하기 쉽다. 하지만 강점은 잘하는 것, 가진 것, 좋아하는 것, 하고 싶은 것까지를 모두 포괄하는 개념이다(우국희 외, 2021). 클라이언트의 강점은 긍정적인 사회적 기능의 원인이 되는 속성, 경험, 기술 등으로 규정할 수 있다. 강점은 삶의 경험, 희망과 불굴의 용기, 특별한 능력, 다른 사람을 돕는 헌신, 개인의 진실성으로부터 배우는 수용력 등과 같이 다양한 형태가 있다. 특히 강점 관점에서 강점이란 개인적 요인뿐 아니라 사회환경적 요인 등을 포함한다. 먼저 개인적 요인으로는 개인의 인지, 정서, 동기, 대처, 대인적 특성, 장점, 재능, 이전의 역경을 극복한 경험, 영성 등을 포함한다. 다음으로 사회환경적 요인으로는 클라이언트 주변의 활용 가능한 환경적 지지 자원을 포함한다(김혜란 외, 2013).

## 2) 강점 관점의 실천 원칙

강점 관점에서 보면 모든 클라이언트는 강점이 있다. 따라서 사회복지사의 과업은 클라이언트의 강점을 발견하여 그것을 기반으로 개입하는 것이다. 클라이언트가 강점을 인식한다는 것은 동기 부여가 되며, 희망과 자신감을 느끼게 되며, 새로운 가능성과 자원을 개발하는 데 긍정적인 영향을 준다(조학래, 2022).

강점 관점의 사회복지사는 클라이언트가 자신의 문제보다는 강점을 볼 수 있도록 원조한다. 아무리 열악한 상황에 있는 클라이언트라도 강점이 전혀 없을 수는 없다. 하지만 오랫동안 약점, 단점, 문제 등에 집중하다 보면 클라이언트의 강점은 진단명이나 자신에 대한 의심, 다른 사람들의 비난 등으로 인해 가려질 수 있다. 더욱이 병리적 관점에서는 문제를 가진 사람을 문제와 동일시할 뿐만 아니라 환경과 맥락을 충분히 고려하지 않고 부정적이거나 비관적 전망을 하는 경향이 있다(김혜란 외, 2013).

강점 관점의 사회복지사는 클라이언트의 강점을 강조함으로써 클라이언트가 다양한 어려움과 문제를 해결하기 위해 현재 사용하고 있는 성공 전략을 기반으로 방법을 찾을 수 있다는 것을 이해하도록 원조한다(Glicken, 2004). 사회복지사는 클라이언트의 변화와 성장을 촉진하는 전문가이다. 따라서 그 변화와 성장은 클라이언트가 가지고 있지 않은 것에 집중하기보다는 이미 성취한 것, 즉 강점의 강조를 통해 이루어진다. 이처럼 사회복지사는 클라이언트가 현재 잘하지 못하는 것보다 잘하는 것, 가지고 있지 않은 것보다 가지고 있는 것, 한계나 약점보다 강점 등을 강조함으로써 변화를 이루도록 원조해야 한다.

강점 관점의 실천 원칙은 사회복지사가 강점 관점을 실천할 때, 수용해야 할 전제 또는 믿음 체계이다. 강점 관점의 실천 원칙을 살펴보면 다음과 같다(Saleebey, 2009).

첫째, 모든 개인, 가족, 집단, 지역사회 등은 강점을 지니고 있다. 원조 과정에서 사회복지사는 클라이언트의 결함, 증상, 약점보다는 강점과 관심, 능력, 지식, 역량 등에 초점을 두어야 한다. 이러한 강점을 발견하기 위해 사회복지사는 클라이언트의 이야기나 이들이 자기 경험에 부여하는 해석에 관심을 가져야 한다.

둘째, 외상(trauma), 학대, 질병 또는 그 밖의 힘겨운 삶은 사람에게 상처가 될 수 있지만, 다른 한편으로는 도전과 기회의 근원이 될 수도 있다. 역경과 문제를 헤쳐 가는 과정에서 새로운 기술과 생존 방법을 터득한 사람은 여전히 두려움과 상처가 있을지라도 새로운 도전에 맞서 싸웠다는 성취감을 가질 수 있다. 이런 사람의 자부심이 강점이다.

셋째, 인간의 성장과 변화 능력은 무한한 것으로 가정하고, 개인, 집단, 지역사회 등의 열망을 진지하게 받아들여야 한다. 사회복지사는 클라이언트가 회복될 수 있으며, 클라이언트가 품은 희망을 달성할 수 있는 것으로 믿고, 이것을 클라이언트에게 전달할 때 클라이언트의 몸과 마음은 최상의 상태로 반응할 수 있다(엄명용 외, 2016).

넷째, 사회복지사와 클라이언트가 협력할 때 클라이언트에게 최선의 서비스가 제공될 수 있다. 원조 관계는 협력과 상호성, 동반자와 권력 등을 공유하는 관계이다. 따라서 사회복지사는 클라이언트의 지혜와 지식을 전문적 견해에 종속시키는 오류를 범해서는 안 된다. 오히려 협력관계를 통해 사회복지사는 클라이언트로부터 배우려는 자세를 취하며, 클라이언트의 자기결정권을 존중해야 한다.

다섯째, 모든 환경은 클라이언트의 변화에 필요한 잠재적 자원과 기회가 있는 자원의 보물 창고이다. 열악한 환경조차도 잠재적으로는 자원과 가능성이 풍부한 것으로 이해해야 한다. 따라서 환경이 가진 장점과 자원을 발견하고 그 자산을 발전시킴으로써 클라이언트의 변화를 지원하는 환경체계를 구성해야 한다.

여섯째, 사회복지실천은 보살핌과 돌봄이다. 사회복지사는 보살핌과 돌봄이 필요한 사람이 서비스를 받을 수 있도록 자문을 제공하며, 클라이언트가 변화와 회복의 주체임을 믿어야 한다.

### 3) 강점 관점과 청소년복지

강점 관점을 통해 청소년복지 실천의 단계별 요소를 살펴보면 다음과 같다(Saleebey, 2009). 첫째, 클라이언트인 청소년이 경험하는 고통을 인정해야 한다. 둘째, 적응유연성과 강점의 이야기로 청소년을 자극하여야 한다. 셋째, 사회복지사는 생활의 맥락에서 활동하는데, 클라이언트가 자신의 강점과 잠재력, 적응유연성 등을 인식할 수 있도록 교육, 옹호, 필요한 자원과 연계하는 일 등을 수행하여야 한다. 이 과정에서 청소년은 자신의 강점과 잠재력, 적응유연성을 발견하여 강화함으로써 문제해결의 수단으로 활용할 수 있다. 넷째, 청소년의 강점은 일상생활에서 일반화되고, 역량이 강화된 청소년이 다른 청소년을 돕거나 교육할 것을 강조하여야 한다.

강점 관점을 청소년복지 실천에서 적용할 때 사회복지사가 유의해야 할 사항은 다음과 같다. 첫째, 사회복지사는 청소년이 무엇을 원하고 요구하는지를 중점적으로 사정해야 한다. 둘째, 청소년의 역량과 지식, 능력 등 전반적인 정보를 수집해야 한다. 셋째, 청소년이 지금까지 살아온 생활방식에 대해 경청해야 한다. 그 이유는 현재의 문제행동도 청소년의 생존과

적응을 위해 가장 최고의 선택일 수 있기 때문이다. 넷째, 청소년이 표현하려는 의견을 충분히 말하도록 격려해야 한다. 다섯째, 부모나 보호자가 청소년을 문제가 있는 존재로 보거나 고쳐야 할 행동을 지적하거나 지시를 통해 해결하지 않도록 하며, 사회복지사는 청소년이 자신의 강점을 발견하여 강화할 수 있도록 도와야 한다(한국학교사회복지사협회 부설 교육복지연구소, 2006).

이와 같은 강점 관점은 청소년복지 실천에서 막연하게 클라이언트인 청소년과 주위 환경의 강점을 찾아 인정하며 칭찬과 격려하는 수준이 아니라는 것을 확인할 수 있다. 즉, 클라이언트인 청소년이 살아가면서 만날 수 있는 다양한 역경을 이겨내는 인간 강점의 발휘와 행동적 대응이다. 더 나아가 청소년이 그러한 행동을 새로운 에너지와 전략으로 전환하여 더 효율적인 대처를 지원하는 것이다. 특히 클라이언트인 청소년이 어떤 어려운 상황에 있더라도 이미 강점과 잠재력이 있다는 것은 사회복지사와 동등한 입장에서 상호 협력할 수 있는 계기가 되고, 자신의 자아존중감을 높이며 역량을 강화하는 관계적 힘이 된다. 이러한 강점 관점을 청소년복지 실천에 적용하려면, 청소년이 자신의 사고와 행동 등에서 강점을 발견하는 시각과 지식이 필요하다. 이와 함께 청소년이 자신의 역경에서 부정적인 경험보다는 도전과 전환의 계기가 되도록 돕거나 좌절과 죄책감보다는 새로운 미래를 향한 열망을 느끼도록 돕는 기술이 필요하다.

## 3. 임파워먼트 접근

### 1) 임파워먼트 접근의 개념과 특성

사회복지실천에서 임파워먼트(empowerment)란 개인, 가족, 지역사회 체계의 삶을 향상하기 위해 사회복지사와 클라이언트가 함께 행동할 수 있는 개인, 대인 및 사회·정치적 관계 등 다층에서의 힘이 증가하는 과정이며(Gutierrez, 1990), 클라이언트가 주체적으로 향상된 삶의 질을 유지하게 되는 성과를 지칭하는 용어이다. 다시 말해서 임파워먼트란 서비스의 주체가 되는 클라이언트의 삶의 질이나 능력을 향상하기 위해 억압요소나 방해요소를 제거하기 위한 과정이며, 클라이언트의 잠재력과 권한을 강화하는 과정이라 할 수 있다(김성이 외, 2010). 따라서 임파워먼트 접근이란 사회적 차별과 장애, 억압 및 개인적 문제 때문에 권리를 상실하고 무력한 상태에 있는 개인이나 집단이 권리, 기회, 힘, 자원을 회복하여, 주체적 인간으로 자기 삶에 대한 결정력과 통제력을 가지도록 하는 것이다(남궁은숙·신영화, 2011; Payne, 2005).

이런 개념에 근거한 임파워먼트 접근의 특성은 다음과 같다(Lee, 2001; 정규석 외, 2017). 첫째, 임파워먼트 접근은 강점 관점에 기반하며, 개인, 가족, 집단, 지역사회의 권한 회복과 통제력 획득을 위한 다체계적 개입을 추구한다. 이런 측면에서 임파워먼트 접근은 생태체계 관점과 유사한 특성이 있다. 하지만 사회 내에 넓고 깊이 뿌리 박혀 있는 구조적 억압에 좀 더 적극적인 관심을 둔다는 점에서 생태체계 관점의 범위를 넘어선다.

둘째, 임파워먼트 접근은 개인의 내적 자원과 강점을 강화함으로써 개인의 변화를 모색한다. 동시에 개인이 주변 환경을 인식하고 집단 경험과 권익 활동을 통해 집단 간 자원의 균등한 배분과 지역사회 변화를 추구하는데도 초점을 둔다.

셋째, 임파워먼트 접근은 사회복지실천의 다양한 관점과 연결되어 있다. 임파워먼트 접근은 특정한 이론이나 모델은 아니다. 그러므로 개인과 집단에 대한 억압과 차별을 인식하고 변화를 위한 실질적인 개입 방법을 개발하기 위해서 다양한 이론과 접근방법을 활용한다. 즉, 임파워먼트 접근은 역사적 관점, 생태학적 관점, 여성주의적 관점 등에서 영향을 받았다.

넷째, 임파워먼트 접근은 전통적으로 차별과 억압을 받은 개인이나 집단의 편에 서서 사회제도의 불평등과 모순을 해결하고, 이들의 권한을 회복하는 데 초점을 둔다. 따라서 임파워먼트 접근은 사회복지사에게 사회현실과 정의에 대한 좀 더 비판적이고 전략적인 접근을 요구하며, 기존의 사회제도와 권력관계를 바꿀 수 있는 다양한 정치적 행동을 강조하기도 한다.

### 2) 임파워먼트 접근의 실천 원칙

임파워먼트 접근을 사회복지실천에 적용할 때 고려해야 할 실천 원칙은 다음과 같다(정규석 외, 2017; Payne, 2005).

첫째, 임파워먼트 접근은 클라이언트의 적극적인 참여를 강조한다. 강점 관점에 기반을 두는 임파워먼트 접근은 클라이언트의 적극적인 참여를 통해 자신의 삶에 대한 통제력을 획득하도록 한다. 클라이언트는 자기 삶의 과정뿐만 아니라 집단과 지역사회에 적극적으로 참여해야 한다. 이를 통해 자아 수용과 자신감을 가질 수 있으며, 사회환경을 이해하고 비판적으로 인식할 수 있는 능력을 향상할 수 있다는 것은 클라이언트가 임파워먼트되는 과정이다. 이 원칙은 클라이언트의 자기결정이라는 실천 원칙과 맥락을 같이 한다. 즉, 실천 과정에서 자신의 문제와 관련된 의사결정 과정에 클라이언트가 적극적으로 참여하여 스스로 판단하고 결정함으로써 자신의 문제를 책임질 뿐만 아니라 지도력을 개발하도록 도울 수 있다.

둘째, 임파워먼트 접근은 사회복지사와 클라이언트 간의 협력관계를 강조한다. 클라이언트의 적극적인 참여는 실천 과정에서 사회복지사와 클라이언트 관계 형성에도 그대로 반영된다. 임파워먼트 접근은 사회복지사의 노력에 클라이언트가 단순히 협조하는 원조 관계가 아니라 대등한 협력관계 형성을 강조한다. 문제해결 과정에서 사회복지사는 클라이언트에게 일방적으로 문제해결의 방향을 제시하거나 도움을 제공하기보다는 최대한 민주적인 과정을 거쳐야 한다. 즉, 클라이언트가 자기 능력에 대한 개인적 신념을 강화하여 문제해결 과정에 주체가 되어 적극적으로 참여하도록 도와야 한다. 이 원칙은 사회복지사가 클라이언트의 존엄성을 인정할 때 가능하다.

셋째, 임파워먼트 접근은 클라이언트가 자신의 문제를 자신의 언어로 표현하고 자신의 실재를 이해하는 데 초점을 둔다. 즉, 사회복지사가 클라이언트의 문제를 규정하는 것이 아니라 클라이언트가 자신의 언어를 통해 욕구를 표현하고 현실을 이야기함으로써 자신의 권리를 행사하고 권익을 주장하는 방법을 배우게 된다. 이 과정은 임파워먼트 실천의 시작 단계인 맥락화 과정이며, 이때 사회복지사는 클라이언트가 자기 삶에 대한 느낌과 욕구를 적극적으로 표현하고 구체화할 수 있도록 지지해야 한다(Rose, 1990). 이 원칙은 사회복지사가 프로그램이나 개입 방법을 선택할 때 클라이언트가 표현한 욕구를 그가 원하는 방식으로 충족할 때 가능하다.

넷째, 임파워먼트 접근은 사회제도의 억압과 차별에 대한 저항을 강조한다. 역사적으로 볼 때 사회복지실천의 대상인 클라이언트는 오랫동안 사회적 불평등과 사회제도의 억압과 차별에 시달려 왔다. 이것은 개인과 특정 집단의 삶을 짓밟는 것이므로 임파워먼트 접근을 통해 이러한 사회적 불평등과 사회제도의 억압과 차별을 타파하며, 클라이언트가 자기 주변의 현실을 재구조화할 수 있도록 도와야 한다.

다섯째, 임파워먼트 접근은 자기 주도적인 집단과정을 강조한다. 클라이언트는 사회복지사뿐만 아니라 유사한 문제를 가진 집단과의 연대감을 통해 자신을 억압하고 취약하게 만드는 사회환경적 모순에 효과적으로 도전할 수 있다. 즉, 클라이언트는 자기 주도적으로 집단과정에 참여함으로써 자신의 문제에 대한 비판적 의식을 갖고 문제의 대안을 찾기 위해 집단과 공동으로 노력할 수 있다. 이러한 과정을 통해 클라이언트는 문제에 대한 자기 비난을 피하고, 변화를 성취하는 데 개인적 책임을 인정하며 적극적인 참여를 향상할 수 있다.

### 3) 임파워먼트 접근과 청소년복지

기존의 관점은 청소년을 서비스 대상자로서 미성숙하고 보호의 대상으로만 여기지만, 임파워먼트 접근은 청소년도 자신의 긍정적인 힘과 능력을 발견하여 자기 삶과 주변 환경을 변화시킬 수 있다는 관점이다(정규석 외, 2017). 청소년기의 다양한 발달과업과 위기는 정체성 발달과 역할 참여, 사회적 유대를 통해 극복될 수 있으며, 이것이 청소년의 힘을 강화하는 임파워먼트 과정이다(Chinman & Linney, 1998). 즉, 청소년은 주변 환경에서 다른 역할을 시도하고 긍정적 활동에 참여하면서 안정적으로 정체성을 탐색한다. 또한 청소년은 다양한 사회활동의 참여와 긍정적 유대를 통해 삶의 기술과 자기효능감, 통제력, 역할, 비판적 인식능력 등을 습득하게 된다. 이러한 과정에서 청소년은 가족, 또래, 학교, 지역사회 등을 통해서 임파워먼트에 필요한 긍정적 강화와 기회 및 역할을 얻게 된다. 청소년의 다양한 생태체계 환경을 활용하여 사회복지사는 다음과 같은 세 가지 차원에서 임파워먼트 접근을 적용할 수 있다(김성이 외, 2010; 정규석 외, 2017).

첫째, 개인적 차원에서 청소년의 임파워먼트를 위해서 사회복지사는 청소년이 자기 잠재력과 강점을 발견하여 문제해결 능력과 대처 기능을 향상하고, 효과적인 사회적 관계를 유지하도록 도와야 한다. 청소년은 경험이 부족하고, 자신의 욕구를 해결할 적절한 자원을 찾기가 어려우므로 무력감을 경험할 수 있다. 따라서 청소년들이 자신의 내적 힘을 강화하여 임파워먼트된다면, 청소년기의 발달과정을 긍정적으로 완수할 수 있다. 이를 위해 사회복지사는 청소년이 개인적 차원에서 자기효능감과 통제력을 향상하고, 효과적인 사회적 관계를 형성하여 지역사회 활동에 적극적으로 참여하도록 원조해야 한다. 지역사회 활동의 참여를 통해서 청소년은 책임감 있고 능동적인 힘을 향상하고, 사회환경에 대한 비판적 인식능력을 학습할 수 있다(남궁은숙 · 신영화, 2011).

둘째, 대인관계 차원에서 청소년의 임파워먼트를 위해서 사회복지사는 청소년의 대인관계에서 문제가 되는 영역을 파악하고, 자기주장을 적절하게 표현하고, 자신에게 도움을 줄 수 있는 자원을 파악하고 활용할 수 있도록 도와야 한다. 이와 함께 사회복지사는 학교와 지역사회를 중요한 서비스 통로로 활용해야 한다. 이를 위해 사회복지사는 학교와 지역사회 차원에서 교사, 지역주민, 지역사회 기관이나 사회단체와 협력관계를 통해 청소년의 건강한 발달에 도움이 되는 다양한 정보와 의견을 교환할 수 있다. 또한 청소년에게 긍정적 영향을 미칠 수 있는 학교문화와 지역사회 환경을 조성하고, 청소년이 참여할 수 있는 다양한 지역사회 활동 프로그램을 개발해야 한다.

셋째, 제도적 차원에서 청소년의 임파워먼트를 위해서 사회복지사는 권익옹호(advocacy)의 임무를 수행해야 한다. 사실상 청소년은 미성년자이고 대부분 학생이라는 지위 때문에 자신의 권리 및 복지와 관련된 정책 결정 과정에 참여할 기회가 배제되어 있다. 이런 상황을 개선하기 위해서 사회복지사는 다양한 사회제도와 정책이 청소년에게 어떤 영향을 미치는지를 항상 민감하게 파악하고, 사회제도로부터 억압당하거나 박탈당한 권리를 청소년이 비판적으로 인식할 수 있도록 도와야 한다. 또한 사회복지사는 청소년과 함께 문제해결의 전략을 모색하고, 청소년의 권익을 옹호할 수 있는 지역사회 기관과 사회단체를 파악하여 도움을 요청하여야 한다.

이러한 지역사회 기관과 사회단체와의 협력관계를 통해 사회복지사는 청소년의 권리를 옹호하고 대변할 수 있도록 더 적극적으로 사회 행동에 참여해야 한다.

## 4. 적응유연성 접근

### 1) 적응유연성 접근의 개념과 특성

청소년기는 정신건강과 신체 발달에 관련된 이슈뿐만 아니라 문제행동과 위험 상황에 대한 경험이 증가하는 발달단계이다. 따라서 청소년 연구는 전통적으로 청소년의 건강한 성장과 적응을 방해하는 위험 요인(risk factor)에 관심을 두었다. 그런데 위험 요인 중심의 접근으로는 해결하기 어려운 상황에서도 건강하게 잘 성장하는 청소년의 특성을 적절히 설명할 수 없다는 문제가 제기되었다. 이런 현상에 대한 대안적 시각이 적응유연성(resilience) 접근이다(좌현숙, 2010; 정규석 외, 2017).

적응유연성은 적응이나 발달을 위협하는 역경에도 불구하고 나타나는 긍정적 산물(Masten, 2001) 혹은 극심한 역경이나 외상에 노출되었지만, 긍정적인 적응을 보이는 역동적 과정(Luthar et al., 2000)으로 정의된다. 즉, 적응유연성이란 개인이 스트레스와 역경이 없던 이전의 적응 수준으로 되돌아갈 수 있는 회복력이다(Garmezy, 1993). 이처럼 적응유연성에 관한 정의는 두 가지 요소, 즉 성장에 영향을 줄 수 있는 위험이나 스트레스 및 심각한 역경이 존재하지만, 발달과정에서 유연하게 극복함으로써 긍정적인 적응 또는 그러한 결과를 끌어내는 역동적 과정을 포함하고 있다. 따라서 적응유연성 접근은 위험한 환경이나 생활사건 속에서도 어려움을 잘 극복하고 긍정적으로 성장하는 청소년을 이해하고, 청소년의 변화 가능성과 긍정성에 대한 믿음을 확대하는 데 유용하다(좌현숙, 2010).

이러한 적응유연성 접근의 특성을 살펴보면 다음과 같다(좌현숙, 2010; 정규석 외, 2017). 첫째, 적응유연성은 다차원성과 영역 특수성의 속성이 있다. 적응유연성의 다차원성(multi-dimensionality)이란 심리적 영역, 사회적 영역, 학교 영역 등과 같이 적응유연성을 평가하는 영역이 다양하다는 것이다. 즉, 청소년의 적응유연성을 판단하기 위해서는 다양한 영역에서 적응유연성을 각각 평가해야 한다. 다음으로 적응유연성의 영역 특수성(domain specific)이란 청소년의 삶의 모든 영역에서 적응유연성이 같은 수준으로 나타나는 것이 아니라 특정 영역에 따라 그 수준이 다를 수 있다는 것을 의미한다. 즉, 영역 특수성은 청소년이 특정 영역에서는 적응유연한 발달을 보이더라도 다른 발달 영역에서는 적응유연하지 않을 수 있음을 의미한다(좌현숙, 2010). 예를 들어 빈곤가정 청소년이 학업이나 학교생활의 영역에서 다소 어려움을 경험하지만, 대인관계와 지역사회 활동 영역에서는 적응유연성 수준이 높을 수 있다. 따라서 적응유연성을 평가하기 위해서는 청소년의 다양한 발달 영역과 생활환경에 따라 그 차이점을 검토해야 한다.

둘째, 적응유연성은 개인의 기질과 같이 정태적이고 고정적인 특징이 아니므로 시간이 지나면서 변화하는 역동적 과정의 특성이 있다. 적응유연성은 한번 성취하면 항상 존재하는 것이 아니라 시간이 지나면서 변화할 수 있다. 따라서 특정 시기에 적응유연한 사람도 다른 시기에서는 적응유연성이 떨어져 취약할 수도 있다. 이처럼 개인의 적응유연성을 결정하는 보호 요인과 위험 요인은 개인의 발달 특성과 삶의 환경 변화에 영향을 받는다. 따라서 청소년의 성장 과정에 따라 적응유연성은 고정되어 있지 않고 항상 변화하는 것이다.

셋째, 개인의 적응유연성 과정을 이해하기 위해서는 기본적으로 대처기제를 파악해야 한다. 대처기제는 개인이 스트레스 상황을 효과적으로 조절하기 위해 사용하는 모든 기술과 자원을 의미한다. 사실상 대처기제를 사용하는 것은 적응 유연한 성과를 얻는 기본적 과정이다. 따라서 청소년이 스트레스 상황에서 사용하는 효과적 또는 비효과적 대처기제의 세부 내용을 탐색하는 것은 청소년의 적응유연성 향상을 위한 개입과정의 토대를 형성하는 데 유용하다.

## 2) 적응유연성 접근과 청소년복지

우리 사회가 점점 복잡해지고 예측하지 못했던 경제적 및 사회적 변동으로 위기 상황에 직면한 청소년과 그들이 경험하는 역경과 어려움의 정도와 빈도도 증가하고 있다. 이런 상황으로 위기에 처한 청소년의 지원과 개입이 중요한 사회적 과제로 대두함으로써 적응유연성에 관한 관심이 증가하고 있다. 이러한 적응유연성 접근을 청소년복지에 적용할 때 다음과 같은 효과가 나타날 수 있다(정규석 외, 2017).

첫째, 적응유연성 접근은 청소년을 개인적 및 환경적 위험에도 불구하고 긍정적으로 변화하고 성장할 수 있는 존재로 인정한다. 즉, 이 접근은 청소년이 삶의 스트레스 사건과 역경 때문에 불행한 성장만을 경험하는 것이 아니라, 발달과정에서 직면하는 다양한 위기 상황을 극복하고 긍정적으로 성장할 수 있다는 것을 강조한다. 이런 점 때문에 적응유연성 접근을 활용하는 사회복지사는 위기에 처한 청소년에 대해 문제 중심의 접근보다는 청소년의 변화 가능성과 강점 중심의 개입에 좀 더 적극적으로 관심을 기울일 수 있다.

둘째, 적응유연성 접근은 생태체계 관점을 토대로 청소년의 발달 특성 및 환경체계와 관련된 다양한 보호 요인과 위험 요인을 파악하고 검토한다. 보호 요인과 대처기제를 명확히 확인하는 것은 개인적 및 환경적 위기에 처한 청소년의 적응유연성을 강화하는 데 유용하다. 또한 위험 요인과 취약성을 확인하는 것은 조기 개입이 필요한 청소년을 미리 파악하는 데 효과적이다. 이러한 장점들 때문에 적응유연성은 빈곤 · 장애 · 비행 · 가출 · 다문화 등의 청소년들에게 긍정적 발달을 촉진하는 보호 요인과 자원을 확인하고, 적응과정을 지원하는 데 유용한 개념 틀로 활용된다. 따라서 청소년의 적응유연성 향상을 위해서는 영역별 보호 요인과 위험 요인을 파악하여 그에 상응하는 차별화된 개입을 시도해야 한다.

셋째, 적응유연성은 개인의 특성에 제한되지 않고 발달과정에 따라 변화하며, 다차원적 영역에서 개발될 수 있는 개념이다. 이러한 적응유연성의 특성을 고려하여, 청소년의 적응유연성 개발을 위한 개입 프로그램에는 4C 영역 – 능력(Competence), 연결(Connection), 인성(Character), 자신감(Confidence) – 이 포함되어야 한다. 여기서 능력은 청소년 개인의 삶의 질을 향상할 수 있는 기술 능력으로 학업능력, 인지능력, 대인관계 기술,

직업능력 등을 포괄한다. 연결은 청소년이 멘토링, 리더십 프로그램, 지역사회 참여를 통해 타인과 함께 보호와 돌봄의 관계를 형성하는 것을 말한다. 인성은 청소년이 책임감, 정직, 의사결정, 관계 통합 등에 가치와 의미를 찾도록 하는 것이다. 자신감은 희망, 자아존중감, 목표 달성의 성공을 끌어내는 것을 의미한다. 따라서 이러한 요소들을 사회복지사는 청소년의 적응유연성 향상에 초점을 둔 개입 방법과 프로그램에 활용함으로써 적응유연성 영역별로 프로그램을 차별화할 수 있을 것이다.

CHAPTER

06

# 청소년복지 정책과 행정

1. 청소년복지 정책
2. 청소년복지 행정

**06** CHAPTER

# 청소년복지 정책과 행정

**학·습·목·표**

- 청소년복지 정책을 설명할 수 있다.
- 청소년복지 행정을 설명할 수 있다.

## 1. 청소년복지 정책

청소년복지의 법률적 정의는「청소년 기본법」에서 찾아볼 수 있다.「청소년 기본법」제3조에서 청소년복지는 "청소년이 정상적인 삶을 영위할 수 있는 기본적인 여건을 조성하고 조화롭게 성장 · 발달할 수 있도록 제공되는 사회적 · 경제적 지원"으로 정의하고 있다. 한편, 정책이란 사회문제를 해결하거나 공공의 목표를 달성하기 위하여 정부가 결정한 전략적 행동 방침 및 계획으로 볼 수 있다(조흥식 외, 2015). 따라서 정책은 민간 부문에서 이루어지는 어떠한 결정과 과정은 그 범주에 속하지 않고, 공공기관이 주체가 되어 이루어지는 의견 모음과 집행의 과정을 말한다(박진규, 2013).

이러한 관점에서 청소년복지 정책이란 국가가 주체가 되어 청소년의 행복 실현을 목적으로 청소년의 욕구와 필요를 충족시키기 위해 마련한 대책이다. 즉, 청소년복지 정책이란 모든 청소년의 문제해결 · 예방 및 역량강화 욕구를 충족시키고, 궁극적으로는 청소년의 삶의 질 향상, 더 나아가서는 사회발전이라는 목적을 달성하기 위해 청소년, 가정 및 지역사회 등에게 제공되는 사회서비스와 프로그램을 국가적 차원에서 명시한 전략적 대책이라 할 수 있다. 하지만 청소년기는 성인기로의 이행과정에 있으나 청소년복지 정책은 주무 부처별로 연령과 대상을 구분하여 분절적으로 구성 · 운영되고 있다. 그 결과 현 보호 체계에서 사각지대에 놓인 청소년들이 계속 발생하고, 이들이 생애과정에서 경험하는 다양한 위험 요인을 포착하지 못하고 있다. 따라서 아동-청소년복지 서비스 분절로 인한 사각지대를 해소하기 위해 이들의 생애주기를 고려한 연속성 있는 정책을 추진해야 할 것이다(임지연 외, 2022). 이런 맥락에서 청소년의 위기 예방과 보호를 위해 청소년복지 정책은 청소년 관계 법령이나 중장기 청소년 정책 기본계획에 근거하여 중앙행정기관과 지방자치단체의 유기적인 관계하에 수립 · 시행된다(정익중 외, 2021).

청소년복지 정책의 목적은 차별과 낙인 없이 모든 청소년의 인권과 복지 향상을 기반으로 하며, 가정 문제가 있거나 학업 수행 또는 사회적응에 어려움을 겪는 위기청소년을 선별적으로 지원하여 청소년복지를 향상하는 것이다. 또한 청소년복지 정책의 목표는 청소년 헌장에 표출된 청소년의 권리 및 책무에 관한 내용을 정책적으로 실현하는 것이다(도미향, 2004). 더 구체적으로 청소년복지 정책은 독립적 삶의 주체로서의 청소년을 존중하고 이들에게 자율과 참여의 기회를 보장하기 위한 방향으로 제공되어야 한다. 청소년복지 정책은 국가적 차원에서 청소년이 사회구성원으로 책임 있는 삶을 살아갈 기반을 마련하고, 청소년 삶의 질 향상과 행복 보장을 위한 여건과 환경을 조성하는 데 초점을 두어야 한다(정익중 외, 2021).

이러한 청소년복지 정책을 '무엇이 되어야 하는가?'라는 당위성이나 가치, 목적, 행동 원칙이라고 한다면, 청소년복지 정책의 대상인 청소년에게 적절하게 전달되기 위해서는 정책집행 단계에서 구체적인 프로그램이나 서비스로 전환되어야 한다. 이러한 청소년복지 정책을 구체적인 프로그램이나 서비스로 전환할 때 적용할 수 있는 것이 산출 분석틀이다(Gilbert & Terrell, 1998). 산출 분석틀은 네 가지 차원인 사회적 할당, 급여 형태, 전달체계, 재정 등을 설정하고 사회복지 정책이 구성하는 선택의 형태와 내용이 무엇인지를 밝히고 있다. 즉, 사회적 할당의 기반은 무엇인가? 사회적 급여의 형태는 무엇인가? 사회적 급여를 전달하기 위한 전략은 무엇인가? 사회적 급여에 필요한 재원의 충당 방법은 무엇인가? 등이다. 이런 질문들의 대답을 통해 청소년복지 정책을 분석하는 기준으로 대상, 급여, 전달체계, 재원 등 네 가지 기준으로 우리나라 청소년복지 정책의 주요 특성을 살펴보고자 한다(정규석 외, 2017).

### 1) 청소년복지 정책의 대상

할당(Allocation)은 사회복지 정책의 대상을 누구로 선정할 것인가에 대한 내용으로 서비스 대상자를 결정하는 지침이나 기준을 의미한다. 이러한 청소년복지 정책의 대상자 선정기준을 선택하는 가치 기반은 보편주의와 선별주의이다. 보편주의(universalism)란 사람들의 지위, 존엄성, 자존감 등을 상실하는 굴욕적인 상황에 부닥치지 않으면서 사회복지 정책으로 제공되는 급여나 서비스를 모든 사람이 이용하고 접근할 수 있도록 하는 것이다. 즉, 보편주의는 모든 사람이 누릴 수 있는 하나의 사회적 권리로 공적 서비스를 이용할 때 어떤 열등감이나 수치심을 느끼지 않게끔 해야 한다는 것이다. 하지만 비용이 많이 들고 한정된 자원을 꼭 필요한 부분에 효과적으로 사용하는 데는 한계가 있다. 반면에 선별주의(selectivity)란 소수의 사회적 약자를 대상으로 제한적으로 급여를 제공한다. 즉, 급여 대상자 선정기준을 정하고 선별된 대상자에게 집중적인 서비스를 제공함으로써 자원의 낭비를 없애고 효용을 극대화할 수 있다. 하지만 이런 급여의 제공 과정에서 낙인을 피할 수 없다(박병현, 2008).

「청소년 기본법」에서 청소년은 9세 이상 24세 이하로 규정되어 있어서 청소년복지 정책의 일차적인 급여대상 선정기준은 '연령'이며, 해당 연령의 모든 청소년이 정책 대상이다. 또한 「청소년 기본법」의 하위법인 「청소년복지 지원법」에서 정책 대상은 청소년과 위기청소년으로 구분하고 있다. 보편주의를 근거로 청소년복지 정책의 대상은 9세 이상 24세 이하의 모든 청소년이다. 반면에 선별주의를 근거로 청소년복지 정책의 대상은 가정 문제가 있거나 학업 수행 또는 사회 적응에 어려움을 겪는 등 조화롭고 건강한 성장과 생활에 필요한 여건을 갖추지 못한 위기청소년이다. 한편, 「청소년 기본법」과 「청소년복지 지원법」에서 명시하고 있는 청소년복지 정책은 청소년의 인권보장(권리), 참여, 건강보장, 우대, 지역사회 청소년통합지원체계(CYS-Net), 위기청소년 지원, 교육적 선도 등을 들 수 있다(정규석 외, 2017).

① 보편적 청소년복지 정책

인권보장, 참여, 건강보장, 우대 등의 정책 대상은 모든 청소년으로 보편주의와 관련이 있다. 먼저 인권보장과 참여는 모든 영역에서 청소년의 인권을 보장하고, 청소년이 정당한 사회구성원으로서 본인과 관련된 의사결정에 참여할 권리가 있음을 법률로 규정하고 있다. 다음으로 청소년의 건강보장을 위해 국가 및 지방자치단체는 체력검사와 건강진단을 시행할 수 있다고 규정하고 있다. 마지막으로 청소년의 우대는 국가 또는 지방자치단체가 운영하는 수송시설 · 문화시설 · 여가시설 등을 청소년이 이용하는 경우 그 이용료를 면제받거나 할인 혜택을 받는 것으로 대중교통수단이나 청소년이용시설 등이 해당한다. 이용료를 면제받을 수 있는 청소년은 9세 이상 18세 이하인 청소년과 「초 · 중등교육법」 제2조에 따른 학교에 재학 중인 18세 초과 24세 이하인 청소년이다. 또한 청소년증은 만 9세 이상 18세 이하 청소년에게 발급하여 학생과 비학생 간의 차별 없이 신분 확인과 할인 혜택을 받을 수 있도록 2003년부터 시행하고 있다. 청소년증은 공적 신분증(대학수학능력시험 · 검정고시 · 운전면허시험, 은행 등에서 신분 증명), 청소년우대 증표(교통시설, 문화시설, 여가시설 등에서 이용료 면제 또는 할인 증표), 교통카드(대중교통 및 편의점 등에서 선불 결제)로 활용할 수 있다.

② 선별적 청소년복지 정책

선별주의에 근거한 위기청소년 대상의 청소년복지 정책은 지역사회 청소년통합지원체계(청소년안전망) 운영, 여성 청소년 생리대 바우처 지원, 위기청소년 특별지원 등이 대표적이다. 먼저 지역사회 청소년통합지원체계(청소년안전망)는 지역사회 내 청소년 관련 자원을 연계하여 학업 중단, 가출, 인터넷중독 등 위기청소년에 대한 상담 · 보호 · 교육 · 자립 등 맞춤형 서비스를 제공하는 사업이다.

다음으로 여성 청소년 생리대 바우처 지원은 여성 청소년의 건전한 성장을 지원하기 위하여 생리대 바우처를 지원하는 사업이다. 지원대상은 「국민기초생활보장법」에 따른 생계 · 의료 · 주거 · 교육급여 수급자, 「국민기초생활보장법」에 따른 법정차상위계층, 「한부모가족지원법」 제5조 및 제5조의2에 따른 지원대상자 등이다. 만 11세~만 18세 여성 청소년에게 생리대를 구입할 수 있는 바우처 포인트(월 13,000원)를 지원한다. 청소년의 보호자 또는 청소년 본인이 청소년의 주민등록 주소지 관할 읍 · 면사무소 · 동주민센터 방문, 복지로 누리집(www.bokjiro.go.kr), 복지로 앱(App)을 통해 신청할 수 있다(여성가족부, 2022).

마지막으로 위기청소년 특별지원은 보호자가 없거나 실질적으로 보호자의 보호를 받지 못하는 사회 · 경제적으로 어려움이 있는 위기청소년에게 생활비 · 치료비 · 학업지원비 등을 지원하는 사업이다. 위기청소년 특별지원 대상은 해당 청소년이 속한 가구 소득이 중위소득 72% 이하인 만 9세 이상~만 24세 이하 청소년 중에서 보호자가 없거나 실질적으로 보호자의 보호를 받지 못하는 청소년, 「학교 밖 청소년 지원에 관한 법률」 제2조 제2호에 따른 학교 밖 청소년, 비행 · 일탈 예방을 위하여 지원이 필요한 청소년 등이다. 특별지원은 생활지원, 건강지원, 학업지원, 자립지원, 상담지원, 법률지원, 청소년 활동지원, 기타 등으로 구분할 수 있으며, 그 구체적인 종류와 내용은 〈표 6-1〉과 같다. 이러한 위기청소년 특별지원의 신청 방법은 청소년 본인이나 보호자, 청소년상담사 · 지도자, 교육 공무원, 사회복지사, 청소년업무를 담당하는 공무원 등이 주민등록 관할 시 · 군 · 구(읍 · 면 · 동 주민센터)에 신청하면 된다.

**[표 6-1] 위기청소년 특별지원 종류 및 내용**

| 지원종류 | 지원내용 | 지원 금액 |
|---|---|---|
| 생활지원 | ① 의복 · 음식물 및 연료비 기타 일상생활에 필요한 기초 생계비<br>② 숙식 제공 | 월 65만 원 이내 |
| 건강지원 | ① 진찰 · 검사<br>② 약제 · 치료재료의 지급<br>③ 처치 · 수술, 기타 치료<br>④ 예방 · 재활<br>⑤ 입원, 간호<br>⑥ 이송 등 기타 조치사항 | 연 200만 원 내외 |
| 학업지원 | ① 「초 · 중등교육법」 제2조에 의한 학교 입학금 및 수업료<br>② 교과서 대금<br>③ 「초 · 중등교육법 시행령」 제97조 제1항에 의한 고등학교입학자격 검정고시 및 동법 제98조 제1항에 의한 고등학교 졸업학력 검정고시의 준비에 필요한 학원비<br>④ 학원비 | 월 15만 원 이내 (수업료)<br>월 30만 원 이내 (검정고시)<br>월 30만 원 이내 |
| 자립지원 | ① 기술 및 기능 습득을 위한 비용<br>② 진로상담 비용 및 직업체험 비용<br>③ 취업알선 및 사후지도 비용 | 월 36만 원 이내 |
| 법률지원 | ① 소송비용<br>② 법률상담비용 | 연 350만 원 이내 |
| 상담지원 | ① 정신적 · 심리적 치료를 위한 청소년 본인 및 가족의 상담비 및 심리검사비<br>② 프로그램 참가비 | 월 30만 원 이내<br>심리검사비(연 40만 원) 별도 |
| 청소년활동 지원 | ① 수련활동비<br>② 문화활동비(문화체험비)<br>③ 교류활동비 등 | 월 30만 원 이내 |
| 기타 | ① 청소년이 수치심을 느낄 수 있는 외모 및 흉터 등의 교정<br>② 교복 지원, 체육복 등<br>③ 학용품비, 수업준비물 등 | – |

출처: 여성가족부(2023) 홈페이지(www.mogef.go.kr).

이처럼 청소년복지 정책의 대상자 선정기준은 먼저 보편주의에 근거한 청소년의 연령 기준이다. 이는 모든 청소년이 공통된 문제와 욕구가 있다는 보편성을 기반으로 하며, 청소년은 누구나 사회적 권리의 목적으로 정책 혜택을 받을 수 있다고 보는 것이다. 다음은 선별주의에 근거하여 사회적 지원과 개입이 필요한 위기청소년으로 가구의 소득과 전문가의 판단에 따라 대상자를 선정한다.

## 2) 청소년복지 정책의 급여 형태

급여(Provision)란 청소년복지 정책의 대상으로 선정된 청소년들에게 어떤 형태의 급여, 즉 무엇을 제공할 것인가에 관한 것이다. 청소년복지 정책을 통해 자격 기준을 갖춘 대상에게 제공할 수 있는 급여란 물질적·비물질적 지원을 말하며, 현금, 현물, 증서, 기회, 권력 등이 있다. 각 급여 유형은 장단점이 있으므로 청소년복지 정책의 목적에 부합하는 유형을 선택하는 것이 중요하다. 따라서 다양한 급여 형태를 개발하고 제공하여 정책의 효과성과 효율성을 확보하는 것이 중요하다(김석향 외, 2017). 현재 청소년들은 「청소년 기본법」, 「청소년복지 지원법」, 「아동복지법」, 「한부모가족지원법」, 「학교 밖 청소년 지원에 관한 법률」 등 관련 법을 근거로 주로 현금 및 현물, 돌봄 및 보호, 사업 및 프로그램 등의 급여 형태를 제공받고 있다(정규석 외, 2017).

### ① 현금 및 현물

현금급여는 필요한 재화와 서비스를 시장에서 직접 구매할 수 있도록 대상자에게 화폐 형태로 지급하는 급여이다. 대상자의 선택 자유와 소비자 주권을 높임으로써 대상자의 존엄성을 유지하며, 현물급여에 필요한 물류와 보관 비용이 들지 않아서 운영상 효율적이다. 반면에 현물급여는 필요한 물품을 지급하거나 의료서비스 · 교육서비스와 같이 필요한 서비스를 대상자가 비용을 지불하지 않고 이용하는 형태를 말한다. 현물급여는 급여를 받는 사람이 정책목표 이외의 부분에 사용할 수 없으므로 정책목표에 맞는 소비가 이루어진다.

현금 및 현물급여로는 「청소년복지 지원법」에 의한 특별지원 대상 청소년에게 월 15만 원 이내에서 연 350만 원 이내까지의 생활지원, 건강지원, 학업지원, 자립지원, 법률지원, 상담지원, 청소년 활동지원, 기타 등을 들 수 있다. 이 외에도 인터넷 · 스마트폰 과의존 청소년에 대한 치료비 지원, 청소년 한부모에 대한 아동양육비, 아동교육지원비, 생활보조금, 검정고시 등 학습지원, 자립촉진수당 등을 들 수 있다.

### ② 돌봄 및 보호

가출청소년과 성매매 구조 청소년 등 위기청소년의 긴급구조와 일시보호를 위해 청소년쉼터, 청소년자립지원관, 청소년회복지원시설 등을 운영하고 있다. 이와 함께 직접 찾아가는 상담자인 청소년동반자를 통해 가출, 비행 · 폭력, 학업 중단, 성매매 피해 등 더 심화한 위기 상황에 직면한 청소년에게 상담을 지원한다. 이외 지역사회 내 청소년 관련 자원을 연계하여 학업 중단 · 가출 · 인터넷중독 등 위기청소년에 대한 상담 · 보호 · 교육 · 자립 등 맞춤형 서비스를 제공하는 청소년안전망 구축 운영, 저소득층 · 한부모 · 조손 · 다문화 · 장애 가정 · 2자녀 이상 가정 · 맞벌이 가정 등의 청소년(초4~중3)에게 방과 후 돌봄을 제공하는 청소년방과후아카데미 운영이 대표적이다.

③ 사업 및 프로그램

청소년복지 정책은 사업과 프로그램의 형태로 전달되는데, 현금 및 현물 지원, 돌봄 및 보호 사업 등도 프로그램의 형태로 제공된다. 청소년 대상 사업과 프로그램은 다양한 부처에서 추진하고 있지만, 청소년복지 정책의 주무 부처는 여성가족부이다. 여성가족부에서 시행하는 대표적 사업으로는 학교 밖 청소년을 지원하는 학교밖청소년지원센터(꿈드림), 이주배경청소년의 교육지원사업인 레인보우스쿨, 청소년 인터넷 · 스마트폰 과의존 치유를 지원하는 국립청소년인터넷드림마을, 정서 · 행동장애 청소년을 지원하는 청소년 치료 · 재활센터(국립청소년디딤센터), 청소년상담 1388(전화 · 문자 · 온라인 상담) 등이 있다.

## 3) 청소년복지 정책의 전달체계

전달(Delivery)은 급여나 서비스를 어떤 방법으로 청소년에게 전달할 것인가와 관련된 전략에 관한 내용으로 정책의 가치나 목적에 따라 전달체계도 많은 영향을 받는다(김미주 외, 2017). 청소년복지 전달체계는 정책의 수혜자인 청소년에게 「청소년 기본법」에 의한 활동 · 보호 · 복지 영역의 정책서비스를 체계적으로 추진하는 체계를 말한다. 즉, 청소년복지 급여와 서비스의 전달과 관련되는 조직체계로서 중앙정부와 지방정부, 청소년복지 관련 시설을 포함하는 모든 공공 및 민간 조직의 서비스 전달체계라

할 수 있다(Friedlander & Apte, 1980).

현행 공적 청소년복지 전달체계는 행정조직체계에 의한 전달체계를 말하며, 다시 중앙행정체계와 지방행정체계로 나뉜다. 정책 대상으로서 청소년 관련 업무를 맡는 중앙정부 부처는 여성가족부이지만, 청소년에 대한 복지, 교육, 일자리, 비행 예방 등의 정책은 관련 부처에서 각각 담당하고 있다. 청소년복지는 여성가족부의 청소년가족정책실 청소년정책관의 청소년자립지원과와 학교밖청소년지원과에서 담당하며, 위기청소년을 대상으로 하는 대다수 복지서비스는 시 · 도, 시 · 군 · 구 청소년상담복지센터의 전달체계로 지원되고 있다. 즉, 청소년복지는 여성가족부의 전달체계가 아니라 행정안전부의 전달체계를 활용하고 있다(정규석 외, 2017).

이와 함께 「아동복지법」에 근거한 아동복지정책을 주관하는 중앙정부 부처는 보건복지부이다. 보건복지부의 인구정책실 인구아동정책관의 아동복지정책과, 아동권리과, 아동학대대응과에서 담당한다. 현재 보건복지부는 지역아동센터를 비롯한 아동돌봄지원, 아동수당 지급, 입양, 요보호아동 자립지원, 가정위탁지원, 아동복지시설 운영, 공동생활가정 운영, 드림스타트, 디딤씨앗통장(아동발달지원계좌), 아동학대 예방 및 피해아동 보호 등 다양한 사업을 시행하고 있다. 이처럼 아동복지정책과 청소년복지정책은 이원화되어 있다. 즉, 아동복지는 보건복지부, 청소년복지는 여성가족부의 사업을 행정안전부의 지방행정조직을 통해 상당 부분 수행하고 있다. 청소년복지의 개별 사업별 전달체계는 여성가족부–한국청소년상담복지개발원–청소년상담복지센터이다. 반면에 아동복지는 보건복지부–중앙드림스타트센터–시 · 군 · 구 드림스타트센터 등 서로 다른 전달체계를 이용하고 있다. 또한 상당수 아동복지와 청소년복지 사업이 민간위탁 중심으로 운영되고 있어 공공성, 효율성, 연계성 등을 구축하기 위한 노력이 요구된다(정규석 외, 2017).

## 4) 청소년복지 정책의 재원

청소년복지 정책의 실현을 위해 사용되는 재원(Finance)은 청소년복지 정책의 실행을 뒷받침하고 그 결과를 좌우한다. 청소년복지 정책의 재원은 국고에 의한 일반회계, 광역지역발전특별회계, 청소년육성기금 등으로 구성되어 있다. 일반적으로 청소년복지 정책의 재원은 공적 부담의 원칙에 의존하는 경우가 많다. 그 이유는 청소년복지 정책의 책임이 국가에 있으며, 정책의 안정성을 도모해야 한다는 가치에 기반을 두기 때문이다(김석향 외, 2017).

### ① 일반회계

일반회계란 국가 고유의 기능 수행을 위한 예산으로 일반적인 국가 활동에 관한 세입 · 세출을 포괄하는 회계를 말한다. 「국가재정법」(제4조 제2항)에서 일반회계는 조세수입 등을 주요 세입으로 하여 국가의 일반적인 세출에 충당하기 위하여 설치하는 것으로 규정한다. 현재 일반회계에 의한 청소년 사업은 청소년 정책 기반 강화, 여성 청소년 보건위생 물품 지원, 청소년 유해환경 개선 및 피해 예방, 청소년치료재활센터 건립, 국립청소년수련시설 건립, 한국청소년활동진흥원 운영지원, 한국청소년상담복지개발원 운영지원, 지역청소년활동정책 진흥사업, 청소년활동 지원, 청소년 국제교류 지원, 청소년정책관 기본경비 사업 등이 있다.

### ② 광역지역발전특별회계

특별회계는 국가에서 특정한 사업을 운영하고자 할 때, 특정한 자금을 보유하여 운용하고자 할 때, 특정한 세입으로 세출에 충당함으로써 일반회계와 구분하여 회계 처리할 필요가 있을 때 법률로써 설치하는 예산이다(「국가재정법」 제4조 제3항). 예산통일의 원칙에 따라 예산을 하나로 편성하는 것이 이상적이다. 하지만 사업 중에는 능률적 운영을 위하여 별도의 예산 편성이 필요한 때도 있으며, 특별회계의 성격에 따라 일반적인 특례를 인정하고 있다. 특별회계는 「국가균형발전 특별법」에 따라 지방자치단체의 지역발전 사업을 지원하는 중앙정부 예산으로 광역지역발전특별회계가 대표적이다. 광역지역발전특별회계는 주로 청소년시설 건립 및 개보수 등 청소년시설 확충에 사용된다.

### ③ 청소년육성기금

청소년육성기금은 「청소년 기본법」 제53조를 근거로 청소년의 활동 지원 및 복지 증진, 청소년보호 · 교육 등 청소년육성에 필요한 재원을 확보하기 위하여 설치되었다. 청소년육성기금의 조성은 정부의 출연금, 「국민체육진흥법」 제22조 제4항 제1호 및 「경륜 · 경정법」 제18조 제1항 제1호에 따른 출연금, 개인 · 법인 또는 단체가 출연하는 금전 · 물품이나 그 밖의 재산, 기금의 운용으로 생기는 수입금, 그 밖에 대통령령으로 정하는 수입금 등이다(「청소년 기본법」 제54조).

청소년육성기금은 청소년활동의 지원, 청소년시설의 설치와 운영을 위한 지원, 청소년지도자의 양성을 위한 지원, 청소년단체의 운영과 활동을 위한 지원, 청소년복지 증진을 위한 지원, 청소년보호를 위한 지원, 청소년 정책의 수행 과정에 관한 과학적 연구의 지원, 기금 조성 사업을 위한 지원, 그 밖에 청소년육성을 위하여 대통령령으로 정하는 사업 등에 사용한다(「청소년 기본법」 제55조). 시 · 도 차원에서도 청소년육성기금을 조성할 수 있는데, 시 · 도지사는 관할구역의 청소년활동 지원 등 청소년육성을 위한 사업 지원에 필요한 재원을 확보하기 위하여 지방청소년육성기금을 설치할 수 있다(「청소년 기본법」 제56조). 그동안 청소년 정책 책임 행정 부서의 잦은 이동으로 기금관리의 안정성이 저하되고 수입은 감소하여 기금 고갈의 위기에 처해 있다. 청소년복지 정책의 안정적인 사업 추진과 기금 고갈 문제를 고려할 때 장기적으로 국고에 의한 일반회계로 추진되는 것이 가장 바람직하다.

## 2. 청소년복지 행정

청소년복지 행정은 청소년복지 정책을 서비스로 전환하는 데 필요한 청소년복지 조직에서의 총체적인 활동으로 이해할 수 있다. 즉, 청소년복지 행정은 추상적인 청소년복지 정책이 정하고 있는 내용을 구체적인 복지서비스로 전환하고, 인적 · 물적 자원을 효율적으로 동원하고 활용하여 청소년들에게 복지서비스를 전달하는 과정에 관한 수단적인 성격을 갖는다. 따라서 청소년복지 행정은 청소년복지 관련 법에 기반을 둔 조직을 통한 서비스 전달과정을 포함하며, 궁극적으로 청소년복지 정책이 의도하는 것을 효과적 · 효율적으로 달성하는 것이 목적이다(정규석 외, 2017). 이러한 청소년복지 행정은 행정체계와 집행체계로 구분할 수 있다. 먼저 행정체계는 청소년복지의 기획, 지원, 관리의 역할을 담당하는 주무 부처인 여성가족부, 한국청소년활동진흥원, 한국청소년상담복지개발원, 광역자치단체의 청소년담당부서 등이 해당한다. 다음으로 집행체계는 청소년과 대면하여 서비스를 제공하는 시 · 도청소년활동진흥센터, 시 · 도 및 시 · 군 · 구의 청소년상담복지센터, 청소년수련관, 청소년수련원, 청소년문화의집, 학교밖청소년지원센터 등이다(정지윤, 2020).

### 1) 여성가족부

우리나라 청소년복지의 공적 행정체계는 청소년 정책 주무 부처인 여성가족부와 시 · 도 및 시 · 군 · 구 그리고 일선의 전담공무원을 의미한다. 이와 함께 여성가족부 산하기관인 한국청소년상담복지개발원과 한국청소년활동진흥원이 청소년복지사업을 일부 담당하고 있다. 이처럼 중앙정부 부처 중에서 청소년복지 업무의 주무 부처는 여성가족부이며, 청소년복지 업무를 관장하는 부서는 청소년가족정책실이다. 청소년가족정책실 청소년정책관은 청소년 정책 주관 부처로서 청소년정책과, 청소년활동진흥과, 청소년활동안전과, 청소년자립지원과, 학교밖청소년지원과, 청소년보호환경과 등 6개의 과에서 청소년육성 · 보호 기능 업무를 수행하고 있다. 이러한 여성가족부 청소년가족정책실 청소년정책관의 조직과 주요 업무는 〈표 6-2〉와 같다.

**[표 6-2] 여성가족부의 청소년정책관의 조직과 주요 업무**

| 구분 | 내용 |
|---|---|
| 청소년 정책과 | • 청소년정책에 관한 중장기 기본계획의 수립 및 조정<br>• 중앙부처 및 지방자치단체 청소년정책의 협의 · 조정 총괄<br>• 청소년정책 관련 법령의 관리 · 운영<br>• 청소년정책관계기관협의회의 운영<br>• 청소년정책 전담기구 · 공무원 등 전달체계에 관한 사항<br>• 관계 기관 청소년정책의 평가 및 지원에 관한 사항<br>• 청소년의 달 등 청소년 관련 행사 및 포상에 관한 사항<br>• 청소년정책 관련 조사 · 연구 및 제도 개선<br>• 청소년 관련 통계의 유지 및 백서 등의 발간<br>• 청소년 관련 산하기관 및 법인 관리 총괄<br>• 한국청소년활동진흥원의 지도 · 감독<br>• 청소년 관련 기관 · 단체 종사자의 교육 · 훈련<br>• 청소년지도자 자질 향상에 관한 사항<br>• 청소년 인권 보호 등 청소년 권리증진에 관한 사항<br>• 청소년 특별회의 및 참여위원회 등 청소년정책 참여기구 구성 · 운영 지원<br>• 청소년정책 참여 활성화 프로그램의 개발 · 보급<br>• 청소년 우대정책의 수립 및 교육 · 홍보<br>• 청소년증의 발급 및 운영에 관한 사항<br>• 그 밖에 실 내 다른 과의 주관에 속하지 아니하는 사항 |
| 청소년 활동 진흥과 | • 청소년활동 진흥, 역량개발 및 국제교류에 관한 계획의 수립 · 시행<br>• 지방청소년활동진흥센터의 설치 · 운영 지원<br>• 청소년 프로그램 · 사업의 개발 · 보급 및 평가<br>• 청소년의 수련활동 및 문화 · 예술체험 활성화에 관한 사항<br>• 청소년 축제, 동아리, 자원봉사 활성화에 관한 사항<br>• 청소년활동 정보 제공 · 지원<br>• 청소년지도사의 자격검정 · 연수 및 활동 지원<br>• 청소년방과후아카데미 등 방과 후 활동프로그램의 개발 · 지원<br>• 청소년의 국제교류를 위한 프로그램 개발 및 운영 지원<br>• 청소년의 관련 국제행사 개최 및 국제교류에 관한 사항 |

| | |
|---|---|
| 청소년 활동 안전과 | • 청소년수련활동 안전에 관한 정책의 총괄 및 계획의 수립 · 시행<br>• 숙박형 청소년수련활동 및 비숙박형 청소년수련활동 계획의 신고업무 관리, 온라인 종합정보제공 시스템 구축 · 운영<br>• 청소년수련활동 인증제도의 운영 · 관리에 관한 사항<br>• 청소년수련활동 이행 실태 점검 및 안전관리에 관한 사항<br>• 청소년수련시설 운영관리, 지도 · 감독 및 제도 개선에 관한 사항<br>• 청소년수련시설 종합 안전점검 및 종합평가 실시 · 공개에 관한 사항<br>• 국 · 공립 청소년수련시설 확충계획 수립 및 건립에 관한 사항<br>• 한국청소년수련시설협회 지도 · 관리 및 감독에 관한 사항<br>• 국립청소년수련원의 지도 · 감독 및 국유재산 관리에 관한 사항 |
| 청소년 자립 지원과 | • 청소년복지에 관한 정책의 총괄 및 계획의 수립 · 시행<br>• 청소년복지 관련 법령의 관리 · 운영<br>• 청소년복지서비스의 조사 · 연구 및 통계에 관한 사항<br>• 청소년복지시설의 운영 · 지원 및 청소년복지 · 지원업무 종사자의 교육 · 훈련<br>• 한국청소년상담복지개발원의 지도 · 감독<br>• 청소년상담사의 자격검정 · 연수 등에 관한 사항<br>• 취약계층 청소년의 보호 · 상담 · 자립 등에 대한 계획의 수립 · 조정 및 시행<br>• 가출 등 청소년에 대한 보호 및 자립 지원에 관한 사항<br>• 청소년 비행 · 폭력 등의 예방 및 선도에 관한 사항<br>• 폭력, 학대 등에 노출된 청소년의 상담, 치료 및 법률 서비스 지원<br>• 위기 청소년을 위한 사회안전망 구축을 위한 종합대책의 수립 · 조정<br>• 청소년상담복지센터 등 청소년상담 · 구조 관련 기관 · 단체에 대한 지도 · 지원<br>• 청소년 전화 · 청소년 모바일 상담 및 청소년동반자 프로그램의 운영<br>• 청소년의 사회진출 및 취업 · 창업 지원에 관한 사항 |
| 학교밖 청소년 지원과 | • 학교 밖 청소년에 관한 정책의 총괄 및 계획의 수립 · 시행<br>• 학교 밖 청소년 관련 법령의 관리 · 운영 및 제도개선에 관한 사항<br>• 학교 밖 청소년에 대한 사회적 편견과 차별 예방 및 사회적 인식 개선에 관한 사항<br>• 학교 밖 청소년 지원 프로그램의 개발 및 지원에 관한 사항<br>• 학교 밖 청소년 지원을 위한 관련 기관 간 협력체계 및 지역사회 중심의 지원체계 구축 · 운영에 관한 사항<br>• 학교 밖 청소년 지원을 위한 실태조사 및 결과 공표에 관한 사항<br>• 학교 밖 청소년 지원 위원회 운영에 관한 사항<br>• 학교 밖 청소년 지원을 위한 상담 및 교육지원에 관한 사항<br>• 학교 밖 청소년의 취업 및 자립지원에 관한 사항<br>• 학교 밖 청소년지원센터의 설치 · 운영에 관한 사항<br>• 「청소년복지지원법」제18조에 따른 이주배경청소년의 사회 적응 및 학습능력 향상을 위한 지원에 관한 사항<br>• 특별지원 대상 청소년에 대한 지원계획의 수립 및 시행 |

| | |
|---|---|
| 청소년 보호 환경과 | • 청소년보호에 관한 계획의 수립 · 시행<br>• 청소년보호위원회의 운영에 관한 사항<br>• 매체물 · 업소 · 약물 · 물건 등의 청소년 유해성 심의 · 결정 등에 관한 사항<br>• 청소년 유해환경에 대한 점검, 단속, 규제 및 개선 활동 지원에 관한 사항<br>• 인터넷 중독 등 매체의 역기능 피해의 예방 · 치료 및 재활 지원<br>• 청소년의 건전한 매체 활용능력증진 및 건전한 매체 문화 조성 등에 관한 사항<br>• 청소년 대상 인터넷 게임 제공시간 제한제도 등의 운영 및 평가에 관한 사항<br>• 청소년치료재활센터의 운영에 관한 사항<br>• 신 · 변종 유해업소 등 청소년유해환경 점검 · 단속활동<br>• 지방행정기관 청소년유해환경 개선 유도 및 평가<br>• 청소년보호종합대책 추진상황 종합 점검 · 관리<br>• 청소년유해환경감시단 운영 |

자료: 여성가족부(2023) 홈페이지(www.mogef.go.kr).

## 2) 시 · 도 및 시 · 군 · 구

지방자치단체는 자치행정의 주체로서 특별시 · 광역시 · 도 · 특별자치도를 중심으로 하는 광역자치단체, 시 · 군 · 구를 중심으로 하는 기초자치단체, 그리고 읍 · 면 · 동으로 구분된다. 일반적으로 지방자치단체의 행정조직은 여성가족부의 청소년가족정책실로부터 행정안전부 산하의 시 · 도 및 시 · 군 · 구를 거쳐 읍 · 면 · 동으로 이어지는 전달체계로 구성되어 있다. 그러나 지방자치단체별로 전달체계가 다르므로 청소년 행정과 기타 행정 간의 구분은 사실상 모호하다. 즉, 중앙정부의 어떤 부서가 청소년 행정을 기획했다 할지라도 시 · 도와 같은 광역자치단체에서는 행정안전부의 감독을 받는 사회복지국이나 가족여성정책국, 시 · 군 · 구와 같은 기초자치단체의 경우에는 사회복지과나 가족여성과, 읍 · 면 · 동에서는 사회복지전담공무원으로 일원화된다(이미리 외, 2019b).

광역자치단체의 시 · 도 사회복지국은 지방청소년육성위원회의 운영에 관한 업무를 담당하면서 지방 청소년업무를 총괄 · 조정한다. 중앙과 지방은 청소년업무 연계 추진체계를 구축하고 있다. 시 · 군 · 구의 가족여성과는 청소년 정책의 서비스 대상자인 청소년에게 직접 서비스를 제공하는 역할과 청소년 관련 시설에 대한 지원 업무를 수행한다. 지방 청소년 행정조직은 청소년 정책을 전담하는 부서 명칭의 잦은 변경과 담당 공무원의 빈번한 인사이동으로 정책 수립과 집행의 일관성과 연속성이 없다는 비판이 있다(이미리 외, 2019b).

시 · 도 및 시 · 군 · 구의 경우 청소년업무를 담당하는 부서는 다양한 명칭을 사용하고 있다. 아동 · 청소년업무를 함께 담당하거나 사회복지과, 주민생활지원과 등 주로 복지업무를 담당하는 부서에서 청소년업무를 함께 담당하는 경우가 가장 많다. 이외 체육청소년과 또는 문화체육과에서 담당하는 등 지방자치단체별로 청소년업무를 담당하는 부서는 차이가 있다. 이는 지방자치단체별 여건과 상황이 반영된 것으로 청소년업무는 독립적으로 혹은 아동 · 여성 · 노인 · 가족 업무와 함께 이루어지고 있기 때문이다. 하지만 그동안 청소년업무를 주관하는 중앙정부의 부처가 문화체육부, 문화관광부, 국가청소년위원회, 보건복지부, 여성가족부 등으로 이관되면서 관련 조직 명칭을 그대로 사용하기 때문으로 이해된다.

### 3) 청소년육성 전담공무원

공적 청소년복지 서비스 전달체계의 마지막 단계는 청소년업무를 담당하는 공무원이다. 지금까지 청소년 관련 업무는 시 · 도 및 시 · 군 · 구를 거쳐 읍 · 면 · 동의 행정공무원이 다른 업무와 함께 담당하는 경우가 일반적이었다. 그러나 「청소년 기본법」 제25조에 따라 특별시 · 광역시 · 특별자치시 · 도 · 특별자치도, 시 · 군 · 구 및 읍 · 면 · 동 또는 제26조에 따른 청소년육성 전담 기구에 청소년육성 전담공무원을 둘 수 있다. 청소년육성 전담공무원은 청소년지도사 또는 청소년상담사의 자격을 가진 사람으로 관할구역의 청소년과 청소년지도자 등에 대하여 그 실태를 파악하고 필요한 지도를 하고 있다. 또한 관계 행정기관, 청소년단체 및 청소년시설의 설치 · 운영자는 청소년육성 전담공무원의 업무 수행에 협조하여야 한다. 다만, 청소년육성 전담공무원의 임용 등에 필요한 사항은 조례로 정하기 때문에 이 규정은 강제규정이 아니라 임의규정이라는 점에서 한계가 있다(정규석 외, 2017).

「청소년 기본법」 제26조에 따라 청소년육성에 관한 업무를 효율적으로 운영하기 위하여 시 · 도 및 시 · 군 · 구에 청소년육성에 관한 업무를 전담하는 기구를 따로 설치할 수 있다고 규정하고 있다. 청소년육성 전담 기구의 사무 범위, 조직 등에 필요한 사항도 조례로 정하기 때문에 청소년육성 전담공무원과 마찬가지로 임의규정이라는 점에서 한계가 있다.

### 4) 시설기반

청소년 행정의 집행체계는 「청소년 기본법」 제3조 제6호에 제시된 청소년시설인 청소년활동 · 청소년복지 및 청소년보호에 제공되는 시설이 포함된다. 이와 함께 청소년지원기관으로 시 · 도 청소년활동진흥센터, 시 · 도 및 시 · 군 · 구 청소년상담복지센터, 이주배경청소년지원센터 등이 포함될 수 있다.

### ① 청소년활동시설

청소년활동의 시설기반은 「청소년활동 진흥법」(제6조)에 따른 청소년육성을 위한 한국청소년활동진흥원이다. 한국청소년활동진흥원(www.kywa.or.kr)은 청소년이 건강하게 성장하고 잠재역량을 개발할 수 있도록 청소년활동의 활성화를 위해 다양한 업무를 수행하고 있다. 주요 기능으로는 청소년활동 · 청소년복지 · 청소년보호에 관한 종합적 안내 및 서비스 제공, 청소년육성에 필요한 정보 등의 종합적 관리 및 제공, 청소년수련활동 인증위원회 등 청소년수련활동 인증제도의 운영, 청소년 자원봉사활동의 활성화, 청소년활동 프로그램의 개발과 보급, 국가가 설치하는 수련시설의 유지 · 관리 및 운영업무의 수탁, 국가 및 지방자치단체가 개발한 주요 청소년수련거리의 시범운영, 청소년활동시설이 실시하는 국제교류 및 협력사업에 대한 지원, 청소년지도자의 연수, 숙박형 등 청소년수련활동 계획의 신고 지원에 대한 컨설팅 및 교육, 수련시설 종합 안전 · 위생점검에 대한 지원, 수련시설의 안전에 관한 컨설팅 및 홍보, 안전교육의 지원, 그 밖에 여성가족부장관이 지정하거나 활동진흥원의 목적을 수행하기 위하여 필요한 사업을 수행한다. 주요 사업으로는 청소년활동 운영, 청소년지도자 양성, 청소년지원사업 등이 있다.

또한 「청소년활동 진흥법」(제7조)에는 특별시 · 광역시 · 특별자치시 · 도 · 특별자치도 및 시 · 군 · 구는 해당 지역의 청소년활동을 진흥하기 위하여 지방청소년활동진흥센터를 설치 · 운영할 수 있다고 규정하고 있다. 이를 근거로 시 · 도 청소년활동진흥센터는 지역 중심의 청소년활동정책 전달체계로서 해당 지역 내 특성화된 청소년활동 진흥을 목적으로 설치 · 운영되고 있다. 현재 17개 지방청소년활동진흥센터에서는 지역 중심의 청소년활동 지원, 청소년활동 프로그램과 정보 안내, 청소년 수련거리 개발 등을 위해 학교 및 평생교육시설과의 협력체계를 구축하고 있다. 그리고 시 · 군 · 구 청소년활동진흥센터는 시 · 도 센터의 사업기준으로 지역 중심의 운영계획을 수립하고, 시 · 도 센터와 연계하여 해당 지역의 청소년활동 지원사업을 수행하고 있다.

「청소년활동 진흥법」(제10조)에는 청소년수련시설과 청소년이용시설을 규정하고 있다. 먼저 청소년수련시설로는 청소년수련관, 청소년수련원, 청소년문화의집, 청소년특화시설, 청소년야영장, 유스호스텔 등이 있다. 다음으로 청소년이용시설로는 국립중앙박물관, 국립중앙도서관 등 문화시설, 국립중앙과학관 등 과학관, 생활체육공원, 국민체육센터 등 체육시설 등이 해당한다. 특히 국가는 청소년이 이용할 수 있도록 국립청소년수련시설을 설치 · 운영하여야 하며, 특별시장 · 광역시장 · 특별자치시장 · 도지사 · 특별자치도지사 및 시장 · 군수 · 구청장은 청소년수련관을 1개소 이상 설치 · 운영하여야 한다고 규정하고 있다. 또한 시 · 도지사 및 시장 · 군수 · 구청장은 읍 · 면 · 동에 청소년문화의집을 1개소 이상 설치 · 운영하여야 하며, 시 · 도지사 및 시장 · 군수 · 구청장은 청소년특화시설 · 청소년야영장 및 유스호스텔을 설치 · 운영할 수 있다고 규정하고 있다. 이러한 청소년활동시설은 국가 및 지방자치단체는 물론 개인 · 법인 또는 단체 등의 민간분야도 활동시설을 설치 · 운영할 수 있다. 하지만 민간의 경우 특별자치시장 · 특별자치도지사 · 시장 · 군수 · 구청장의 허가를 받아야 한다(「청소년활동 진흥법」 제11조).

② 청소년복지시설

청소년복지의 시설기반은 「청소년복지 지원법」(제22조)에 따른 청소년복지지원기관인 한국청소년상담복지개발원이 있다. 한국청소년상담복지개발원(www.kyci.or.kr)은 청소년 상담 및 복지와 관련된 정책의 연구, 청소년 상담 · 복지 사업의 개발 및 운영 · 지원, 청소년 상담기법의 개발 및 상담자료의 제작 · 보급, 청소년 상담 · 복지 인력의 양성 및 교육, 청소년 상담 · 복지 관련 기관 간의 연계 및 지원, 청소년상담복지센터 · 청소년복지시설 및 학교 밖 청소년 지원센터에 대한 지도 및 지원, 청소년 가족에 대한 상담 · 교육, 통합정보시스템의 운영, 청소년 보호 · 재활센터의 유지 · 관리 및 운영, 그 밖에 청소년상담원의 목적을 수행하기 위하여 필요한 부수사업 등을 수행한다. 주요 사업으로는 지역사회 청소년통합지원체계 구축, 학교밖청소년 지원, 청소년 인터넷 · 스마트폰 과의존 예방 및 해소, 청소년 학교폭력예방지원 등이다.

또한 「청소년복지 지원법」(제29조)에 특별시장 · 광역시장 · 특별자치시장 · 도지사 및 특별자치도지사 및 시장 · 군수 · 구청장은 청소년에 대한 상담 · 긴급구조 · 자활 · 의료지원 등의 업무를 수행하기 위하여 청소년상담복지센터를 설치 · 운영할 수 있다고 규정하고 있다. 이를 근거로 시 · 도와 시 · 군 · 구에 설치된 청소년상담복지센터는 지역사회 청소년통합지원체계의 중심 기관으로서 지역사회 내 청소년에게 필요한 자원을 연계하여 학업 중단, 가출, 인터넷 중독 문제에 대한 상담 · 보호 · 자립 등 맞춤형 서비스를 제공한다. 청소년상담복지센터 운영은 지방이양사업이다. 그래서 지방자치단체별로 별도의 법인 설립을 통해 직영하는 형태, 청소년단체와 같은 민간에 위탁 운영하는 방식, 지방청소년활동진흥센터와 통합하여 운영하는 방식 등을 취하고 있다.

청소년복지시설의 종류(「청소년복지 지원법」 제31조)로는 청소년쉼터(가정 밖 청소년에 대하여 가정 · 학교 · 사회로 복귀하여 생활할 수 있도록 일정 기간 보호하면서 상담 · 주거 · 학업 · 자립 등을 지원하는 시설), 청소년자립지원관(일정 기간 청소년쉼터 또는 청소년회복지원시설의 지원을 받았는데도 가정 · 학교 · 사회로 복귀하여 생활할 수 없는 청소년에게 자립하여 생활할 수 있는 능력과 여건을 갖추도록 지원하는 시설), 청소년치료재활센터(학습 · 정서 · 행동상의 장애를 가진 청소년을 대상으로 정상적인 성장과 생활을 할 수 있도록 해당 청소년에게 적합한 치료 · 교육 및 재활을 종합적으로 지원하는 거주형 시설), 청소년회복지원시설(「소년법」 제32조 제1항 제1호에 따른 감호 위탁 처분을 받은 청소년에 대하여 보호자를 대신하여 그 청소년을 보호할 수 있는 자가 상담 · 주거 · 학업 · 자립 등 서비스를 제공하는 시설) 등이 있다. 국가 또는 지방자치단체는 「청소년 기본법」(제18조 제1항)에 따라 청소년복지시설을 설치 · 운영하여야 한다. 국가 또는 지방자치단체 외의 자가 청소년복지시설을 설치 · 운영하려면 해당 시설이 있는 지역을 관할하는 특별자치시장 · 특별자치시도 또는 시장 · 군수 · 구청장에게 신고하여야 한다.

### ③ 청소년보호시설

청소년보호의 시설기반은 「청소년 보호법」(제35조)에 따른 청소년 보호 · 재활센터이다. 여성가족부장관은 청소년유해환경으로부터 청소년을 보호하고 피해 청소년의 치료와 재활을 지원하기 위하여 청소년 보호·재활센터를 설치·운영할 수 있다. 또한 여성가족부장관은 청소년 보호·재활센터의 설치·운영을 청소년 보호를 목적으로 법인 또는 단체에 위탁할 수 있다. 현재 여성가족부가 설립한 거주형 치료·재활 시설인 국립청소년디딤센터(www.nyhc.or.kr)는 정서·행동 면에서 어려움을 겪는 청소년(만 9세~18세)을 대상으로 상담·치료·보호·자립·교육 등의 전문적이고 종합적인 서비스를 제공하고 있다. 주요 사업으로는 장기 치료·재활 과정(재활심리치료 및 상담, 치료적 돌봄, 활동 프로그램, 대안교육 및 학습지원 등)과 단기치료·재활 과정(11박 12일의 힐링캠프) 등이 있다.

#### ④ 청소년지원기관

청소년지원기관으로는 이주배경청소년지원센터(무지개청소년센터)가 있다. 이주배경청소년지원센터의 기능을 수행하는 이주배경청소년지원재단(rainbowyouth.or.kr)은 「청소년복지 지원법」 제18조에 따른 이주배경청소년(탈북청소년, 다문화청소년, 중도입국청소년 등)을 지원하고 있다. 주요 기능으로는 이주배경청소년 복지에 관한 종합적 안내, 이주배경청소년과 그 부모에 대한 상담 및 교육, 이주배경청소년의 지원을 위한 인력의 양성 및 연수, 이주배경청소년에 대한 국민의 올바른 이해를 돕기 위한 사업, 이주배경청소년의 실태에 관한 조사 및 연구, 이주배경청소년의 사회적응을 위한 프로그램 개발 및 보급, 그 밖에 이주배경청소년지원센터의 목적을 수행하는 데 필요한 업무 등이다.

CHAPTER

# 07

# 청소년복지 관련 법

1. 헌법
2. 청소년 기본법
3. 청소년복지 지원법
4. 청소년활동 진흥법
5. 청소년 보호법
6. 아동 · 청소년의 성보호에 관한 법률
7. 학교 밖 청소년 지원에 관한 법률
8. 학교폭력예방 및 대책에 관한 법률

**07**
CHAPTER

# 청소년복지 관련 법

### 학·습·목·표

- 헌법과 청소년 기본법을 설명할 수 있다.
- 청소년복지 지원법과 청소년활동 진흥법을 설명할 수 있다.
- 청소년 보호법과 아동 · 청소년의 성보호에 관한 법률을 설명할 수 있다.
- 학교 밖 청소년 지원에 관한 법률과 학교폭력예방 및 대책에 관한 법률을 설명할 수 있다.

모든 청소년복지 정책이나 실천은 청소년복지 관련 법에 근거하여 이루어지므로 청소년복지 관련 법에 대한 고찰은 필수적이다. 청소년복지 관련 법은 청소년의 삶의 질 향상을 위한 국가의 책임을 명문화하고 청소년복지 관련 사회서비스와 프로그램을 실천하기 위한 근거를 제공한다(도미향, 2004). 우리나라 청소년복지 정책은 「헌법」과 1991년 「청소년 기본법」을 근간으로, 1997년 「청소년 보호법」, 2000년 「아동 · 청소년의 성보호에 관한 법률」, 2004년 「청소년활동 진흥법」과 「청소년복지 지원법」, 2014년 「학교 밖 청소년 지원에 관한 법률」 등이 제정되면서 활동 · 보호 · 복지의 법적 기반이 마련되었다. 특히 「청소년활동 진흥법」, 「청소년복지 지원법」 및 「학교 밖 청소년 지원에 관한 법률」 등은 「청소년 기본법」을 모법(母法)

임을 분명히 하고 있으며, 모두 시행규칙을 두고 있다. 「청소년 기본법」 등 청소년복지 관련 법들은 지방자치단체의 역할에 대한 언급이 없으며, 소관 부처가 여성가족부로 통일되어 있어서 관련 법들이 체계적 · 유기적인 관계를 유지한다는 특징이 있다.

우리나라에서 청소년을 주요 대상으로 한 최초의 법률은 1961년에 제정된 「미성년자보호법」과 1962년의 「아동복리법」이다. 이후 「아동복리법」은 1981년 「아동복지법」으로 전면 개정되었다. 「헌법」에 의하여 위임된 청소년 정책의 구체적 실현을 위하여 1987년에 제정된 「청소년육성법」은 청소년복지 정책의 근거법이라 할 수 있다. 이러한 「청소년육성법」을 전면 개정한 「청소년 기본법」이 1991년에 제정되면서 청소년복지 정책의 기본 법제가 마련되었다. 1990년에는 청소년복지 정책의 기본 이념과 방향 정립을 목적으로 청소년 헌장이 제정되었으며, 1998년에 새롭게 개정되었다. 이후 청소년 유해매체물과 유해약물의 유통과 유해업소에의 청소년 출입 등을 규제함으로써 유해환경으로부터 청소년보호를 목적으로 1997년 「청소년 보호법」이 제정되었다. 또한 청소년 성매매 행위가 심각한 사회문제로 대두하면서 2000년부터 「아동 · 청소년의 성보호에 관한 법률」이 시행되고 있다. 특히 2000년대에 들어서면서 제정된 「청소년복지 지원법」과 「청소년활동 진흥법」은 복지와 활동에서 청소년을 아동과 구분하여 별도의 정책 대상으로 인정하고 있다는 데 의미가 있다.

이외 입법목적과 입법대상이 각각 다르지만, 청소년을 직접 대상으로 하거나 청소년의 보호, 청소년의 권리 및 의무와 관계된 조항을 포함하는 법령과 규칙은 상당히 많다. 여기서는 청소년복지와 직접 관련된 「헌법」, 그리고 현행법 중의 법령명에 '청소년'이 포함된 법률인 「청소년 기본법」,

「청소년 보호법」, 「청소년복지 지원법」, 「청소년활동 진흥법」, 「아동 · 청소년의 성보호에 관한 법률」, 「학교 밖 청소년 지원에 관한 법률」 등과 「학교폭력예방 및 대책에 관한 법률」을 중심으로 살펴보고자 한다(국가법령정보센터, law.go.kr/Lsw/main.html).

## 1. 헌법

「헌법」은 청소년을 포함한 국민의 인간으로서의 존엄과 가치, 행복을 추구할 권리와 개인이 가지는 불가침의 기본적 인권에 대한 국가의 의무를 명시한 기본법이다. 「헌법」은 모든 법의 근간이자 지침의 기능을 수행하기 때문에 청소년은 「헌법」에서 명시한 국민의 권리와 의무를 지닌다. 청소년복지 정책과 직접적인 관련이 있는 「헌법」 조항을 살펴보면 다음과 같다.

### ① 인간의 존엄 및 행복추구권

「헌법」 제10조에는 "모든 국민은 인간으로서의 존엄과 가치를 가지며, 행복을 추구할 권리를 가진다. 국가는 개인이 가지는 불가침의 기본적 인권을 확인하고 이를 보장할 의무를 진다."라고 명시하고 있다. 이 규정은 가장 기본권인 인간의 존엄성과 행복 추구는 인간으로서 당연히 가지는 기본적 욕구인 동시에 법 해석의 최고 기준인 근본 규범이다. 따라서 청소년복지 실천현장에서 모든 청소년이 존중받고 행복을 추구할 수 있도록 돕는 것이 국가의 책임이다.

② 평등권

「헌법」 제11조 제1항에는 "모든 국민은 법 앞에 평등하다. 누구든지 성별 · 종교 또는 사회적 신분에 의하여 정치적 · 경제적 · 사회적 · 문화적 생활의 모든 영역에 있어서 차별을 받지 아니한다."라고 명시하고 있다. 평등권은 모든 사람은 법 앞에 평등하다는 것을 내용으로 하는 권리로서 시대와 이념 그리고 문화적인 상황에 따라 결과적 평등, 기회의 평등, 비례적 평등의 형태로 나타난다. 이러한 평등권은 사회복지의 목적과도 부합하는 것으로 청소년복지 실천의 방향성과 필요성을 보여주는 조항이다.

③ 교육을 받을 권리

교육을 받을 권리는 사회권적 기본권으로 「헌법」 제31조 제1항에 "모든 국민은 능력에 따라 균등하게 교육받을 권리를 가지며", 제3항에 "의무교육은 무상으로 한다."라고 명시하고 있다. 이처럼 교육은 개인과 가족의 상황을 초월한 사회적인 권리로서 모든 국민이 균등하게 받을 수 있어야 하며, 의무교육으로서 경제적 형편이 장애가 되지 않아야 한다.

④ 근로의 권리

근로의 권리는 「헌법」 제32조 제5항에서 "연소자의 근로는 특별한 보호를 받는다."라고 규정함으로써 청소년들이 일시적 근로를 하거나 근로 현장에서 청소년이기에 받는 차별이 나타나지 않도록 규정하고 있다.

⑤ 청소년에 대한 복지 규정

「헌법」 제34조에는 "모든 국민은 인간다운 생활을 할 권리가 있으며, 국가는 사회보장 · 사회복지의 증진에 노력할 의무를 지며, 국가는 노인과 청소년의 복지 향상을 위한 정책을 실시할 의무를 진다."라고 규정하고 있다. 이는 청소년도 기본권의 주체로서 인간다운 생활을 할 권리가 있을 뿐만 아니라 청소년의 복지 향상에 관한 규정을 특별히 명시하고 있음을 의미한다.

## 2. 청소년 기본법

「청소년 기본법」은 한국 청소년 기본계획(1991)을 효과적으로 추진할 수 있는 법적 뒷받침을 마련하기 위해 기존의 「청소년육성법」(1987)을 전면 개정하여 제정되었다. 제정 취지는 청소년이 지식편중의 교육풍토 아래 나약해져 가는 상황을 개선하여 덕 · 체 · 지의 균형 있는 성장이 가능하도록 청소년수련활동의 여건과 환경을 조성해 줌으로써 건전하고 유능한 후계 세대로 자라게 하는 데 있다(한국청소년개발원, 1994). 「청소년 기본법」은 청소년육성에 대한 기본 법제로서 청소년육성을 위한 가정 · 사회 · 국가 및 지방자치단체의 책무를 명문화하였다는 점과 미래 지향적인 정책 방향 제시 및 추진의 기틀을 마련했다는 점에서 의의를 찾을 수 있다.

「청소년 기본법」 제13조에 의하여 국가는 5년마다 청소년육성에 관한 기본계획을 수립하고, 청소년활동 · 복지 · 보호시설을 설치 · 운영한다. 또한 청소년의 권리 · 책임을 명시하고 있고, 청소년지도사, 청소년상담사, 청소년육성전담공무원, 청소년지도위원 등 청소년지도자 양성, 청소년단체의 지원, 청소년활동 및 복지, 청소년육성기금의 조성과 사용 등에 관한 법적 근거가 되고 있다.

「청소년 기본법」은 기본법으로 '청소년육성에 관하여 다른 법률에 우선 적용'한다고 규정되어 있으나 '특별법'은 아니다. 이에 따라 아동을 18세 미만으로 규정한「아동복지법」과 중복이 발생할 때, 어떤 기준으로 적용하는 것이 맞는지 명확하지 않다. 또한「청소년 기본법」에서 명시하고 있는 청소년의 활동, 보호, 복지에 대한 구체적인 사항은「청소년활동 진흥법」, 「청소년 보호법」, 「청소년복지 지원법」에서 따로 명시하고 있어 다소 선언적인 수준이라는 평가도 받는다(정규석 외, 2017). 특히 청소년을 대상으로 각 부처에서 시행하는 고유 업무를 총괄하고 조정할 수 있는 모법이지만, 이에 대한 강제 규정과 벌칙 사항에 관한 내용이 없어서 청소년 정책의 총괄 · 조정에는 분명한 한계가 있다.

### 1) 목적

「청소년 기본법」은 청소년의 권리 및 책임과 가정 · 사회 · 국가 · 지방자치단체의 청소년에 대한 책임을 정하고, 청소년 정책에 관한 기본적인 사항을 규정하는 것이 목적이다(제1조). 그러므로 청소년육성에 관하여 다른 법률보다 우선하여 적용하며, 청소년육성에 관한 법률을 제정하거나 개정할 때는 이 법의 취지에 맞도록 하여야 한다(제4조). 따라서「청소년 보호법」, 「청소년활동 진흥법」, 「청소년복지 지원법」의 상위법으로 청소년 정책에 관한 기본법으로서의 성격을 지닌다.

### 2) 기본 이념과 추진 방향

「청소년 기본법」의 기본 이념은 청소년이 사회구성원으로서 정당한 대우와 권익을 보장받음과 아울러 스스로 생각하고 자유롭게 활동할 수 있도록 하며 보다 나은 삶을 누리고 유해한 환경으로부터 보호될 수 있도록 함으로써 국가와 사회가 필요로 하는 건전한 민주시민으로 자랄 수 있도록 하는 것이다. 그리고 이러한 기본 이념을 구현하기 위한 장기적 · 종합적 청소년 정책의 추진 방향은 청소년의 참여 보장, 창의성과 자율성을 바탕으로 한 청소년의 능동적 삶의 실현, 청소년의 성장 여건과 사회환경의 개선, 민주 · 복지 · 통일조국에 대비하는 청소년의 자질 향상 등을 설정하고 있다(제2조).

### 3) 대상과 주요 용어 정의

「청소년 기본법」에서 사용하는 용어의 뜻을 살펴보면 다음과 같다(제3조). 먼저 "청소년"이란 9세 이상 24세 이하인 사람을 말한다. 다만, 다른 법률에서 청소년에 대한 적용을 다르게 할 필요가 있는 경우에는 따로 정할 수 있음을 명시하여 다른 청소년 관련 법령에서 청소년의 연령을 다르게 정의할 수 있는 여지를 두고 있다.

"청소년육성"이란 청소년활동을 지원하고 청소년의 복지를 증진하며 근로청소년을 보호하는 한편, 사회 여건과 환경을 청소년에게 유익하도록 개선하고 청소년을 보호하여 청소년에 대한 교육을 보완함으로써 청소년의 균형 있는 성장을 돕는 것으로 정의하고 있다. "청소년활동"이란 청소년의 균형 있는 성장을 위하여 필요한 활동과 이러한 활동을 소재로 하는 수련활동 · 교류활동 · 문화활동 등 다양한 형태의 활동을 말한다. "청소년복지"란 청소년이 정상적인 삶을 누릴 수 있는 기본적인 여건을 조성하고 조화롭게 성장 · 발달할 수 있도록 제공되는 사회적 · 경제적 지원으로 정의하고 있다. 또한 "청소년보호"란 청소년의 건강한 성장에 유해한 물질 · 물건 · 장소 · 행위 등 각종 청소년 유해환경을 규제하거나 청소년의 접촉 또는 접근을 제한하는 것이다. "청소년시설"이란 청소년활동 · 청소년복지 및 청소년보호에 제공되는 시설을 말한다. "청소년지도자"란 청소년지도사와 청소년상담사 그리고 청소년시설, 청소년단체 및 청소년 관련 기관에서 청소년육성에 필요한 업무에 종사하는 사람을 말한다. "청소년단체"란 청소년육성을 주된 목적으로 설립된 법인이나 대통령령으로 정하는 단체를 말한다.

### 4) 주요 내용

#### ① 청소년의 권리와 책임

청소년의 권리로서 청소년의 기본적 인권은 청소년활동 · 청소년복지 · 청소년보호 등 청소년육성의 모든 영역에서 존중되어야 한다고 규정하고 있다. 또한 청소년은 인종 · 종교 · 성별 · 나이 · 학력 · 신체조건 등에 따른 어떠한 종류의 차별도 받지 않으며, 청소년은 외부적 영향에 구애받지 아니하면서 자기 의사를 자유롭게 밝히고 스스로 결정할 권리를 가진다고 명시하고 있다. 이 외에도 청소년은 안전하고 쾌적한 환경에서 자기 발전을 추구하고 정신적 · 신체적 건강을 해치거나 해칠 우려가 있는 모든 형태의 환경으로부터 보호받을 권리를 가진다고 명시하였다. 반면에 청소년의 책임에 관한 규정도 있다. 즉, 청소년은 자신의 능력을 개발하고 건전한 가치관을 확립하며 가정 · 사회 및 국가의 구성원으로서의 책임을 다하도록 노력하여야 한다(제5조).

② 가정, 사회, 국가 및 지방자치단체의 책임

가정, 사회, 국가 및 지방자치단체 등은 청소년육성을 위해 각각 수행해야 할 책임이 있다고 명시하고 있다. 첫째, 가정은 청소년육성에 관하여 1차적 책임이 있음을 인식하여야 하며, 따뜻한 사랑과 관심을 통하여 청소년이 개성과 자질을 바탕으로 자기 발전을 실현하고 국가와 사회의 구성원으로서의 책임을 다하는 다음 세대로 성장할 수 있도록 노력하여야 한다. 또한 가정은 학교 및 청소년 관련 기관 등에서 실시하는 교육프로그램에 청소년과 함께 참여하는 등 청소년을 바르게 육성하기 위하여 적극적으로 노력하여야 한다. 가정은 정보통신망을 이용한 유해매체물 접촉을 차단하는 등 청소년 유해환경으로부터 청소년을 보호하기 위해 필요한 노력을 하여야 한다. 만약 가정의 무관심 · 방치 · 억압 또는 폭력 등이 원인이 되어 청소년이 가출하거나 비행을 저지르는 경우 친권자 또는 친권자를 대신하여 청소년을 보호하는 자는 보호 의무의 책임을 진다(제6조).

둘째, 사회의 책임으로 모든 국민은 청소년이 일상생활에서 즐겁게 활동하고 더불어 사는 기쁨을 누리도록 도와주어야 하며, 청소년의 사고와 행동양식의 특성을 인식하고 사랑과 대화를 통하여 청소년을 이해하고 지도하여야 하며, 청소년의 비행을 바로잡는 등 그 선도에 최선을 다하여야 한다. 또한 모든 국민은 청소년을 대상으로 하거나 청소년이 쉽게 접할 수 있는 장소에서 청소년의 정신적 · 신체적 건강에 해를 끼치는 행위를 하여서는 아니 되며, 청소년에게 유해한 환경을 정화하고 유익한 환경이 조성되도록 노력하여야 한다. 또한 모든 국민은 경제적 · 사회적 · 문화적 · 정신적으로 어려운 상태에 있는 청소년들에게 특별한 관심을 가지고 이들이 보다 나은 삶을 누릴 수 있도록 노력하여야 한다(제7조).

마지막으로 국가 및 지방자치단체는 청소년육성에 필요한 법적 · 제도적 장치를 마련하여 시행하여야 하며, 근로청소년을 특별히 보호하고 근로가 청소년의 균형 있는 성장과 발전에 도움이 되도록 필요한 시책을 마련하여야 한다. 또한 청소년에 대한 가정과 사회의 책임 수행에 필요한 여건을 조성하여야 하며, 이 법에 따른 업무 수행에 필요한 재원을 안정적으로 확보하기 위한 시책을 수립 · 실시하여야 하는 책임을 규정하고 있다(제8조).

### ③ 청소년 정책의 총괄 · 조정 및 특별회의

청소년 정책은 여성가족부장관이 관계 행정기관의 장과 협의하여 총괄 · 조정하며(제9조), 여성가족부에 설치된 청소년정책위원회는 청소년 정책에 관한 주요 사항을 심의 · 조정하는 기구다(제10조). 국가는 범정부적 차원의 청소년 정책 과제의 설정 · 추진 및 점검을 위하여 청소년 분야의 전문가와 청소년이 참여하는 청소년특별회의를 해마다 개최하여야 한다(제12조).

중앙 부처에 청소년정책위원회가 있다면, 지방청소년육성위원회는 청소년육성에 관한 지방자치단체의 주요 시책을 심의하며(제11조), 여성가족부장관은 관계 중앙행정기관의 장과 협의한 후 청소년정책위원회의 심의를 거쳐 청소년육성에 관한 기본계획을 5년마다 수립하여야 한다(제13조). 또한 여성가족부장관 및 관계 중앙행정기관의 장과 지방자치단체의 장은 기본계획에 따라 연도별 시행계획을 수립 · 시행하도록 하고 있다(제14조).

#### ④ 청소년시설

청소년시설의 종류는 청소년활동에 제공되는 시설, 청소년복지에 제공되는 시설, 청소년보호에 제공되는 시설로 분류하고 있다(제17조). 또한 국가 및 지방자치단체는 청소년시설의 설치 · 운영하여야 하며(제18조), 청소년시설의 지도 · 감독을 하도록 규정하고 있다(제19조).

#### ⑤ 청소년지도자

「청소년기본법」에서 청소년지도자는 청소년지도사(제21조)와 청소년상담사(제22조)로 규정하고 있다. 또한 청소년지도사 또는 청소년상담사의 자격을 가진 사람으로 특별시 · 광역시 · 특별자치시 · 도 · 특별자치도, 시 · 군 · 구 및 읍 · 면 · 동 또는 청소년육성 전담기구에 청소년육성과 관련한 업무를 전담하는 청소년육성 전담공무원(제25조)을 명시하고 있다. 또한 특별자치시장 · 특별자치도지사, 시장 · 군수 · 구청장은 청소년육성을 담당하기 위하여 청소년지도위원을 위촉할 것을 명시하고 있다(제27조).

⑥ 청소년육성기금

청소년육성에 필요한 재원을 확보하기 위하여 청소년육성기금 설치를 명시하고 있다(제53조). 여성가족부장관이 관리 · 운용하는 청소년육성기금은 정부의 출연금, 「국민체육진흥법」 및 「경륜 · 경정법」에 따른 출연금, 개인 · 법인 또는 단체가 출연하는 금전 · 물품이나 그 밖의 재산, 기금의 운용으로 생기는 수익금, 그 밖에 대통령령으로 정하는 수입금 등으로 조성된다(제54조). 시 · 도지사 역시 관할구역의 청소년활동 지원 등 청소년육성을 위한 사업 지원에 필요한 재원을 확보하기 위하여 지방청소년육성기금을 설치할 수 있도록 하고 있다(제56조).

## 3. 청소년복지 지원법

「청소년복지 지원법」은 「헌법」 제34조 제4항에서 "국가는 노인과 청소년의 복지 향상을 위한 정책을 실시할 의무를 진다."라는 청소년에 대한 복지 규정에 근거하여 2004년에 제정되었다. 「청소년복지 지원법」은 2012년에 전면 개정되면서 여성가족부 주관으로 시행 중인 청소년의 우대 및 건강보장, 지역사회 청소년통합지원체계 운영, 위기청소년 지원, 청소년부모 지원, 청소년복지지원기관 및 청소년복지시설 등 청소년복지사업의 영역에서 효율적이고 체계적인 지원을 위한 법적 근거를 마련하였다. 또한 「청소년복지 지원법」은 「아동복지법」에서 다루지 못하는 18세 이상 후기 청소년의 고유 욕구에 대한 차별화된 복지 지원을 별도로 규정하고 있다는 점에서 의미가 있다(홍봉선 · 남미애, 2018).

### 1) 목적

「청소년복지 지원법」은 「청소년 기본법」 제49조 제4항에 따라 청소년복지 향상에 관한 사항을 규정함을 목적으로 한다(제1조).

### 2) 주요 용어 정의

「청소년복지 지원법」에서 사용하는 용어의 뜻은 다음과 같다(제2조). "청소년복지"란 「청소년 기본법」 제3조 제4호에 따라 청소년이 정상적인 삶을 누릴 수 있는 기본적인 여건을 조성하고 조화롭게 성장 · 발달할 수 있도록 제공되는 사회적 · 경제적 지원을 말한다. 이러한 법률적 정의는 청소년복지의 대상이 취약 · 위기청소년뿐만 아니라 일반청소년까지도 포함한다는 것을 시사한다. 또한 복지에서 청소년의 주체성을 강조한 것으로 청소년의 기본 욕구의 충족과 건강한 성장 · 발달의 촉진은 물론, 청소년이 현재 사회구성원의 한 사람으로서 주체적인 삶을 영위하도록 지원해야 한다는 것을 의미한다. 다만 「청소년 기본법」 제49조 제2항에서 국가 및 지방자치단체는 기초생활 보장, 직업재활훈련, 청소년활동 지원 등의 시책을 추진할 때는 정신적 · 신체적 · 경제적 · 사회적으로 특별한 지원이 필요한 청소년을 먼저 배려하여야 한다고 명시하여 일반청소년 대상의 복지도 중요하지만, 위기청소년 대상의 복지지원이 더욱 시급한 과제임을 강조하고 있다.

"보호자"란 친권자, 법정대리인 또는 사실상 청소년을 양육하는 사람을 말한다. 또한 "위기청소년"이란 가정 문제가 있거나 학업 수행 또는 사회 적응에 어려움을 겪는 등 조화롭고 건강한 성장과 생활에 필요한 여건을 갖추지 못한 청소년을 말한다. "가정 밖 청소년"이란 가정 내 갈등 · 학대 · 폭력 · 방임, 가정해체, 가출 등의 사유로 보호자로부터 이탈된 청소년으로서 사회적 보호 및 지원이 필요한 청소년을 말한다. "청소년부모"란 자녀를 양육하는 부모가 모두 청소년인 사람으로 정의하고 있다.

### 3) 주요 내용

#### ① 청소년의 우대 및 건강보장

국가 또는 지방자치단체가 운영하는 수송시설 · 문화시설 · 여가시설 등을 청소년이 이용하는 경우 그 이용료를 면제하거나 할인할 수 있도록 하고 있다. 또한 국가 및 지방자치단체는 국가 또는 지방자치단체의 재정적 보조를 받는 자, 관계 법령에 따라 세제상의 혜택을 받는 자, 국가 또는 지방자치단체로부터 위탁받아 업무를 수행하는 자가 청소년이 이용하는 시설을 운영하는 경우 청소년에게 그 시설의 이용료를 할인하여 주도록 권고할 수 있다. 이때 이용료를 면제받거나 할인받으려는 청소년은 시설의 관리자에게 주민등록증, 학생증, 청소년증 등 나이를 확인할 수 있는 증표 또는 자료를 제시하여야 한다(제3조). 청소년증은 9세 이상 18세 이하의 청소년에게 특별자치시장 · 특별자치도지사 또는 시장 · 군수 · 구청장이 발급할 수 있다(제4조).

또한 국가 및 지방자치단체는 성별 특성을 고려하여 청소년의 건강 증진 및 체력 향상을 위한 질병 예방, 건강 교육 등의 필요한 시책을 수립하여야 하며, 보호자는 양육하는 청소년의 건강 증진 및 체력 향상에 노력하여야 한다(제5조). 또한 국가 및 지방자치단체는 청소년의 체력검사와 건강진단을 실시할 수 있으며(제6조), 건강진단 결과를 분석하여 청소년의 건강 증진을 위하여 필요한 시책을 수립 · 시행하도록 하고 있다(제7조).

② 지역사회 청소년통합지원체계

지방자치단체의 장은 관할구역의 위기청소년을 조기에 발견하여 보호하고, 청소년복지 및 청소년보호를 효율적으로 수행하기 위하여 지방자치단체, 공공기관, 청소년단체 등이 협력하여 업무를 수행하는 지역사회 청소년통합지원체계를 구축 · 운영하여야 한다(제9조). 특히 지방자치단체의 장은 통합지원체계의 원활한 운영을 위하여 필요하다고 인정할 때는 위기청소년의 복지 및 보호와 관련된 정책 등 대통령령으로 정하는 사항을 심의하는 청소년복지심의위원회를 둘 수 있다(제10조).

국가 및 지방자치단체는 지역주민들이 자발적으로 단체를 구성하여 위기청소년의 발견 · 보호 및 지원을 위한 활동을 할 때는 그 단체의 활동을 지원할 수 있도록 하고 있다(제11조). 또한 국가 및 지방자치단체는 모든 청소년이 필요한 사항에 관하여 전문가의 상담을 받을 수 있도록 하여야 하며, 상담을 위하여 전화를 설치 · 운영하거나 정보통신망을 운영하여야 한다고 규정하고 있다(제12조).

### ③ 위기청소년 지원

국가 및 지방자치단체는 위기청소년에게 효율적이고 적합한 지원을 하기 위하여 위기청소년의 가족 및 보호자에 대한 상담 및 교육을 실시할 수 있다(제13조). 또한 국가 및 지방자치단체는 위기청소년에게 필요한 사회적 · 경제적 지원, 즉 특별지원을 할 수 있다. 특별 지원은 생활 지원, 학업 지원, 의료 지원, 직업훈련 지원, 청소년활동 지원 등으로 물품 또는 서비스 형태로 제공한다. 다만, 위기청소년의 지원에 꼭 필요하다고 인정될 때는 금전의 형태로 제공할 수 있다(제14조). 이러한 위기청소년 중에서 가정 밖 청소년에 대한 지원으로 여성가족부장관 또는 지방자치단체의 장은 가정 밖 청소년의 발생을 예방하기 위한 교육 · 홍보 · 연구 · 조사 등 각종 정책을 수립 · 시행하여야 하며, 가정 밖 청소년의 가정 · 사회 복귀를 돕기 위하여 상담, 보호, 자립 지원, 사후관리 등 필요한 조치를 하여야 한다(제16조). 또한 국가 및 지방자치단체는 다문화가족의 청소년과 그 밖에 국내로 이주하여 사회적응 및 학업 수행에 어려움을 겪는 청소년의 사회적응 및 학습 능력 향상을 위하여 상담 및 교육 등 필요한 시책을 마련하고 시행하여야 한다(제18조)고 규정하고 있다.

### ④ 청소년부모 지원

국가 및 지방자치단체는 청소년부모에게 아동의 양육 및 교육 서비스, 방문건강관리사업 서비스, 교육 · 상담 등 가족 관계 증진 서비스, 청소년부모에 대한 가족 지원 서비스를 제공할 수 있다(제18조의2). 국가 및 지방자치단체는 청소년부모와 그 자녀에게 복지 지원, 즉 생활 지원, 의료 지원, 주거 지원, 청소년활동 지원 등 내용에 따라 물품 또는 서비스의 형태로 제공할 수 있다(제18조의3). 국가 및 지방자치단체는 청소년부모가 학업을 할 수 있도록 청소년부모의 선택에 따라 학교에서의 학적 유지를 위한 지원 및 교육비 지원 또는 검정고시 지원, 학력인정 평생교육시설에 대한 교육비 지원, 교육 지원 등 청소년부모에 대한 교육 지원을 할 수 있다(제18조의4). 또한 국가 및 지방자치단체는 청소년부모가 자녀를 안정적으로 양육할 수 있는 환경을 조성하기 위하여 직업적성 검사 및 진로상담프로그램, 직업체험 및 훈련프로그램, 직업소개 및 관리, 그 밖에 청소년부모의 직업체험 및 훈련에 필요한 사항 등 청소년부모에 대한 직업체험과 훈련을 할 수 있도록 지원할 수 있다(제18조의5).

### ⑤ 청소년복지지원기관

청소년복지지원기관으로 한국청소년상담복지개발원을 설립하여 청소년 상담 및 복지와 관련된 정책의 연구, 청소년 상담 · 복지 사업의 개발 및 운영 · 지원, 청소년 상담기법의 개발 및 상담자료의 제작 · 보급, 청소년 상담 · 복지 인력의 양성 및 교육, 청소년 상담 · 복지 관련 기관 간의 연계 및 지원, 청소년상담복지센터 · 청소년복지시설 및 학교 밖 청소년지원센터에 대한 지도 및 지원, 청소년 가족에 대한 상담 · 교육, 통합정보시스템의 운영, 국가가 설치하는 청소년치료재활센터 및 청소년보호 · 재활센터의 유지 · 관리 및 운영, 그 밖에 청소년상담원의 목적을 수행하는 데 필요한 부수사업 등의 업무를 수행한다(제22조).

또한 특별시장 · 광역시장 · 특별자치시장 · 도지사 및 특별자치도지사 및 시장 · 군수 · 구청장은 청소년에 대한 상담 · 긴급구조 · 자활 · 의료지원 등의 업무를 수행하기 위하여 청소년상담복지센터를 설치 · 운영할 수 있다(제29조). 그리고 여성가족부장관은 이주배경청소년 지원을 위한 이주배경청소년지원센터를 설치 · 운영할 수 있도록 규정을 마련하였다(제30조).

⑥ 청소년복지시설

청소년복지시설의 종류는 청소년쉼터(가정 밖 청소년에 대하여 가정 · 학교 · 사회로 복귀하여 생활할 수 있도록 일정 기간 보호하면서 상담 · 주거 · 학업 · 자립 등을 지원하는 시설), 청소년자립지원관(일정 기간 청소년쉼터 또는 청소년회복지원시설의 지원을 받았는데도 가정 · 학교 · 사회로 복귀하여 생활할 수 없는 청소년에게 자립하여 생활할 수 있는 능력과 여건을 갖추도록 지원하는 시설), 청소년치료재활센터(학습 · 정서 · 행동상의 장애가 있는 청소년을 대상으로 정상적인 성장과 생활을 할 수 있도록 해당 청소년에게 적합한 치료 · 교육 및 재활을 종합적으로 지원하는 거주형 시설), 청소년회복지원시설(「소년법」 제32조 제1항 제1호에 따른 감호 위탁 처분을 받은 청소년에 대하여 보호자를 대신하여 그 청소년을 보호할 수 있는 자가 상담 · 주거 · 학업 · 자립 등 서비스를 제공하는 시설) 등으로 규정하였다(제31조).

## 4. 청소년활동 진흥법

「청소년활동 진흥법」은 청소년이 수련활동 · 교류활동 · 문화활동 등을 통하여 자신의 기량과 품성을 함양하고 성장을 돕는 제도적 기반을 마련하기 위해 2004년에 제정되었다. 「청소년활동 진흥법」은 청소년활동을 수련활동 · 교류활동 · 문화활동 등으로 범주화하였고, 청소년활동시설을 청소년수련시설과 청소년이용시설로 구분함으로써 세부적인 정책적 지원이 가능하여지도록 하였다는 데 의의가 있다. 이처럼 「청소년활동 진흥법」은 주5일 수업제의 전면 시행과 자유학기제도 도입 등 청소년을 둘러싼 사회 환경의 변화에 대응하기 위한 법령으로, 모든 청소년을 대상으로 하는 청소년활동 정책의 근간이라는 점에서 의미가 있다(정규석 외, 2017).

### 1) 목적

「청소년활동 진흥법」은 「청소년 기본법」 제47조 제2항에 따라 다양한 청소년활동을 적극적으로 진흥하기 위하여 필요한 사항을 정함을 목적으로 한다(제1조).

### 2) 주요 용어 정의

「청소년활동 진흥법」에서 사용하는 용어의 뜻은 다음과 같다(제2조). 먼저 "청소년활동"이란 「청소년 기본법」 제3조 제3호에 따라 청소년의 균형 있는 성장을 위하여 필요한 활동과 이러한 활동을 소재로 하는 수련활동 · 교류활동 · 문화활동 등 다양한 형태의 청소년활동을 말한다. "청소년활동시설"이란 청소년수련활동, 청소년교류활동, 청소년문화활동 등 청소년활동에 제공되는 시설을 말한다.

"청소년수련활동"이란 청소년이 청소년활동에 자발적으로 참여하여 청소년 시기에 필요한 기량과 품성을 함양하는 교육적 활동으로서 청소년지도자와 함께 청소년수련거리에 참여하여 배움을 실천하는 체험활동을 말한다. "청소년교류활동"이란 청소년이 지역 간, 남북 간, 국가 간의 다양한 교류를 통하여 공동체의식 등을 함양하는 체험활동을 말한다. "청소년문화활동"이란 청소년이 예술활동, 스포츠활동, 동아리활동, 봉사활동 등을 통하여 문화적 감성과 더불어 살아가는 능력을 함양하는 체험활동을 말한다.

"청소년수련거리"란 청소년수련활동에 필요한 프로그램과 이와 관련되는 사업을 말한다. "숙박형 청소년수련활동"이란 19세 미만의 청소년(19세가 되는 해의 1월 1일을 맞이한 사람은 제외한다.)을 대상으로 청소년이 자신의 주거지에서 떠나 청소년수련시설 또는 그 외의 다른 장소에서 숙박·야영하거나 청소년수련시설 또는 그 외의 다른 장소로 이동하면서 숙박·야영하는 청소년수련활동을 말한다. "비숙박형 청소년수련활동"이란 19세 미만의 청소년을 대상으로 청소년수련시설 또는 그 외의 다른 장소에서 실시하는 청소년수련활동으로서 실시하는 날에 끝나거나 숙박 없이 2회 이상 정기적으로 실시하는 청소년수련활동을 말한다.

### 3) 주요 내용

#### ① 청소년활동의 보장

청소년은 다양한 청소년활동에 주체적이고 자발적으로 참여하여 자신의 꿈과 희망을 실현할 충분한 기회와 자원을 받아야 한다. 이를 위해 국가 및 지방자치단체는 청소년활동을 활성화하는 데 필요한 청소년활동시설, 청소년활동 프로그램, 청소년지도자 등을 위한 시책을 수립 · 시행하도록 규정하고 있다(제5조). 특히 청소년수련시설을 설치 · 운영하는 개인 · 법인 · 단체 및 위탁 운영단체는 청소년활동을 활성화하고 청소년의 참여를 보장하기 위하여 청소년으로 구성되는 청소년운영위원회를 운영하여야 하며, 청소년운영위원회의 의견을 수련시설 운영에 반영하도록 하고 있다(제4조).

② 한국청소년활동진흥원 설치

한국청소년활동진흥원(www.kywa.or.kr)은 청소년활동 · 청소년복지 · 청소년보호에 관한 종합적 안내 및 서비스 제공, 청소년육성에 필요한 정보 등의 종합적 관리 및 제공, 청소년수련활동 인증위원회 등 청소년수련활동 인증제도의 운영, 청소년자원봉사활동의 활성화, 청소년활동 프로그램의 개발과 보급, 국가가 설치하는 수련시설의 유지 · 관리 및 운영업무의 수탁, 국가 및 지방자치단체가 개발한 주요 청소년수련거리의 시범운영, 청소년활동시설이 실시하는 국제교류 및 협력사업에 대한 지원, 청소년지도자의 연수, 숙박형 등 청소년수련활동 계획의 신고 지원에 대한 컨설팅 및 교육, 수련시설 종합 안전 · 위생점검에 대한 지원, 수련시설의 안전에 관한 컨설팅 및 홍보, 안전교육의 지원, 그 밖에 여성가족부장관이 지정하거나 활동진흥원의 목적을 수행하기 위하여 필요한 사업 등을 시행한다(제6조).

또한 특별시 · 광역시 · 특별자치시 · 도 · 특별자치도 및 시 · 군 · 구는 해당 지역의 청소년활동을 진흥하기 위하여 지방청소년활동진흥센터를 설치 · 운영할 수 있도록 규정하였다(제7조).

### ③ 청소년활동시설

청소년활동시설의 종류는 청소년수련시설과 청소년이용시설로 구분된다(제10조). 먼저 청소년수련시설로는 청소년수련관, 청소년수련원, 청소년문화의집, 청소년특화시설, 청소년야영장, 유스호스텔이 있다. 다음으로 청소년이용시설은 수련시설이 아닌 시설로서 그 설치 목적의 범위에서 청소년활동의 실시와 청소년의 건전한 이용 등에 제공할 수 있는 시설을 말한다.

특히 청소년수련시설은 「청소년 기본법」 제18조 제1항에 따라 국가 및 지방자치단체가 설치 · 운영하여야 한다. 즉, 국가는 둘 이상의 시 · 도 또는 전국의 청소년이 이용할 수 있는 국립청소년수련시설을 설치 · 운영하여야 하며, 특별시장 · 광역시장 · 특별자치시장 · 도지사 · 특별자치도지사 및 시장 · 군수 · 구청장은 청소년수련관을 1개소 이상 설치 · 운영하여야 한다. 또한 시 · 도지사 및 시장 · 군수 · 구청장은 읍 · 면 · 동에 청소년문화의 집을 1개소 이상 설치 · 운영하여야 하며, 청소년특화시설 · 청소년야영장 및 유스호스텔을 설치 · 운영할 수 있다. 이러한 청소년수련시설을 설치 · 운영하려는 개인 · 법인 또는 단체는 특별자치시장 · 특별자치도지사 · 시장 · 군수 · 구청장의 허가를 받도록 규정하고 있다(제11조).

### ④ 청소년수련활동 인증제도

국가는 청소년수련활동이 청소년의 균형 있는 성장에 기여할 수 있도록 그 내용과 수준을 향상하기 위하여 청소년수련활동 인증제도를 운영하여야 한다. 이러한 청소년수련활동 인증제도를 운영하기 위하여 국가는 청소년수련활동 인증위원회를 한국청소년활동진흥원에 설치 · 운영하고 있다. 국가는 인증을 받은 청소년수련활동을 공개하여야 하며, 인증수련활동에 참여한 청소년의 활동기록을 유지 · 관리하고, 청소년이 요청할 때는 이를 제공하여야 한다(제35조).

## 5. 청소년 보호법

급격한 산업화와 도시화, 사회구조의 변화에 따라 청소년의 발달에 미치는 가정과 학교의 영향력은 상대적으로 축소되었지만, 사회환경의 영향력은 급속히 증대되고 있다. 따라서 청소년들이 건강한 인격체로 성장할 수 있도록 가정 · 학교 · 정부는 물론 언론 · 시민사회단체들의 총체적 참여로 우리 사회에서 청소년 유해환경을 근절하기 위한 법적 장치를 마련할 필요성이 제기됨에 따라 1997년에 「청소년 보호법」이 제정되었다. 2013년 전면 개정을 통해 청소년유해업소의 범위를 확대하고, 청소년유해매체물의 판매 요건과 청소년에게 제공 금지 규정을 강화하였다. 또한 청소년유해약물 피해 예방 및 치료 · 재활 등 사후관리 대책을 마련하였다. 「청소년 기본법」을 모법으로 하는 「청소년 보호법」이 청소년의 연령을 19세 미만으로 규정한 것은 「소년법」과 마찬가지로 19세 미만의 미성년자 청소년에 대한 보호를 더욱 강조한다는 것을 의미한다(정익중 외, 2021).

## 1) 목적

「청소년 보호법」은 청소년에게 유해한 매체물과 약물 등이 청소년에게 유통되는 것과 청소년이 유해한 업소에 출입하는 것 등을 규제하고 청소년을 유해한 환경으로부터 보호 · 구제함으로써 청소년이 건전한 인격체로 성장할 수 있도록 함을 목적으로 한다(제1조).

## 2) 주요 용어 정의

「청소년 보호법」에서 사용하는 용어의 뜻은 다음과 같다(제2조). 먼저 "청소년"이란 만 19세 미만인 사람을 말한다. 다만, 만 19세가 되는 해의 1월 1일을 맞이한 사람은 제외한다. "청소년유해매체물"이란 청소년보호위원회가 청소년에게 유해한 것으로 결정하거나 확인하여 여성가족부장관이 고시한 매체물, 각 심의기관이 청소년에게 유해한 것으로 심의하거나 확인하여 여성가족부장관이 고시한 매체물을 말한다. "청소년유해약물등"이란 청소년에게 유해한 것으로 인정되는 주류, 담배, 마약류, 환각물질, 그 밖에 중추신경에 작용하여 습관성, 중독성, 내성 등을 유발하여 인체에 유해하게 작용할 수 있는 약물 등 청소년의 사용을 제한하지 아니하면 청소년의 심신을 심각하게 손상시킬 우려가 있는 약물로서 청소년보호위원회가 결정하고 여성가족부장관이 고시한 것을 말한다. "청소년유해물건"이란 청소년에게 음란한 행위를 조장하는 성기구 등 청소년의 사용을 제한하지 아니하면 청소년의 심신을 심각하게 손상시킬 우려가 있는 성 관련 물건으로서 대통령령으로 정하는 기준에 따라 청소년보호위원회가 결정하고 여성가족부장관이 고시한 것, 청소년에게 음란성 · 포악성 · 잔인성 · 사행성 등을 조장하는 완구류 등 청소년의 사용을 제한하지 아니하면 청소년의 심신을 심각하게 손상시킬 우려가 있는 물건으로서 대통령령으로 정하는 기준에 따라 청소년보호위원회가 결정하고 여성가족부장관이 고시한 것, 청소년유해약물과 유사한 형태의 제품으로 청소년의 사용을 제한하지 아니하면 청소년의 청소년유해약물 이용습관을 심각하게 조장할 우려가 있는 물건으로서 대통령령으로 정하는 기준에 따라 청소년보호위원회가 결정하고 여성가족부장관이 고시한 것을 말한다. "청소년유해업소"란 청소년의 출입과 고용이 청소년에게 유해한 것으로 인정되는 청소년 출입 · 고용금지업소와 청소년의 출입은 가능하나 고용이 청소년에게 유해한 것으로 인정되는 청소년고용금지업소를 말한다.

### 3) 주요 내용

#### ① 가정 · 사회 · 국가와 지방자치단체의 역할과 책임

먼저 가정의 역할과 책임으로 청소년에 대하여 친권을 행사하는 사람 또는 친권자를 대신하여 청소년을 보호하는 사람은 청소년이 청소년유해환경에 접촉하거나 출입하지 못하도록 필요한 노력을 하여야 하며, 청소년이 유해한 매체물 또는 유해한 약물 등을 이용하고 있거나 유해한 업소에 출입하려고 하면 즉시 제지하여야 한다(제3조).

다음은 사회의 책임으로 누구든지 청소년 보호를 위하여 청소년이 청소년유해환경에 접할 수 없도록 하거나 출입하지 못하도록 할 것, 청소년이 유해한 매체물 또는 유해한 약물 등을 이용하고 있거나 청소년폭력 · 학대 등을 하고 있음을 알게 되었을 때는 이를 제지하고 선도할 것, 청소년에게 유해한 매체물과 유해한 약물 등이 유통되고 있거나 청소년유해업소에 청소년이 고용되어 있거나 출입하고 있음을 알게 되었을 때 또는 청소년이 청소년폭력 · 학대 등의 피해를 입고 있음을 알게 되었을 때는 관계기관 등에 신고 · 고발하는 등의 조치를 할 것 등 필요한 노력을 하여야 한다(제4조).

마지막으로 국가와 지방자치단체의 책무로 국가는 청소년 보호를 위하여 청소년유해환경의 개선에 필요한 시책을 마련하고 시행하여야 하며, 지방자치단체는 해당 지역의 청소년유해환경으로부터 청소년을 보호하기 위하여 필요한 노력을 하여야 한다. 국가와 지방자치단체는 전자 · 통신기술 및 의약품 등의 발달에 따라 등장하는 새로운 형태의 매체물과 약물 등이 청소년의 정신적 · 신체적 건강을 해칠 우려가 있음을 인식하고, 이들 매체물과 약물 등으로부터 청소년을 보호하기 위하여 필요한 기술 개발과 연구사업의 지원, 국가 간의 협력체제 구축 등 필요한 노력을 하여야 한다. 국가와 지방자치단체는 청소년 관련 단체 등 민간의 자율적인 유해환경 감시 · 고발 활동을 장려하고 이에 필요한 지원을 할 수 있으며 민간의 건의사항을 관련 시책에 반영할 수 있다. 국가와 지방자치단체는 청소년을 보호하기 위하여 청소년유해환경을 규제할 때 그 의무를 충실히 수행하여야 한다(제5조).

② 청소년유해매체물의 심의 기준

청소년보호위원회와 각 심의기관은 해당 매체물이 청소년에게 성적인 욕구를 자극하는 선정적인 것이거나 음란한 것, 청소년에게 포악성이나 범죄의 충동을 일으킬 수 있는 것, 성폭력을 포함한 각종 형태의 폭력 행위와 약물의 남용을 자극하거나 미화하는 것, 도박과 사행심을 조장하는 등 청소년의 건전한 생활을 현저히 해칠 우려가 있는 것, 청소년의 건전한 인격과 시민의식의 형성을 저해하는 반사회적 · 비윤리적인 것, 그 밖에 청소년의 정신적 · 신체적 건강에 명백히 해를 끼칠 우려가 있는 것 등 어느 하나에 해당하는 경우에는 청소년유해매체물로 결정하여야 한다. 이러한 기준을 구체적으로 적용할 때는 사회의 일반적인 통념에 따르며 그 매체물이 가지고 있는 문학적 · 예술적 · 교육적 · 의학적 · 과학적 측면과 그 매체물의 특성을 함께 고려하여야 한다(제9조).

③ 청소년의 인터넷게임 중독 · 과몰입 예방

인터넷게임의 회원으로 가입하려는 사람이 16세 미만의 청소년일 경우에는 친권자 등의 동의를 받아야 한다(제24조). 인터넷게임의 제공자는 16세 미만의 청소년 회원가입자의 친권자 등에게 해당 청소년과 관련된 제공되는 게임의 특성 · 등급 · 유료화 정책 등에 관한 기본적인 사항, 인터넷게임 이용 등에 따른 결제정보 등의 사항을 알려야 한다(제25조). 또한 여성가족부장관은 관계 중앙행정기관의 장과 협의하여 인터넷게임 중독 · 과몰입 등 매체물의 오용 · 남용을 예방하고 신체적 · 정신적 · 사회적 피해를 입은 청소년과 그 가족에 대하여 상담 · 교육 및 치료와 재활 등의 서비스를 지원할 수 있다(제27조).

④ 청소년 보호 사업의 추진

여성가족부장관은 3년마다 관계 중앙행정기관의 장 및 지방자치단체의 장과 협의하여 청소년유해환경으로부터 청소년을 보호하기 위한 종합대책을 수립 · 시행하여야 하며, 종합대책의 효과적 수립 · 시행을 위하여 청소년의 유해환경에 대한 접촉실태 조사를 정기적으로 실시하여야 한다(제33조). 또한 여성가족부장관은 청소년유해환경으로부터 청소년을 보호하고 피해 청소년의 치료와 재활을 지원하기 위하여 청소년 보호 · 재활센터를 설치 · 운영할 수 있다(제35조).

⑤ 청소년보호위원회

여성가족부장관 소속으로 청소년보호위원회에서 청소년유해매체물, 청소년유해약물 등, 청소년유해업소 등의 심의 · 결정 등에 관한 사항, 과징금 부과에 관한 사항, 여성가족부장관이 청소년 보호를 위하여 필요하다고 인정하여 심의를 요청한 사항, 그 밖에 다른 법률에서 위원회가 심의 · 결정하도록 정한 사항 등에 관하여 심의 · 결정한다(제36조).

# 6. 아동 · 청소년의 성보호에 관한 법률

「아동 · 청소년의 성보호에 관한 법률」은 2000년에 제정된 「청소년의 성보호에 관한 법률」이 2010년에 개정된 것으로 약칭하면 「청소년성보호법」이다.

## 1) 목적

「아동 · 청소년의 성보호에 관한 법률」은 아동 · 청소년 대상 성범죄의 처벌과 절차에 관한 특례를 규정하고, 피해 아동 · 청소년을 위한 구제 및 지원 절차를 마련하며 아동 · 청소년 대상 성범죄자를 체계적으로 관리함으로써 아동 · 청소년을 성범죄로부터 보호하고 아동 · 청소년이 건강한 사회구성원으로 성장할 수 있도록 함을 목적으로 한다(제1조).

## 2) 주요 용의 정의

「아동 · 청소년의 성보호에 관한 법률」에서 사용하는 용어의 뜻을 살펴보면 다음과 같다(제2조). 먼저 "아동 · 청소년"이란 19세 미만의 자를 말한다. 다만, 19세에 도달하는 연도의 1월 1일을 맞이한 자는 제외한다. "아동 · 청소년의 성을 사는 행위"란 아동 · 청소년, 아동 · 청소년의 성을 사는 행위를 알선한 자 또는 아동 · 청소년을 실질적으로 보호 · 감독하는 자 등에게 금품이나 그 밖의 재산상 이익, 직무 · 편의 제공 등 대가를 제공하거나 약속하고 다음 각 목의 어느 하나에 해당하는 행위(성교행위, 구강 · 항문 등 신체의 일부나 도구를 이용한 유사 성교 행위, 신체의 전부 또는 일부를 접촉 · 노출하는 행위로서 일반인의 성적 수치심이나 혐오감을 일으키는 행위, 자위행위)를 아동 · 청소년을 대상으로 하거나 아동 · 청소년으로 하여금 하게 하는 것을 말한다. "아동 · 청소년 성착취물"이란 아동 · 청소년 또는 아동 · 청소년으로 명백하게 인식될 수 있는 사람이나 표현물이 등장하여 성교 행위, 구강 · 항문 등 신체의 일부나 도구를 이용한 유사 성교 행위, 신체의 전부 또는 일부를 접촉 · 노출하는 행위로서 일반인의 성적 수치심이나 혐오감을 일으키는 행위, 자위행위 등의 어느 하나에 해당하는 행위를 하거나 그 밖의 성적 행위를 하는 내용을 표현하는 것으로서 필름 · 비디오물 · 게임물 또는 컴퓨터나 그 밖의 통신매체를 통한 화상 · 영상 등의 형태로 된 것을 말한다.

### 3) 주요 내용

#### ① 국가와 지방자치단체의 의무와 사회의 책임

국가와 지방자치단체는 아동 · 청소년 대상 성범죄를 예방하고, 아동 · 청소년을 성적 착취와 학대행위로부터 보호하기 위하여 필요한 조사 · 연구 · 교육 및 계도와 더불어 법적 · 제도적 장치를 마련하며 필요한 재원을 조달하여야 한다. 또한 국가는 아동 · 청소년에 대한 성적 착취와 학대 행위가 국제적 범죄임을 인식하고 범죄 정보의 공유, 범죄 조사 · 연구, 국제

사법 공조, 범죄인 인도 등 국제협력을 강화하는 노력을 하여야 한다(제4조).

사회의 책임으로 모든 국민은 아동 · 청소년이 이 법에서 정한 범죄의 피해자가 되거나 이 법에서 정한 범죄를 저지르지 아니하도록 사회환경을 정비하고 아동 · 청소년을 보호 · 지원 · 교육하는 데에 최선을 다하여야 한다(제5조)고 규정하고 있다.

#### ② 아동 · 청소년 대상 성범죄의 신고

누구든지 아동 · 청소년 대상 성범죄의 발생 사실을 알게 된 경우 수사기관에 신고할 수 있다. 유치원, 학교나 위탁교육기관, 학생상담지원시설 또는 위탁 교육시설, 국제학교, 의료기관, 아동복지시설 및 통합서비스 수행기관, 장애인복지시설, 어린이집, 학원 및 교습소, 성매매피해자 등을 위한 지원시설 및 성매매피해상담소, 한부모가족복지시설, 가정폭력 관련 상담소 및 가정폭력피해자 보호시설, 성폭력피해상담소 및 성폭력피해자 보호시설, 청소년활동시설, 청소년상담복지센터 및 청소년쉼터, 학교 밖 청소년 지원센터, 청소년보호 · 재활센터, 체육단체, 대중문화예술인에 대한 훈련 · 지도 · 상담 등을 하는 영업장 등에 해당하는 기관 · 시설 또는 단체의 장과 그 종사자는 직무상 아동 · 청소년 대상 성범죄의 발생 사실을 알게 된 때에는 즉시 수사기관에 신고하여야 한다(제34조).

#### ③ 보호시설과 상담시설

보호시설(제45조)로는 청소년지원시설, 청소년상담복지센터, 청소년쉼터, 청소년보호 · 재활센터 등으로 규정하고 있다. 또한 상담시설(제46조)

로는 성매매피해상담소와 청소년상담복지센터, 성폭력피해상담소 및 성폭력피해자보호시설 등으로 규정하고 있다. 이와 함께 국가와 지방자치단체는 아동 · 청소년의 건전한 성가치관 조성과 성범죄 예방을 위하여 아동 · 청소년 대상 성교육 전문기관을 설치하거나 해당 업무를 전문단체에 위탁할 수 있다고 규정하고 있다(제47조). 또한 여성가족부장관 또는 시 · 도지사 및 시장 · 군수 · 구청장은 성매매 피해 아동 · 청소년의 보호를 위하여 성매매 피해 아동 · 청소년 지원센터를 설치 · 운영할 수 있다고 규정하고 있다(제47조의2).

## 7. 학교 밖 청소년 지원에 관한 법률

### 1) 목적

「학교 밖 청소년 지원에 관한 법률」은 「청소년 기본법」 제49조 제4항에 따라 학교 밖 청소년 지원에 관한 사항을 규정함으로써 학교 밖 청소년이 건강한 사회구성원으로 성장할 수 있도록 함을 목적으로 한다(제1조).

### 2) 주요 용어 정의

「학교 밖 청소년 지원에 관한 법률」에서 사용하는 용어의 뜻을 살펴보면 다음과 같다(제2조). "청소년"이란 9세 이상 24세 이하인 사람을 말한다. 또한 "학교 밖 청소년"이란 「초 · 중등교육법」 제2조의 초등학교 · 중학교 또는 이와 동일한 과정을 교육하는 학교에 입학한 후 3개월 이상 결석하거나 동법 제14조 제1항에 따라 취학의무를 유예한 청소년, 「초 · 중등교육법」 제2조의 고등학교 또는 이와 동일한 과정을 교육하는 학교에서 동법 제18조에 따른 제적 · 퇴학 처분을 받거나 자퇴한 청소년, 「초 · 중등교육법」 제2조의 고등학교 또는 이와 동일한 과정을 교육하는 학교에 진학하지 아니한 청소년을 말한다. 또한 "학교 밖 청소년 지원 프로그램"이란 학교 밖 청소년의 개인적 특성과 수요를 고려한 상담지원, 교육지원, 직업체험 및 취업지원, 자립지원 등의 프로그램을 말한다.

### 3) 주요 내용

#### ① 국가와 지방자치단체의 책무

국가와 지방자치단체는 학교 밖 청소년에 대한 사회적 차별 및 편견을 예방하고 학교 밖 청소년을 존중하고 이해할 수 있도록 조사 · 연구 · 교육 및 홍보 등 필요한 조치를 하며, 학교 밖 청소년을 조기에 발견하고 지원에 필요한 법적 · 제도적 장치를 마련하여 시행하여야 한다. 또한 국가와 지방자치단체는 학교 밖 청소년의 교육복지 실현을 위하여 노력하여야 하며, 이런 규정에 따른 책무를 다하기 위하여 학교 밖 청소년 지원에 필요한 행정적 · 재정적 지원방안을 마련하여야 한다(제3조).

② 학교 밖 청소년 지원 위원회

여성가족부장관 소속으로 학교 밖 청소년 지원 위원회는 학교 밖 청소년 지원정책의 목표 및 기본방향에 관한 사항, 학교 밖 청소년 지원을 위한 법령 및 제도의 개선에 관한 사항, 학교 밖 청소년 지원계획의 수립에 관한 사항, 관련 기관 간 협력체계 및 지역사회 중심의 지원체계 구축에 관한 사항, 그 밖에 학교 밖 청소년 지원에 관하여 협의가 필요한 사항 등을 심의한다(제7조).

③ 지원의 종류

국가와 지방자치단체가 학교 밖 청소년에게 제공하는 지원에는 상담지원, 교육지원, 직업체험 및 취업지원, 자립지원 등이 있다. 먼저 상담지원(제8조)에서 국가와 지방자치단체는 학교 밖 청소년에 대하여 효율적이고 적합한 지원을 할 수 있도록 심리상담, 진로상담, 가족상담 등 상담을 제공할 수 있다고 규정하고 있다. 교육지원(제9조)에서 학교 밖 청소년이 학업에 복귀하고 자립할 수 있도록 초등학교 · 중학교로의 재취학 또는 고등학교로의 재입학, 대안학교로의 진학, 초등학교 · 중학교 또는 고등학교를 졸업한 사람과 동등한 학력이 인정되는 시험의 준비, 그 밖에 학교 밖 청소년의 교육지원을 위하여 필요한 사항 등을 지원할 수 있다고 규정하고 있다. 다음으로 직업체험 및 취업지원(제10조)에서 학교 밖 청소년이 자신의 적성과 능력에 맞는 직업의 체험과 훈련을 할 수 있도록 직업적성 검사 및 진로상담프로그램, 직업체험 및 훈련프로그램, 직업소개 및 관리, 그 밖에 학교 밖 청소년의 직업체험 및 훈련에 필요한 사항 등을 지원할 수 있다고 규정하고 있다. 마지막으로 자립지원(제11조)에는 학교 밖 청소년의 자립에 필요한 생활지원, 문화공간지원, 의료지원, 정서지원 등을 제공할 수 있다. 또한 경제교육, 법률교육, 문화교육 등 학교 밖 청소년의 자립에 필요한 교육을 지원할 수 있으며, 지원이 필요한 학교 밖 청소년에게 「청소년복지 지원법」 제14조에 따른 위기청소년 특별지원을 우선적으로 제공할 수 있다고 규정하고 있다.

### ④ 학교 밖 청소년 지원센터

국가와 지방자치단체는 학교 밖 청소년 지원을 위하여 필요한 경우 학교 밖 청소년 지원센터를 설치하거나 청소년상담복지센터, 청소년단체, 학교 밖 청소년을 지원하기 위하여 필요한 전문인력과 시설을 갖춘 기관 또는 단체를 지원센터로 지정할 수 있다. 학교 밖 청소년 지원센터는 학교 밖 청소년 지원, 학교 밖 청소년 지원을 위한 지역사회 자원의 발굴 및 연계 · 협력, 학교 밖 청소년 지원 프로그램의 개발 및 보급, 학교 밖 청소년 지원 프로그램에 대한 정보제공 및 홍보, 학교 밖 청소년 지원 우수사례의 발굴 및 확산, 학교 밖 청소년에 대한 사회적 인식 개선, 그 밖에 학교 밖 청소년 지원을 위하여 필요한 사업 등의 업무를 수행한다(제12조). 또한 지원센터는 학교 밖 청소년 지원업무를 수행함에 있어 청소년통합지원체계를 구성하는 기관과 연계 및 협력하여야 한다고 규정하고 있다(제14조).

## 8. 학교폭력예방 및 대책에 관한 법률

「학교폭력예방 및 대책에 관한 법률」은 2004년에 제정하여 2008년에 전면 개정된 것으로 약칭하면 「학교폭력예방법」이다. 심각한 사회문제로 대두되었던 학교폭력 문제에 효과적으로 대처하기 위한 것으로 처음으로 피해 학생의 보호를 위한 법적 조치를 마련하였다는 점에서 큰 의미가 있다.

### 1) 목적

「학교폭력예방 및 대책에 관한 법률」은 학교폭력의 예방과 대책에 필요한 사항을 규정함으로써 피해 학생의 보호, 가해 학생의 선도 · 교육 및 피해 학생과 가해 학생 간의 분쟁조정을 통하여 학생의 인권을 보호하고 건전한 사회구성원으로 육성함을 목적으로 한다(제1조).

### 2) 주요 용어 정의

「학교폭력예방 및 대책에 관한 법률」에서 사용하는 용어의 정의를 살펴보면 다음과 같다(제2조). "학교폭력"이란 학교 내외에서 학생을 대상으로 발생한 상해, 폭행, 감금, 협박, 약취 · 유인, 명예훼손 · 모욕, 공갈, 강요 · 강제적인 심부름 및 성폭력, 따돌림, 사이버 따돌림, 정보통신망을 이용한 음란 · 폭력 정보 등에 의하여 신체 · 정신 또는 재산상의 피해를 수

반하는 행위를 말한다.

"따돌림"이란 학교 내외에서 2명 이상의 학생이 특정인이나 특정 집단의 학생들을 대상으로 지속적이거나 반복적으로 신체적 또는 심리적 공격을 가하여 상대방이 고통을 느끼도록 하는 모든 행위를 말한다.

"사이버 따돌림"이란 인터넷, 휴대전화 등 정보통신기기를 이용하여 학생들이 특정 학생들을 대상으로 지속적, 반복적으로 심리적 공격을 가하거나, 특정 학생과 관련된 개인정보 또는 허위사실을 유포하여 상대방이 고통을 느끼도록 하는 모든 행위를 말한다.

"가해 학생"이란 가해자 중에서 학교폭력을 행사하거나 그 행위에 가담한 학생을 말하며, "피해 학생"이란 학교폭력으로 인하여 피해를 입은 학생을 말한다. 또한 "장애 학생"이란 신체적 · 정신적 · 지적 장애 등으로 「장애인 등에 대한 특수교육법」 제15조에서 규정하는 특수교육이 필요한 학생을 말한다.

### 3) 주요 내용

#### ① 국가 및 지방자치단체의 책무

국가 및 지방자치단체는 학교폭력을 예방하고 근절하기 위하여 조사 · 연구 · 교육 · 계도 등 필요한 법적 · 제도적 장치를 마련하여야 한다. 또한 청소년 관련 단체 등 민간의 자율적인 학교폭력 예방활동과 피해 학생의 보호 및 가해 학생의 선도 · 교육활동을 장려하여야 한다. 국가 및 지방자치단체는 청소년 관련 단체 등 민간이 건의한 사항에 대하여는 관련 시책에 반영하도록 노력하여야 한다. 국가 및 지방자치단체는 규정에 따른 책무를 다하기 위하여 필요한 행정적 · 재정적 지원을 하여야 한다(제4조).

### ② 각종 위원회 설치

학교폭력의 예방 및 대책에 관한 기본계획의 수립 및 시행에 대한 평가, 학교폭력과 관련하여 관계 중앙행정기관 및 지방자치단체의 장이 요청하는 사항, 학교폭력과 관련하여 교육청 · 학교폭력대책지역위원회 · 학교폭력대책지역협의회 · 학교폭력대책심의위원회 · 전문단체 및 전문가가 요청하는 사항을 심의하기 위하여 국무총리 소속으로 학교폭력대책위원회를 두도록 규정하고 있다(제7조).

지역의 학교폭력 문제를 해결하기 위하여 시 · 도에 학교폭력대책지역위원회를 두어서(제9조) 기본계획에 따라 지역의 학교폭력 예방대책을 매년 수립한다. 또한 학교폭력예방 대책을 수립하고 기관별 추진계획 및 상호 협력 · 지원 방안 등을 협의하기 위하여 시 · 군 · 구에 학교폭력대책지역협의회를 두도록 규정하고 있다(제10조의2). 그리고 학교폭력의 예방 및 대책에 관련된 사항을 심의하기 위하여 교육지원청에 학교폭력대책심의위원회를 둔다. 심의위원회는 학교폭력의 예방 및 대책, 피해 학생의 보호, 가해 학생에 대한 교육 · 선도 및 징계, 피해 학생과 가해 학생 간의 분쟁조정, 그 밖에 대통령령으로 정하는 사항 등을 심의한다(제12조).

### ③ 전문상담교사 배치 및 전담기구 구성

학교의 장은 학교에 상담실을 설치하고, 전문상담교사를 두어 학교의 장 및 심의위원회의 요구가 있는 때에는 학교폭력에 관련된 피해 학생 및 가해 학생과의 상담 결과를 보고하도록 하고 있다. 학교의 장은 교감, 전문상담교사, 보건교사 및 책임교사(학교폭력 문제를 담당하는 교사), 학부모 등으로 학교폭력 문제를 담당하는 전담기구를 구성하며, 이 경우 학부모는 전담기구 구성원의 3분의 1 이상이어야 한다. 또한 학교의 장은 학교폭력 사태를 인지한 경우 지체 없이 전담기구 또는 소속 교원으로 하여금 가해 및 피해 사실 여부를 확인하도록 하고, 전담기구로 하여금 학교의 장의 자체 해결 부의 여부를 심의하도록 한다(제14조).

CHAPTER

# 08

# 청소년의 참여와 진로

1. 청소년 권리와 참여
2. 청소년 진로
3. 청소년 참여 및 진로와 관련된 실천현장

# 08 CHAPTER 청소년의 참여와 진로

학·습·목·표

- 청소년의 권리와 참여를 설명할 수 있다.
- 청소년의 진로를 설명할 수 있다.
- 청소년 참여 및 진로와 관련된 실천현장을 설명할 수 있다.

## 1. 청소년 권리와 참여

### 1) 청소년의 권리

사람은 누구나 사람답게 살 권리가 있는데, 사람답게 살 권리를 인권이라 부른다. 이처럼 인권이란 사람이 개인 또는 사회구성원으로서 사람답게 살기 위하여 기본적으로 보장되어야 하는 자유와 권리를 말한다. 모든 사람은 타인에 의해 억압받지 않고 자유로울 권리가 있으며, 동등한 존엄성을 보장받을 권리를 가진다. 즉, 인권은 차별 없이 누구나 보편적으로 누릴 수 있는 권리로, 성, 인종, 종교, 장애, 연령과 같은 조건으로 제한되어서는 안 되는 권리이다(김병준, 2017). 여기서 권리는 책임과 의무를 다했을 때 「헌법」을 비롯한 제 법령이 보장하는 권리를 갖게 된다는 의미다. 인권은 생득적으로 갖는 것이며, 권리는 후천적으로 갖는 것이다. 넓은 의미에서는 인권과 권리는 동의어로 사용된다(이미리 외, 2019b).

이처럼 인권은 인간이 갖는 권리로 인간다운 삶을 추구하는 데 있어서 필요한 권리이다. 인간은 자신의 정체성을 자유롭게 형성하고 자율성을 확보해 나가는 존재라는 점에서 인간의 품위를 위해 누구에게나 인권은 보장되어야 한다. 오늘날 인권은 모든 사람은 평등한 인격체이며 존엄과 존중의 태도로 공평하게 대우해야 한다는 가치에 바탕을 두고 있다. 유엔의 세계인권선언(제1조)에서는 "모든 사람은 태어날 때부터 자유로우며, 동등한 존엄성과 가치를 가지고 있다."라고 선언한다.

청소년 권리는 대한민국 「헌법」과 「청소년 기본법」에 우선적인 권리로 명시되어 있다. 먼저 우리나라 「헌법」 제10조에 "모든 국민은 인간으로서의 존엄과 가치를 가지며, 행복을 추구할 권리를 가진다. 국가는 개인이 가지는 불가침의 기본적 인권을 확인하고 이를 보장한 의무를 진다."라고 규정하고 있다. 또한 동법 제31조 제1항에는 "모든 국민은 능력에 따라 균등하게 교육을 받을 권리를 가진다." 제5항에는 "국가는 평생교육을 진흥하여야 한다." 제6항에는 "학교교육 및 평생교육을 포함한 교육제도와 그 운영, 교육재정 및 교원의 지위에 관한 기본적인 사항은 법률로 정한다." 등을 명시하고 있다. 동법 제34조 제1항에 "모든 국민은 인간다운 생활을 할 권리를 가진다."라고 명시함으로써 청소년도 인간다운 생활을 할 권리가 있음을 천명하고 있다(정익중 외, 2021).

다음으로 「청소년 기본법」 제1조(목적)에서 청소년의 권리 및 책임과 가정 · 사회 · 국가 · 지방자치단체의 청소년에 대한 책임을 정하고 있다. 동법 제2조(기본이념) 제1항에서는 청소년이 사회구성원으로서 정당한 대우와 권익을 보장받음과 아울러 스스로 생각하고 자유롭게 활동할 수 있도록 하며 보다 나은 삶을 누리고 유해한 환경으로부터 보호될 수 있도록 함을 규정하고 있다. 또한 동법 제5조(청소년의 권리와 책임) 제1항에서 "청소년의 기본적 인권은 청소년활동 · 청소년복지 · 청소년보호 등 청소년육성의 모든 영역에서 존중되어야 한다." 제2항에 "청소년은 인종 · 종교 · 성별 · 나이 · 학력 · 신체조건 등에 따른 어떠한 종류의 차별도 받지 아니한다." 제3항에 "청소년은 외부적 영향에 구애받지 아니하면서 자기 의사를 자유롭게 밝히고 스스로 결정할 권리를 가진다." 제4항에 "청소년은 안전하고 쾌적한 환경에서 자기발전을 추구하고 정신적 · 신체적 건강을 해치거나 해칠 우려가 있는 모든 형태의 환경으로부터 보호받을 권리를 가진다." 제5항에 "청소년은 자신의 능력을 개발하고 건전한 가치관을 확립하며 가정 · 사회 및 국가의 구성원으로서의 책임을 다하도록 노력하여야 한다."라고 규정하고 있다.

## 2) 청소년 헌장에 명시된 청소년의 권리

대한민국 청소년이 누려야 할 권리를 명시한 청소년 헌장은 국가의 청소년 정책에 대한 기본 이념과 방향을 설정하고 있다. 1990년에 제정된 이후, 시대에 부합하여 1998년에 청소년의 주체적 삶과 자율성 및 참여를 강조하는 내용으로 개정하였다(공계순 외, 2008). 개정된 청소년 헌장은 전문과 본문으로 구성되어 있다. 전문에는 청소년은 한 인간으로서의 인권과 한 시민으로서의 시민권을 갖고 있으며, 자신의 생명을 존중할 책임과 공동체의 성원으로서 책임이 있음을 명시하고 있다. 청소년 헌장 본문에는 청소년의 권리와 책임을 명시하고 있다. 즉, 청소년의 기본권, 자율권, 참여권, 생존권 보장을 위한 가정 · 학교 · 사회 그리고 국가의 책임과 공동체 구성원으로서 청소년의 책임을 명시하고 있다.

〈표 8-1〉에서와 같이 청소년 헌장에 명시된 청소년의 권리는 정신적 · 신체적으로 균형 있게 성장할 권리, 차별받지 않을 권리, 폭력으로부터 보호받을 권리, 사적인 삶의 영역을 침해받지 않을 권리, 표현의 자유에 대한 권리, 건전한 모임을 만들고 활동할 권리, 배움을 통한 자아실현의 권리, 일할 권리와 직업을 선택할 권리, 여가를 누릴 권리, 문화 · 예술 활동에 참여할 권리, 정보에 접근할 권리, 정책 결정 과정에 참여할 권리를 포함한다(정규석 외, 2017). 이러한 내용은 청소년의 권리 보장, 자율성 보장, 유해한 환경으로부터 보호, 민주시민으로의 성장 등을 기본 이념으로 하는 「청소년 기본법」의 이념과도 부합한다. 이처럼 청소년 헌장은 청소년의 삶에 직접 영향을 주지는 않지만, 청소년과 관련된 정책과 제도의 방향성, 청소년의 인권보장, 청소년의 사회에 대한 책임과 권리 등을 선언하는 내용을 담고 있다. 특히 청소년을 사회구성원으로 인정하고 청소년의 참여와 자율권을 강조하는 것은 청소년에 대한 시각에 큰 전환점을 마련하였다고 볼 수 있다(정익중 외, 2021).

**[표 8-1] 청소년 헌장**

**청소년 헌장**

청소년은 자기 삶의 주인이다. 청소년은 인격체로서 존중받을 권리와 시민으로서 미래를 열어 갈 권리를 가진다. 청소년은 스스로 생각하고 선택하며 활동하는 삶의 주체로서 자율과 참여의 기회를 누린다. 청소년은 모든 생명의 가치를 존엄하며 정의로운 공동체의 성원으로 책임 있는 삶을 살아간다. 가정, 학교, 사회 그리고 국가는 위의 정신에 따라 청소년의 인간다운 삶을 보장하고 청소년 스스로 행복을 가꾸며 살아갈 수 있도록 여건과 환경을 조성한다.

**청소년의 권리**

- 청소년은 생존에 필요한 기본적인 영양, 주거, 의료, 교육 등을 보장받아 정신적, 신체적으로 균형 있게 성장할 권리를 가진다.
- 청소년은 출신, 성별, 종교, 학교, 연령, 지역 등의 차이와 신체적, 정신적 장애 등을 이유로 차별받지 않을 권리를 가진다.
- 청소년은 물리적 폭력뿐만 아니라 공포와 억압을 포함하는 정신적인 폭력으로부터 보호받을 권리를 가진다,
- 청소년 사적인 삶의 영역을 침해받지 않을 권리를 가진다.
- 청소년은 자신의 생각과 느낌을 자유롭게 펼칠 권리를 가진다.
- 청소년은 자유로운 의사에 따라 건전한 모임을 만들고 올바른 신념에 따라 활동할 권리를 가진다.
- 청소년은 배움을 통해 진리를 추구하고 자아를 실현해 갈 권리를 가진다.
- 청소년은 일할 권리와 직업을 선택할 권리를 가진다.
- 청소년은 여가를 누릴 권리를 가진다.
- 청소년은 건전하고 다양한 문화, 예술 활동에 자유롭게 참여할 권리를 가진다.
- 청소년은 다양한 매체를 통하여 자신의 삶에 필요한 정보에 접근할 권리를 가진다.
- 청소년은 자신의 삶과 관련된 정책 결정 과정에 민주적 절차에 따라 참여할 권리를 가진다.

**청소년의 책임**

- 청소년은 자신의 삶을 소중히 여기며 자신이 선택한 삶에 책임을 진다.
- 청소년은 앞 세대가 물려 준 지혜를 시대에 맞게 되살려 다음 세대에 물려줄 책임이 있다.
- 청소년은 가정, 학교, 사회, 국가, 인류공동체의 성원으로서 자기와 다른 삶의 방식도 존중할 줄 알아야 한다.
- 청소년은 삶의 터전인 자연을 소중히 여기고 모든 생명들과 더불어 살아간다.
- 청소년은 통일 시대의 주역으로서 평화롭게 공존하는 방법을 익힌다.
- 청소년은 남녀평등의 가치를 배우고 이를 모든 생활에서 실천한다.
- 청소년은 가정에서 책임을 다하며 조화롭고 평등한 가족문화를 만들어간다.
- 청소년은 서로에게 정신적, 신체적 폭력을 행사하지 않는다.
- 청소년은 장애인을 비롯한 소외받기 쉬운 사람들과 더불어 살아간다.

1998년 10월 25일

### 3) 청소년 참여

청소년 참여란 청소년 자신이 속한 공동체에서 자기 삶과 지역공동체 등 사회생활에 영향을 미치는 문제에 관심을 두고, 이를 해결하기 위한 의사결정 과정에 관여하거나 주체적으로 참여하여 영향력을 행사하는 활동을 의미한다(천정웅, 2011). 청소년복지 정책과 사업에서 청소년 참여는 핵심 가치로 이해되며, 청소년 헌장에도 청소년은 스스로 생각하고 선택하며 활동하는 삶의 주체로 자율과 참여의 기회를 누려야 한다고 밝히고 있다. 이것은 청소년이 자기 삶과 관련된 정책 결정 과정에 참여할 기회를 얻는다는 것을 포함한다. 이런 맥락에서 청소년 참여는 개인적 성장이나 사회적 경험을 확장하는 차원뿐만 아니라 건전한 민주시민으로서의 성장과 더불어 사회변화의 주체가 될 수도 있다는 적극적인 관점으로 그 범위와 역할이 확대되고 있다(남화성, 2016). 하지만 상당수의 청소년은 자신이 속한 공동체에서 어떤 문제가 중요한지와 권리 침해 여부조차 인식하지 못할 뿐만 아니라 성인의 권리에서 독립적이지 못하다. 그 이유는 입시 위주의 교육제도와 실천적 기회가 부족하여 청소년들이 자신의 문제를 스스로 해결해본 경험이 거의 없기 때문이다. 따라서 청소년은 자기 삶과 관련된 문제에 의견을 표명하는 적극적인 참여를 통해서 권리를 인식하고, 그 권리의 실체를 이해하며 획득하는 것이 필요하다(정익중 외, 2021).

청소년 참여는 청소년복지 정책과 관련 업무 및 실천현장의 구체적인 상황에서 그 중요성을 확인할 수 있다(천정웅, 2021a). 먼저 청소년 참여는 개인적 · 사회적 측면에서 다양한 이득이 있다는 점에서 청소년복지 정책의 주요 가치로 받아들여진다. 청소년이 정책 형성 과정의 각 단계에 참여하도록 하는 것이 중요하게 받아들여지고 있다는 것이다. 또한 청소년 참여는 실천현장에서의 청소년을 위한 프로그램에 청소년들의 욕구나 관심이 효과적으로 다루어지게 하기 위해서도 중요하다. 청소년 프로그램과 서비스는 청소년이 참여할 때 그 기능이 더 효과적이기 때문이다. 즉, 청소년의 사회 · 문화적 상황에 대한 청소년의 전문적 지식을 얻을 수 있으며, 청소년이 새로운 관점을 제시하여 새롭고 창의적인 방법으로 결과에 영향을 미칠 수 있다. 4차 산업혁명과 디지털 환경의 변화로 사회구성원의 역량이 증대되고 다양한 기술이 등장하면서 사회적 이슈에 자신의 의견을 표명하고, 의사결정에 참여하려는 사람들의 수요가 증대되고 있다. 특히 선거연령이 18세로 하향 조정되었고, 피선거권 연령과 정당 가입 연령이 각각 18세와 16세로 하향되어, 청소년의 사회참여에 대한 수요도 증가할 것이다(황여정 외, 2022).

이러한 맥락에서 「청소년 기본법」에서는 사회구성원으로서 청소년이 기본권을 보장받고 건강한 민주시민으로 성장하는 것을 기본 이념으로 삼고 있다. 이와 같은 기본 이념(제2조 제1항)을 정책적으로 구현하기 위한 방향으로 청소년의 참여 보장을 언급하고 있으며, 동법 제5조 제3항에서도 청소년이 사회구성원으로서 외부적 영향에 구애받지 아니하면서 자기 의사를 자유롭게 밝히고 자신과 관련된 의사결정에 참여할 권리를 보장하고 있다. 이를 보장하기 위하여 정부는 위원회, 협의회 등에 청소년을 포함하여 운영하고, 별도의 청소년참여위원회 등의 운영과 같은 청소년의 참여를 보장하는 기구를 운영하도록 하고 있다. 현재 여성가족부는 청소년의 눈높이에 맞춘 청소년복지 정책을 추진하기 위하여 청소년 참여기구인 청소년특별회의, 청소년참여위원회, 청소년운영위원회 등을 운영 · 지원하고, 온라인 매체를 활용하여 청소년의 의견을 수렴하는 등 청소년의 시민역량 강화를 위한 지원을 확대하고 있다(김윤나, 2018). 이러한 청소년 참여에 대한 제도화는 청소년복지 정책에 대한 청소년의 참여권을 보장할 뿐만 아니라 사회적 지원체계를 형성할 수 있다는 점에서 긍정적으로 볼 수 있다. 하지만 청소년의 참여 활성화를 위한 활동들이 일회성 이벤트에 그치는 경우가 많다는 지적도 있다(심우민, 2021). 이러한 청소년 참여기구가 활성화되기 위해서는 청소년 참여 활동의 제도적 지원과 더불어 참여 청소년들의 자발성과 주도성이 함께 결합한다면, 사회적 영향력이 확대될 수 있을 것이다.

## 2. 청소년 진로

### 1) 일과 직업

일(work)은 사람이 체력을 소모하여 하는 모든 활동으로, 보수가 있는 활동뿐만 아니라 무보수의 활동까지도 모두 포함한다. 직업이란 구체적인 직무나 직업 활동을 의미하며, 개인이 계속 수행하는 경제 및 사회활동의 일종으로, 일반적으로 보수를 받고 일을 하는 것을 의미한다(김선애, 2014). 직업은 일에 대한 대가와 함께 개인의 생활 및 삶의 질을 결정하는 활동을 의미하며, 사회적 지위뿐만 아니라 자신과 가족에게 가치를 부여하는 중요한 요인이다(허혜경 · 김혜수, 2015). 이러한 직업을 청소년들이 선택하기 위해서는 자신의 흥미와 적성, 그리고 성격을 파악하는 것이 중요하다. 이런 과정을 통해 자기 일과 직업을 준비하는 것은 학교생활의 적응과 궁극적으로 사회진출 이후의 성공적인 삶과 밀접한 관련이 있기 때문이다.

청소년기의 일은 자아정체성을 확립하고 삶을 영위하게 하는 주요 수단이 되며, 미래의 직업을 준비하고 직업능력을 배양하는 출발점이다(정익중 외, 2021). 이러한 일과 직업은 더 나은 삶을 위한 자아실현의 수단이 되며, 이는 청소년의 진로발달을 전제로 한다. 진로발달이란 개인이 직업을 선택하고 준비하는 과정이다. 즉, 진로발달은 개인이 설정한 진로목표를 준비하는 것이므로, 모든 사람에게 통용되는 공통된 진로발달의 경로가 있는 것은 아니다. 이러한 진로발달은 전 생애에 걸쳐 이루어지지만, 특히 청소년기는 직업 세계뿐만 아니라 자신과 환경에 대한 이해를 바탕으로 자신에게 적합한 직업군을 탐색하고, 선택하며, 이를 준비하는 진로발달의 결정적 시기라 할 수 있다(정규석 외, 2017). 청소년들이 자기 능력과 소질을 계발하여 올바른 진로를 계획하고 선택하는 일은 평생을 살아가면서 이루어야 할 중요한 과업 중의 하나이다. 이처럼 청소년들이 자신의 욕구와 생각, 능력을 사회와 직업 세계에서 평생 경험하고 체험하는 진로 선택은 개인의 자아실현과 함께 인적 자원의 적재적소 배치에 의한 국가경쟁력의 향상이라는 측면에서 강조되어야 한다(김계현 외, 2013).

## 2) 아르바이트

아르바이트란 노동, 일, 근로 등을 뜻하는 단어로 독일어(Arbeit)에서 나온 것으로 '본래의 직업 이외에 임시로 하는 일'이라는 사전적 의미가 있다. 우리나라에서 아르바이트는 비정규직, 단시간 근로라는 의미로 주로 사용되며, 청소년이 경제적 목적으로 정규 업무가 아닌 부수적으로 수입을 얻기 위해 단기적으로 행하는 노동(김동재, 2007), 즉 학업 이외에 부업으로 하는 일을 말한다. 물론 현행 「근로기준법」 제64조는 대통령령으로 정하는 기준에 따라 고용노동부 장관이 발급한 취직인허증을 지닌 자를 제외하고 원칙적으로 15세 미만(「초 · 중등교육법」에 따른 중학교에 재학 중인 18세 미만인 자 포함)은 근로자로 사용하지 못하도록 규정하고 있다. 이런 상황이지만, 아르바이트는 청소년들의 일상적인 활동의 하나로 인식될 만큼 노동시장 참여가 광범위하게 이루어지고 있다. 이처럼 아르바이트는 더는 특정한 청소년의 전유물이 아니라 많은 청소년에게 보편화되어 가고 있다.

청소년의 아르바이트 경험은 조기에 사회적 관계를 형성하고 자신의 진로와 취업에 대해 탐색할 기회를 제공한다는 긍정적인 부분도 있다. 즉, 아르바이트를 통해 청소년은 사회적 관계망의 확대나 미래 직업에 도움이 될 수 있는 기술 습득, 자신의 미래 모습에 대해 생각할 기회 제공 등 다양한 측면에서 도움을 받고 있다. 반면에 청소년의 아르바이트 경험은 학교 적응을 어렵게 하고 학업성적을 낮추기 때문에 학생들의 미래에 대한 기회를 제한하는 결과를 초래할 수도 있다(Singh et al., 2007).

청소년들이 아르바이트하는 이유는 다양하지만, 주로 경제적인 이유(부모님이나 보호자에게 용돈을 받지만, 원하는 것을 하기에는 돈이 부족해서)로 아르바이트하는 청소년들이 대부분이다. 하지만 실제로는 생계형 노동을 하는 청소년들도 적지 않고 취업에 도움이 되는 경험을 쌓고자 스펙 관리 차원에서 아르바이트하는 청소년들도 있다(황여정 외, 2015). 실제로 청소년 근로자 중 10명 중 3명은 시간제 근로자로 나타나 상대적으로 고용이 불안정하고 근로조건이 상대적으로 열악한 것으로 나타났다. 즉, 청소년이 일하는 아르바이트는 고용이 불안정하며 임금이나 복지 등 근로조건이 상대적으로 열악한데다 임금 체납, 최저임금 위반, 정해진 임금보다 적게 지급되는 경우 등 다양한 부당노동행위를 경험하는 비율이 높다(여성가족부, 2022). 이처럼 청소년들이 근로에 대한 부당한 처우와 불합리한 대우를 받음에도 경제적인 이유로 적극적으로 대처하지 못하거나, 계약서 작성 미비 등으로 고용의 불안정성에 놓여 있다. 또한 불합리한 노동에 대처하는 방법을 모르거나 번거롭게 생각하는 등 적극적으로 대처하기 위한 의지나 대책에 소극적인 경향을 보이는 등 열악한 근로환경에 놓여 있다(정익중 외, 2021). 이와 함께 청소년이 주로 일하는 아르바이트 업종은 주로 '음식점 · 식당 · 레스토랑' 등 단순 서비스 업종에 종사하는 것(김지연 외, 2020)으로 아르바이트를 통해 자기개발이나 진로 탐색의 환경을 제공하지 못하고 있다.

이처럼 청소년 대다수가 경제적인 이유로 아르바이트를 하고 있지만, 이들의 일자리는 고용이 불안정하고 근로조건이 상대적으로 열악한 상황이다. 특히 소외계층의 청소년들이 학업보다 아르바이트에 많은 시간을 소비하는 것은 계층이동의 통로가 되는 교육 기회와 더 나은 직업 획득 기회가 일찍부터 차단될 수 있다는 것을 의미한다. 이는 결국 장시간의 아르바이트가 사회경제적 배경이 열악한 청소년들을 또다시 낮은 계층에 머무르게 하는 악순환의 기제로 작용할 수 있음을 시사한다. 이러한 악순환의 고리를 단절하기 위해서는 아르바이트의 경험이 청소년들에게 긍정적인 영향을 미칠 수 있는 제도적 정비와 노동여건의 개선을 위한 적극적인 대책이 필요하다. 다시 말해 청소년들이 안전한 환경에서 직업 활동을 체험하고, 이것이 진학과 더 나은 취업으로 연결될 수 있도록 제도적 보완이 이루어져야 한다. 이를 위해서는 양질의 아르바이트를 개발하여 청소년의 진로와 관련된 직종을 체험할 수 있는 인턴제 활동을 활성화할 필요가 있다. 또한 청소년들이 자신의 노동권을 침해받지 않도록 철저한 관리감독이 필요하며, 청소년들이 안전한 근로환경에서 일할 수 있도록 범정부적인 보호 대책을 지속적으로 추진할 필요가 있다(여성가족부, 2022). 이와 더불어 학교라는 장소가 가정배경이 열악하고 학업성취도가 낮은 학생들에게 미래에 대한 포부를 상실하는 곳이 아닌 이들의 꿈을 키워주는 장이 되도록 다양한 노력을 해야 한다(황나영 외, 2012).

### 3) 진로지원

진로(career)란 한 개인이 일생에 있어 일과 관련하여 경험하는 모든 체험을 종합적으로 의미하는 용어이다. 즉, 진로는 생계 수단으로서의 직업뿐만 아니라 무보수로 하는 사회적 활동 및 역할(가사일, 봉사)까지도 포함하는 개념이다. 이처럼 진로는 반드시 보수가 따르는 직업에만 국한되지 않으며, 전 생애에 걸친 자기 계발의 모든 체험을 의미한다. 특히 개인의 삶의 가치를 형성하고 미래를 설계하는 청소년은 자신의 흥미와 적성에 맞는 진로를 준비하고 선택하는 것은 중요한 과업이므로(이영조, 2020) 진로지원은 필요하다.

진로문제를 고민하는 청소년 중에는 타인에게 전적으로 의지하며 '선택해 주면, 결정해 주면' 그대로 따르겠다는 식의 수동적 태도를 보이는 경우가 많다. 이런 청소년들은 충분한 자기 이해 시간을 갖지 못했거나, 결정에 자신이 없거나, 의사결정에 서툴거나 책임지고 싶어 하지 않는 등의 다양한 심리적 취약성이 있다. 이처럼 청소년이 자신의 진로를 결정할 때 직면할 수 있는 심리적 장애요인을 살펴보면 다음과 같다(최명선 · 문은미, 2014).

첫째, 심리적 취약성이다. 진로를 탐색하고 고민하는 과정은 절대 쉽지 않다. 자신을 이해해야 할 뿐만 아니라 다양한 정보를 통해 그 부합성을 판단해야 한다. 하지만 즉각적인 만족이나 충동적 행동, 자극 추구와 같은 성향을 보인 청소년들은 진로선택 과정을 견디어 내는 데 큰 장애가 된다. 이러한 선택과 결정 과정에서 청소년들은 복잡한 자기 모습과 험난한 직업의 세계, 불확실한 미래를 탐색하고 고민하기에는 심리적으로 강인하지 못하다는 것이 문제이다.

둘째, 진로의식의 결여이다. 부모의 도움을 많이 받아왔던 환경에서 성장한 청소년들은 진로결정에서도 자신의 노력보다는 부모나 과외교사, 자문가가 해결해준다는 생각에 스스로 찾고 선택하려는 의식이 부족하다. 그런 의식의 부족은 의지의 부족을 낳고 결국 실천 행동으로 옮기는 길이 멀어지게 된다. 자기 삶에 대한 진지한 고민, 책임 있는 행동, 부단히 노력하는 태도 등은 충만한 진로의식이 바탕이 되었을 때 실행할 수 있다.

셋째, 청소년들은 자기결정 능력이 부족하다. 자녀에 대한 부모의 과보호적 태도로 인해 자녀가 자기결정 능력을 키우지 못했다. 실패를 무릅쓰고도 자신이 결정하고, 그 결정에 대한 책임을 지는 방법은 자기유능감을 향상하는 데 매우 중요하다. 어릴 때부터 자녀에게 결정권을 주고 실패하더라도 시행착오를 통해 배울 수 있는 양육환경을 만들어야 한다. 청소년이 자기결정의 기회를 많이 얻는다면, 진로선택과 결정에서도 적극적으로 행동하고 그에 따른 책임을 질 수 있다.

넷째, 청소년들은 자기탐색의 어려움에 놓여 있다. 청소년의 학습환경은 상급학교 진학을 위한 학업성취 중심의 교육신념이 지나치다. 그래서 청소년들은 자신의 욕구나 취미, 가치관, 적성 등을 알고 탐색하는 시간이나 기회가 부족한 것이 현실이다. 실제로 많은 청소년이 여가를 스트레스 해소나 즉각적인 욕구 충족을 위한 게임이나 컴퓨터와 시간을 보내고 있다. 이러한 현실은 청소년들이 자신의 진로를 선택할 때 무엇을 원하고, 무엇을 잘하며, 무엇이 자신과 맞는지를 알아볼 수 있는 자기를 이해하고 탐색하는 과정을 어렵게 한다.

다섯째, 청소년들이 접하는 매체를 통한 문화적 경험은 가치관의 혼란을 초래한다. 청소년들은 직업에 대한 열정과 소신보다는 화려한 부와 명예를 직업의 중요한 조건으로 생각한다. 또한 자기 적성에 맞는 직업보다는 안정적으로 직업생활을 유지하는 것을 중시하거나, 한 번에 큰 이익을 얻을 수 있는 직업을 갖고자 하는 비현실적인 기대에 차 있는 청소년들이 오늘 청소년들의 모습일 수 있다. 청소년들이 직업적 신념이나 소신과 열정을 가지고 하나의 직업 안에서 건실하게 발전하기 위해서는 사회적 안정과 건전한 정신문화가 먼저 정립되어야 한다.

여섯째, 청소년들은 지식과 정보를 얻기 위한 노력이 부족하다. 진로결정 과정 단계에 대한 지식과 여러 가지 대안들에 대한 정보를 얻는 과정, 획득한 부가적 정보를 사용하는 방법 등에는 많은 좌절과 인내가 필요하다. 그러나 청소년들은 그런 과정을 힘들어하며 포기하는 경우가 많다. 청소년들은 세상에는 공짜가 없고, 그 노력의 대가는 분명히 따른다는 것을 명심해야 한다. 자신에게 적합한 진로를 찾고 선택하기 위해 혼란스럽고 끝없이 쏟아지는 정보와 지식을 분류하고 선택하는 심리적 강인함이 필요하다.

이처럼 청소년들이 자신의 진로를 결정할 때 직면할 수 있는 심리적 장애요인을 극복하기 위해서는 진로교육과 적절한 진로지원이 필요하다. 더욱이 고등학교 시기는 성인으로의 이행을 앞두고 대학진학 혹은 취업이라는 선택을 결정해야 한다. 청소년들이 자신의 흥미와 적성에 맞는 진로를 선택하는 과정에 도움을 주는 진로교육이 시행되어야 한다. 이와 함께 지역사회 영역에서 청소년들이 진로발달에 필요한 서비스 제공과 지역사회의 자원을 개발 및 연계하는 진로지원이 이루어져야 한다(김희성 · 이마리아, 2010). 이러한 진로지원을 통해 스스로 적성에 맞는 진로를 선택하고 강점을 파악하는 과정은 미래의 직업 선택뿐만 아니라 청소년들의 현재의 정신건강과 학교생활, 또래관계 등에도 전반적으로 영향을 미칠 수 있다(배성만, 2016).

### 4) 자립지원

① 청소년의 자립

자립이란 타인의 도움 없이 경제적, 심리적, 사회적인 욕구를 충족하면서 자신을 돌보며 살아갈 수 있고, 더 나아가 원활한 사회적 관계가 가능한 독립적인 상태를 말한다. 오랫동안 자립은 경제적 자립과 동일한 개념으로 인식되었지만, 자립이란 개념 안에 경제적 자립뿐만 아니라 심리적 · 사회적 독립도 포함되는 등 넓은 의미로 확대되었다. 자립이 더 넓은 의미로 확대된 이유는 인간이 사회적 관계를 떠나서 살기 어렵고 의미 있는 타인들과 자율적이고 건강한 관계를 맺어야 비로소 자립할 수 있다고 가정하기 때문이다(김정연 외, 2011). 이처럼 자립은 정신적이나 신체적 이유 등을 비롯하여 몇몇 특수한 경우를 제외하고 건강한 사회구성원의 중요한 발달과업이다. 하지만 자립은 성인이 되었다고 해서 자동으로 주어지는 것이 아니며, 청소년기 동안 체계적으로 준비해야 성인기에 이르러 비로소 획득할 수 있는 것이다(김은정 외, 2019).

우리 사회가 청소년에게 기대하는 궁극적인 성과는 건강한 성인기로의 이행과 자립이다. 과거 성인기 이행 과정은 10대 후반과 20대 초반에 학업을 마치고 취업과 결혼으로 차례대로 이어졌다. 하지만 최근에는 경쟁적인 사회 분위기에서 성공적인 성인기 이행과 자립의 관문인 양질의 취업을 위해서 청소년들은 장기간에 걸쳐 더 많은 교육 · 훈련 · 경험이 필요하게 되었다(김은정 외, 2019). 이 과정에서 일반가정 청소년들은 부모나 가족으로부터 정서적, 경제적, 사회적 지원을 통하여 발달과업을 성취하면서 비교적 안정적인 전이 과정을 경험한다. 하지만 빈곤가정 청소년, 아동양육시설에서 성장한 청소년, 가출로 인해 가정 밖 장소에서 생활하는 청소년 등과 같은 취약계층 청소년들은 부모나 가족의 지원이 제한된 상황 속에서 자신의 힘만으로 자립을 준비하여 건강한 사회인으로 성장하기에는 현실적으로 매우 어려움이 있다(강현아 외, 2009). 즉, 취약계층 청소년들은 현행법이 규정한 자립 연령과 조건에 따라 자신의 의지와 상관없이 사회에 진입해야 한다. 이처럼 취약계층 청소년들은 성인이 되는 발달적인 전환과정에서 자립이라는 환경 변화와 정서적 · 도구적 자원의 결핍을 동시에 경험한다. 따라서 자립에 대한 준비가 부족한 상황에서의 취약계층 청소년들의 자립은 또 다른 유형의 고위험 청소년 집단이 될 가능성이 크다는 것을 의미한다(신혜령 외, 2008).

② 취약계층 청소년들의 자립 특성

청소년복지시설을 이용하는 취약계층 청소년들의 공통된 자립 특성을 살펴보면 다음과 같다(김은정 외, 2019).

첫째, 취약계층 청소년들의 자립 준비에 가장 중요한 지원체계인 가정은 구조적으로 지원체계의 역할을 거의 제공하지 못하고 있다. 즉, 대체로 취약계층 청소년들은 가정폭력이나 부모와의 갈등, 학대, 방임, 빈곤 등의 가정문제가 복잡하게 얽혀 있는 경우가 많다. 그러므로 취약계층 청소년들은 가정으로부터 보호 · 지원을 받는 것이 거의 불가능하고 되돌아가고 싶지 않은 곳으로 인식하는 경향이 강하다(김은정 외, 2019).

둘째, 성인기의 건강한 자립을 위해서는 청소년기에 학업의 중단 없이 일정 수준 이상의 학력을 갖출 필요가 있지만, 취약계층 청소년 중에는 학교를 중단한 경우가 많다. 특히 가정 밖 청소년 중 상당수는 가정에서 이탈되기 이전에 이미 학교에서 이탈되었다. 또한 재학 중인 가정 밖 청소년 중에도 학교환경에 대한 만족도가 낮아 학교에 부적응 상태를 보이는 경우도 상당수이다(남미애 외, 2012). 이러한 학교 부적응은 학업중단으로 이어질 가능성이 크므로 일종의 위험신호로 볼 수 있다. 특히 가정 밖 청소년들은 가출 이후에는 불안정한 생활로 인해 학업중단율이 더욱 증가할 수밖에 없다(백혜정 외, 2015).

셋째, 취약계층 청소년 중에서 가정 밖 청소년들은 외부로부터의 경제적 지원이 없다면, 현재의 숙식과 기타 생활에 필요한 비용을 충당하기 위해서 그리고 이후 자립을 위해서 근로 및 경제활동은 매우 필요하다. 그러나 취약계층 청소년들의 근로활동은 아르바이트와 같은 대부분 단기적인 저임금 미숙련 노동으로(백혜정 외, 2015) 이들이 양질의 근로 시장에 진입하기 위해서는 더 높은 학력 취득 및 직업훈련이 필요하다. 하지만 취약계층 청소년들은 미성년, 저학력, 불안정한 거주지 등을 이유로 이미 근로 및 경제활동에 제약받고 있다. 여기에 이들의 복잡한 채무 문제까지 더해지면 취약계층 청소년들의 자립의 길은 점점 더 멀어질 수밖에 없다(김은정 외, 2019).

넷째, 취약계층 청소년들의 건강한 정서 상태는 자립의 필수요건이지만, 이들 중에는 오랜 기간 열악한 환경에서 생활함으로써 심리 · 정서적 어려움과 행동적 문제를 보이는 경우가 많다. 예를 들어 가정 밖 청소년들은 자살 시도율, 불안 · 우울 등과 같은 정신건강의 위험도는 높지만, 자아존중감은 낮은 것으로 나타났다(남미애 외, 2012).

다섯째, 취약계층 청소년 중에서 가정 밖 청소년들은 열악한 생활환경에 처해 있으면서 가정복귀보다는 자립을 원하는 이들이 더 많은 상황에서 이와 관련된 사회적 지원을 받는 경우가 많지 않다(남미애 외, 2012). 이처럼 가정 밖 청소년들의 자립에 대한 욕구가 상당하지만, 이들에 대한 자립지원 서비스는 매우 미약한 수준이다. 예를 들어 청소년복지시설의 청소년들은 아동양육시설 퇴소 청소년들과 달리 현금지원과 주거지원도 매우 부족한 상황이다(김은정 외, 2019).

이처럼 취약계층 청소년들은 사회진출 및 자립을 어렵게 만드는 다양한 특성들이 있다. 따라서 성인기로의 자립이행 과정에 있는 취약계층 청소년들의 원만한 사회진출 및 사회적응을 위해서는 체계적인 자립준비가 필요하다. 이런 자립을 위해서는 주거 및 금전관리, 건강관리, 원활한 대인관계, 취업 및 직장생활 유지가 필요하다는 점에서 통합적인 자립 지원서비스를 제공해야 한다.

## 3. 청소년 참여 및 진로와 관련된 실천현장

### 1) 청소년 참여 실천현장

청소년 참여에 대한 중요성이 강조되면서 여성가족부를 중심으로 청소년의 눈높이에 맞춘 청소년복지 정책을 추진하기 위하여 청소년 참여기구가 마련되었다. 청소년 참여기구로는 청소년특별회의, 청소년참여위원회, 청소년운영위원회 등이 있다. 이들 청소년 참여기구의 특성을 개괄적으로 살펴보면 〈표 8-2〉와 같다.

**[표 8-2] 청소년 참여기구와 정책**

| 구분 | 청소년특별회의 | 청소년참여위원회 | 청소년운영위원회 | 청소년참여예산제도 |
|---|---|---|---|---|
| 목적 | 청소년 정책의 중요성에 대한 인식과 공감, 청소년 참여를 통한 청소년의 역량 개발 | 정부 및 지방자치단체의 청소년 정책 마련에 청소년의 주체적 참여 | 청소년수련시설의 주인으로서 청소년 | 청소년이 직접 예산 사업 제안 |
| 법적 근거 | 「청소년 기본법」 제12조(청소년특별회의의 개최) | 「청소년 기본법」 제5조의2(청소년 자치권 확대) | 「청소년활동 진흥법」 제4조(청소년운영위원회) | 「지방재정법」 제39조(지방예산 편성 등 예산과정의 주민참여) |
| 주요 기능 | 청소년과 청소년전문가가 함께 범정부적 청소년 정책 과제 발굴 및 제안 | 정부 및 지방자치단체의 정책에 대한 의견 제시, 정책 발굴 및 제안 | 청소년수련시설과 프로그램 참여 및 모니터링 | 청소년이 직접 제안하는 정책에 대한 실질적 예산 편성 |
| 주관 | • 여성가족부<br>• 한국청소년활동진흥원<br>• 시·도 청소년활동진흥센터 | • 여성가족부<br>• 지방자치단체(특별시·광역시·도 및 시·군·구) | • 여성가족부<br>• 청소년수련시설 | – |
| 현황 | – | 전국 233건의 청소년참여위원회 설치, 운영 | 전국 331개의 청소년수련시설 설치, 운영 중 | – |

출처: 청소년참여포털(http://www.youth.go.kr).

### (1) 청소년특별회의

청소년특별회의는 「청소년 기본법」 제12조(청소년특별회의의 개최)에 의해 마련된 청소년 참여기구로 2005년부터 청소년과 청소년 분야 전문가가 함께 참여하여 범정부적 차원의 청소년 정책 과제의 설정 · 추진 및 점검하는 전국 단위의 회의체이다. 청소년특별회의는 여성가족부, 한국청소년활동진흥원, 시 · 도 청소년활동진흥센터가 주관한다. 「청소년 기본법」에 규정된 청소년이면 신청할 수 있고, 매년 전국 17개 시 · 도에서 공개 모집으로 선발된 청소년참여위원이 청소년특별회의 위원으로 활동한다. 매년 청소년특별회의 위원과 청소년 전문가가 함께 토론, 워크숍, 캠페인 등을 통하여 청소년의 시각에서 청소년이 바라는 정책과제를 발굴하고 이를 정부에 건의하는 방식으로 운영된다(여성가족부, 2022).

### (2) 청소년참여위원회

청소년참여위원회는 「청소년 기본법」 제5조의2(청소년의 자치권 확대)에 근거하여 정부 및 지방자치단체의 청소년 정책을 만들고 추진하는 과정에 청소년이 주체적으로 참여할 수 있도록 마련된 청소년참여기구이다. 정부는 청소년참여위원회를 통해 청소년 정책의 형성 · 집행 · 평가과정에 청소년이 주체적으로 참여하도록 제도화함으로써 친화적 청소년 정책을 구현하고 청소년의 권익 증진을 도모하고 있다(김용진 · 고필재, 2020). 1998년부터 시작된 청소년참여위원회의 구성 방향은 지역 여건에 맞는 다양한 계층의 청소년을 선발 · 구성하여 지역 청소년의 대표성을 확보하고, 기회균등 및 소수자 청소년의 참여를 보장하려는 점이 특징이다. 청소년참여위원회는 공개 모집을 원칙으로 추천을 병행하며, 지역 여건에 따라 10~30명 내외로 구성하여 운영의 내실화를 도모하고 있다. 청소년참여위원회의 정기 회의는 주로 토요일에 운영되고, 여성가족부와 광역자치단체 회의는 연 8회 이상, 기초자치단체 회의는 연 4회 이상 개최되며, 긴급한 안건이 발생하면 임시회의를 개최할 수 있다. 청소년참여위원회를 통해 청소년 정책 모니터링, 청소년 의견 제안과 정책자문, 각종 토론회 · 워크숍 개최 및 리더십 훈련프로그램 참여 등 다양한 활동을 하고 있다. 이러한 활동은 청소년의 다양한 역량을 개발하고 사회성을 향상하는 한편, 청소년의 권리 신장과 건전한 민주시민으로의 육성에 기여하고 있다. 2022년 현재 233개의 청소년참여위원회가 설치되어 있다(여성가족부 홈페이지).

### (3) 청소년운영위원회

청소년운영위원회는 「청소년활동 진흥법」 제4조(청소년운영위원회)에 의해 설치되었으며, 「청소년활동 진흥법 시행령」 제3조에 따라 구성하고 운영한다. 청소년운영위원회는 청소년수련시설(청소년수련관, 청소년문화의집 등)의 운영 및 프로그램 등을 청소년들이 직접 자문 · 평가토록 함으로써 청소년의 수요와 의견을 반영하여 청소년이 주인이 되는 시설이 되도록 마련된 제도적 기구이다. 청소년운영위원회의 주요 기능으로는 청소년들의 청소년수련시설 및 프로그램 운영에 대한 참여와 모니터링, 지역사회 문제해결을 위한 참여 및 의견 반영, 시설 및 청소년활동의 활성화를 위한 주체적인 책임 역할 수행 등이다. 청소년운영위원회의 위원은 매년 1~2월경에 청소년수련시설별 공개 모집 및 추천을 통해 구성하고, 신청대상은 「청소년 기본법」에 규정된 청소년이다. 청소년운영위원회는 10인에서 20인 이내의 청소년으로 구성되며, 위원의 임기는 1년이다(「청소년활동 진흥법 시행령」 제3조). 2022년 기준 331개소의 청소년운영위원회가 설치되어 있다. 청소년운영위원회는 수련시설의 전용공간 확보 및 환경 개선, 프로그램 모니터링 및 관련 정책 제안 · 참여 · 평가, 홍보활동 등 다양한 성과를 내고 있다. 또한 매년 전국 청소년운영위원회 대표자 워크숍을 개최하여 청소년운영위원회 활성화 방안을 함께 모색하고, 참여 청소년들의 리더십 역량강화를 도모하고 있다(여성가족부, 2022).

### (4) 청소년참여예산제도

청소년참여예산제도는 지방자치단체에서 운영하며, 청소년의 정책 제안에 대한 실효성과 시의성을 기준으로 실제 사업을 편성한다. 2011년 주민참여예산제의 의무시행 이후 '제5차 청소년정책기본계획(2013~2017)'에서 청소년참여예산제도 도입을 세부 과제로 설정하면서 2015년부터 지방자치단체에서 청소년참여예산제도를 운영하고 있다(윤민종 외, 2016). 청소년참여예산제도는 청소년 당사자로부터 단순한 정책 관련 의견 청취의 수준을 넘어 실제적인 정책 실행을 위한 예산 편성과 구성에 대한 권리라는 점에서 다른 청소년 참여기구와는 다른 특성을 보인다.

### (5) 청소년참여포털

청소년참여포털(https://www.youth.go.kr)은 청소년 및 청소년지도자들이 자유롭게 소통하고 참여활동과 관련된 내용을 공유할 수 있도록 정보를 제공하는 온라인 플랫폼이다. 참가신청게시판(참가신청 Y-With)을 통해 청소년은 누구나 시 · 공간의 제약 없이 정책제안활동에 손쉽게 참여할 수 있으며, 정책 제안을 통해 다른 청소년들과 언제든지 정책에 대한 의견을 나눌 수 있다. 또한 투표게시판(투표참여 Y-Vote)에서는 청소년과 관련된 결정 사항에 직접 권리를 행사할 수 있다.

## 2) 청소년 자립 실천현장

「청소년복지 지원법」 제31조의 청소년복지시설로는 청소년쉼터, 청소년

자립지원관, 청소년회복지원시설 등이 포함된다. 이런 시설에서는 청소년들의 자립과 관련한 서비스나 프로그램을 제공한다. 이를 위해 시설 종사자 중 자립지원요원의 확충과 이들의 질적 제고를 통해 각 청소년의 요구와 수요를 파악하고 그에 맞는 맞춤형 지원(예를 들어 연령이나 성별)이 제공된다면, 서로 다른 진로 모색 수준을 가진 청소년들이 성공적인 진로 모색을 하고 이를 통해 자립할 수 있는 기반을 마련하는 데 도움이 될 것이다. 또한 이런 청소년들의 경제적 자립과 관련하여 규모 있는 소비생활과 경제관념을 가질 수 있도록 지도하는 것이 필요하다. 청소년복지시설을 이용하는 취약 청소년들은 돈을 벌고 싶어 하면서도 이를 관리할 수 있는 경제관념이 희박하여 규모 있는 소비생활을 하지 못하거나 지인과 무분별한 채무 관계를 형성한 결과 예기치 않은 어려움에 빠질 수 있기 때문이다. 따라서 체계적인 관리를 통해 청소년들의 자립을 도모할 수 있도록 지도하는 것이 필요하다(김은정 외, 2019).

### (1) 청소년자립지원관

#### ① 대상

청소년자립지원관은 「청소년복지 지원법」 제31조에 근거한 청소년복지시설로 일정 기간 청소년쉼터나 청소년회복지원시설의 지원을 받았는데도 가정 · 학교 · 사회로 복귀하여 생활할 수 없는 청소년에게 자립하여 생활할 수 있는 능력과 여건을 갖추도록 지원하는 시설이다. 청소년자립지원관은 자립준비 청소년이 안정적으로 자립생활을 영위할 수 있도록 해당 시설의 자원, 지역 공공서비스 및 민간자원 등을 활용하여 일상생활 · 학업 · 취업 지원 및 주거지원 서비스를 제공하고 있다. 2022년 말 기준 11개소가 설치 · 운영되고 있다(여성가족부 홈페이지).

청소년자립지원관의 이용대상은 두 가지로 구분할 수 있다. 첫째, 청소년쉼터 및 청소년회복지원시설 퇴소 후 추가적인 자립지원이 필요한 19~24세인 후기 청소년이다. 둘째, 그 밖에 가정의 지원을 받지 못하여 자립지원이 필요한 청소년으로서 사례심의위원회에서 지원이 필요하다고 인정된 청소년을 대상으로 하고 있다. 지원기간은 기본 1년이며, 연장이 필요할 때 사례심의위원회를 통해 6개월씩 2회까지 연장할 수 있다.

### ② 유형

청소년자립지원관의 유형은 생활관의 유무에 따라 〈표 8-3〉에서와 같이 세 가지로 구분할 수 있다. 먼저 생활관 운영을 위주로 하는 숙박형, 생활관 없이 외부의 공간에서 독립하여 주거하는 청소년에 대해 지원하는 비숙박형 이용시설, 생활관과 독립생활지원을 병행하는 혼합형으로 구분되어 있다.

생활관은 시설 내 숙식공간으로 청소년이 종사자와 동일 공간에서 생활하는 것을 의미하며, 독립주거는 시설과 떨어져 독립적으로 생활하는 원룸, 공공임대주택 등에서 생활하는 것을 의미한다. 이처럼 시설의 설치운영 기준만 보면 숙박형 청소년자립지원관은 청소년복지시설인 청소년쉼터와 지원내용, 입소자의 특성 면에서 차이가 없어서 차별화가 필요하다. 비숙박형 청소년자립지원관은 시설 내에서 숙식을 제공하지 않기 때문에 자립준비청소년에 대한 주거지원의 비중과 중요성이 높을 수밖에 없다.

**[표 8-3] 청소년자립지원관의 유형**

| 구분 | 숙박형 생활시설<br>(생활권형) | 비숙박형 이용시설<br>(주거연계형) | 혼합형<br>(생활관+주거연계) |
|---|---|---|---|
| 지원내용 | 생활관 입소청소년에 대한 자립지원서비스 | 독립주거 청소년에 대한 자립지원서비스<br>(생활관 미이용)<br>*자립준비청소년은 독립된 주거에서 생활하며 청소년자립지원관의 서비스를 이용 | (생활관 운영+독립생활 지원)+자립지원서비스<br>*자립준비청소년은 일정기간 생활관을 이용하거나 독립생활을 하면서 청소년자립지원관의 서비스를 이용 |
| 생활관 입소 기간 | 생활관 입소기간은 최소화하고, 독립주거 생활을 할 수 있도록 조치 | – | 생활관 입소기간은 사례심의운영위원회에서 결정<br>(최초 3개월 이내, 추가 3개월 연장 가능(1회)<br>*경계선 지능 청소년, 미성년자 등으로서 독립생활이 곤란하다고 인정되는 경우는 생활관 이용기간의 제한을 두지 않을 수 있음 |
| 지원기간 | 기본 1년 이내(6개월씩 2회 연장 가능), 지원종료 후 6개월 사후관리 | | |
| 지원내용 | 자립역량(수준) 평가, 개별화된 자립계획 수립, 주거지원 및 자립지원 서비스, 종결(퇴소) 후 독립생활에 대한 사례관리 | | |
| 통합사례관리 | 자립지원요원 1인당 청소년 기본 8명 사례관리(최소 5명으로 하고 사례심의위원회에서 자립준비도 등 평가 결과에 따라 청소년 1명을 1.2명, 0.8명 등으로 간주 가능) 자립지원요원이 4명인 시설은 연간 50사례를 목표로 함 | | |

청소년자립지원관의 유형별 주요 특성을 살펴보면 다음과 같다. 먼저 2022년 말 기준 9개 청소년자립지원관 중 숙박형 생활시설은 없다. 다음으로 비숙박형 이용시설(주거연계형)은 자립준비청소년의 독립주거를 기반으로 찾아가는 사례관리 방식의 자립지원이 핵심이다. 마지막으로 혼합형

은 생활시설을 운영하면서 일부 청소년은 주거연계형과 동일한 방식의 자립지원을 병행한다. 두 유형 모두 지원기간은 1년 이내이며 6개월 단위로 2회까지 연장할 수 있고, 청소년 1인당 최대 지원기관은 총 2년 정도로 정하고 있다.

③ 자립지원 서비스

청소년자립지원관의 자립지원 서비스 내용을 살펴보면 다음과 같다(여성가족부, 2022).

첫째, 대상자 발굴 · 의뢰로 청소년쉼터, 청소년회복지원시설의 퇴소를 앞두고 있고 자립의지가 있는 것으로 인정된 청소년을 발굴하여 지원하며, 그 밖에 본인 신청 또는 유관기관 연계로 입소할 수 있다.

둘째, 통합사례관리로 자립지원관의 서비스 대상자 선정, 자립준비청소년의 자립역량(수준)의 평가, 개별화된 자립계획 수립, 주거지원 및 자립지원 서비스, 종결(퇴소) 후 독립생활에 대한 사례관리를 실시한다.

셋째, 자립지원관의 지원서비스로 주거지원과 자립지원 서비스가 있다. 주거지원으로는 입소 기간 중 다양한 방식으로 주거를 지원, 퇴소 후에도 안정적으로 주거 확보가 가능하도록 연계 · 지원한다. 자립지원으로는 경제 및 생활의 자립여건 조성 및 역량교육을 통해 퇴소 후 독립생활이 가능하도록 지원하고 있다.

### (2) 청소년쉼터

#### ① 유형

청소년쉼터는 가정 밖 청소년에 대하여 가정 · 학교 · 사회로 복귀하여 생활할 수 있도록 일정 기간 보호하면서 상담 · 주거 · 학업 · 자립 등을 지원하는 시설이다. 입소기간에 따라 일시쉼터, 단기쉼터, 중장기쉼터 등 3가지 유형으로 구분된다. 일시쉼터는 가출 · 거리배회 · 노숙청소년에게 24시간에서 7일 이내 버스를 활용한 이동형과 고정형의 2가지 형태로 일시보호 및 거리상담을 지원한다. 단기쉼터는 가정 밖 청소년을 3개월 이내(3회 연장 가능, 최대 9개월)로 단기보호와 심리 · 정서 · 상담지원 및 사례관리를 제공한다. 중장기쉼터는 자립의지가 있는 가정 밖 청소년을 3년(1회 1년 연장 가능, 최장 4년) 이내 중장기보호하며, 심리 · 정서 · 상담지원, 학업지원, 사회복귀를 지원한다(여성가족부, 2022). 특히 중장기쉼터의 대상은 자립을 준비하는 후기 청소년이 주요 대상이다. 원래는 자립을 준비하기 위해 중장기쉼터에서 청소년자립지원관으로 입소할 수 있지만, 아직 갈 수 있는 자립지원관이 부족해 중장기쉼터에서 구직활동과 직업훈련 등의 자립준비 과정을 갖기도 한다.

#### ② 자립지원 서비스

가정 밖(가출) 청소년에 대한 자립지원 서비스는 일시쉼터를 제외한 단기 및 중장기쉼터를 중심으로 제공되고 있다. 특히 중장기청소년쉼터에서는 자립생활 지원이 이루어지고 있는데, 퇴소 후 생활계획, 자립생활 준비, 사회적응 지원 등이 포함된다. 하지만 청소년쉼터는 지방자치단체나 시설장의 허가 없이도 청소년 당사자의 의사에 따라 입소와 퇴소가 자유롭고, 퇴소 이후의 사후관리의 내용과 방법에 대한 지침이 부재하기 때문에 시설 간 편차가 크다. 이외 자립생활 준비의 목적으로 청소년자립지원관이나 다른 시설 입소를 연계하거나, 독립생활을 계획할 때 주택 계약 과정을 일부 지원하기도 한다. 또한 사회적응 목적으로 지역사회 자원 활용 방법이나 위기 상황 시 대처 요령 등에 대한 정보가 제공되고 있다(황진구 · 김지연, 2020).

### (3) 청소년회복지원시설

청소년회복지원시설은 「소년법」 제1항 제1호 보호자 감호위탁 처분을 받은 청소년을 감호위탁 동안 보호하면서 상담 · 주거 · 학업 · 자립 등을 지원하는 시설이다(「청소년복지 지원법」 제31조). 이 시설의 주요 기능은 처분 청소년을 24시간 보호 · 훈육하고 건강한 가정과 같은 환경을 제공하여 보호소년들의 재범 방지 및 자립과 회복을 지원하는 전담시설이다. 2022년 말 기준 7개 지역에서 15개소가 운영되고 있으며, 상당수가 부부로 구성된 2명의 인력이 배치되어 있어 청소년을 지원하기에 제한적이다. 대부분 보호소년은 1호 처분 외에도 재비행을 예방하기 위해 보조적 보호처분으로 보호관찰, 수강명령, 사회봉사명령이 병합된 경우 많고, 부가 처분으로 대안교육이나 상담받도록 하거나 야간외출이 제한되기도 한다(박순혜, 2021). 이처럼 청소년회복지원시설은 아직 전국적인 분포가 되어 있지 않고 인력구조도 열악하여 자립을 준비해야 할 청소년들을 효과적으로 지원하는 데 어려움이 있다.

CHAPTER

# 09

# 청소년과 정신건강

1. 청소년 우울
2. 청소년 자살 행동
3. 청소년 정신건강 실천현장

# 09 CHAPTER 청소년과 정신건강

**학·습·목·표**

- 청소년 우울을 설명할 수 있다.
- 청소년 자살 행동을 설명할 수 있다.
- 청소년의 정신건강 실천현장을 설명할 수 있다.

인간의 생애주기에서 청소년기는 발달 특성상 정서적으로 불안정하고 충동적이며 스트레스에 대한 대처 능력이 미숙한 격동적 변화의 시기이다. 그러므로 청소년은 가족 환경이나 또래 관계, 학업 · 진로, 학교 환경, 외모, 경제적 문제 등의 스트레스와 갈등에 취약할 뿐만 아니라 우울, 무기력, 자살 생각 등과 같은 심리적 부적응을 경험하기도 한다. 특히 역학적으로 정신건강 문제의 초기 발현 시점이 청소년기에 집중되는 경향이 있으므로 청소년기의 정신건강에 더 많은 관심과 주의를 기울여야 한다. 또한 청소년기에 조기 검진과 치료의 적기를 놓친 정신건강 문제는 중증이나 만성질환으로 악화하여 성인기 이후의 삶에 부작용을 초래하기 때문이다(최정원 외, 2021). 이처럼 스트레스나 우울, 자살 등과 같은 심각한 정신건강 문제는 생물학적, 심리적, 사회적 요인 등이 오랜 시간 복잡한 상호작용을 거듭하여 발현하는 결과이다. 다양한 정신건강 문제 중에서 스트레스와 우울은 청소년기에 나타나는 보편적인 정서이다. 하지만 적절히 대처하지 않고 만성화되면, 청소년 자살 행동의 직접적인 위험 요인이 될 뿐만 아니라 정신건강에도 부정적 영향을 미친다. 이처럼 현재 우리 사회는 성인뿐만 아니라 청소년까지 코로나(COVID-19)로 인해 활동을 자유롭게 할 수 없게 되어 대면 접촉의 기회가 감소하면서 정신건강을 위협받는 일상에 봉착하였다. 이러한 점을 고려하여 청소년의 정신건강 문제 중에서 우울과 자살 행동을 중심으로 살펴보고자 한다.

## 1. 청소년 우울

### 1) 청소년 우울의 개념과 특성

스트레스란 개인이 적응하기 어려운 상황에 부닥칠 때 느끼는 신체적 및 심리적 긴장 상태를 말한다. 청소년기는 급격한 신체적, 심리적, 사회적 변화가 일어나는 동시에 개인의 독립과 책임이 요구되는 시기이므로 스트레스와 우울을 경험할 가능성이 크다(Harrington, 1995). 이처럼 청소년기는 기존 사회질서와 규범의 붕괴, 가치관의 혼돈, 새로운 문화의 유입과 적응, 학교생활에서 부딪치는 과중한 압력 등으로 다른 어떤 발달단계보다 심각한 스트레스를 경험할 수 있다(강지예, 2013). 즉, 전환기적 변화를 경험하는 청소년들은 학교 수업과 직업, 생활방식, 사회적 관계, 성 행동 등 중요한 결정들을 해야 하므로 청소년기는 스트레스가 많은 시기이다(Bolognini et al., 1996). 이처럼 청소년들이 경험하는 스트레스는 우울을 일관되게 예측하는 변인으로 작용하고 있어서 관심이 필요하다.

우울이란 외로움, 슬픔, 사고력과 주의력 저하, 불면증 등 인지적이고 신체적인 증상에서부터 대인관계에 이르기까지 광범위한 일상생활에 영향을 미치는 마음의 부정적 상태를 말한다(Beck, 1978). 즉, 인간의 보편적인 감정의 하나인 우울은 울적한 기분이나 불행하다고 느끼는 감정으로 사람들이 다양한 스트레스와 생활 자극에서 보이는 가벼운 우울 반응부터 심리치료가 필요한 우울증에 이르는 연속적인 특성이 있다. 이러한 우울은 자기 부정적인 판단의 경향이 특징이며, 스트레스에 대한 가장 보편적인 반응이자 단일 요인으로서 자살로 이끄는 가장 심각한 위험 요인이다(Klerman, 1987).

청소년기에 가장 빈번하게 표출되는 심리적 문제인 우울은 청소년들의 학교생활 부적응과 자살 등의 문제와 매우 밀접한 관련이 있다. 청소년기의 우울은 연속적인 장애로서 성인기까지 이어질 수 있다(Lehman, 1985). 또한 여러 신체 증상과 극심한 무력증, 피로감, 권태감의 증상을 보이며, 다양한 문제행동과도 관련이 있어서(Brooks-Gunn & Peterson, 1991) 청소년 우울의 예방과 개입을 위한 관심이 필요하다. 하지만 성인기의 우울과는 다르게 청소년기의 우울은 획일적인 교육환경과 자아정체성의 위기를 겪는 질풍노도의 시간 속에서 경험하는 반항심이나 불만 표출과 같은 가벼운 증상 정도로 생각하기 쉽다. 그러나 청소년들은 우울로 인해 친구관계, 가족관계 등의 대인관계가 부정적이고 학업성적이 오르지 않아서 학교 부적응의 문제도 경험한다(김선미 외, 2012). 또한 청소년기 우울은 주관적 고통이 매우 커서 정신적으로 어려움을 겪을 뿐만 아니라 극단적인 선택으로 이어질 수 있기에 더욱 관심을 두어야 한다(김태희 · 신현균, 2011). 실제로 우리나라 청소년들의 우울 수준은 심각하다고 볼 수 있다. 2021년 우리나라 청소년들의 우울감 경험률은 여학생(31.4%)이 남학생(22.4%)보다 높았으며, 학년이 올라갈수록 우울감 경험률도 높은 것으로 나타났다(교육부 · 보건복지부 · 질병관리본부, 2022).

이처럼 청소년기의 대표적인 내재화된 문제행동인 우울은 청소년 발달에서 중요하게 조망되어야 한다. 그 이유는 청소년기 우울 증상은 다른 내재화 혹은 외현화된 문제와 동시에 나타나며, 발달 전반에 부정적 영향을 미치기 때문이다. 또한 우울은 청소년기에 빈번하게 나타나는 정신건강 문제이지만, 청소년 자살이라는 극단적인 선택을 높이는 위험요인이라는 점에서 우울 증상에 따라 차별화된 개입이 중요하다. 하지만 청소년기 우울은 쉽게 관찰할 수 없을 뿐만 아니라 알기 어려운 특성을 보이기 때문에 조기에 발견하거나 적시에 개입하기가 어렵다(손선옥 · 박현용, 2019).

청소년기 우울은 성인기 우울과 유사하게 지속해서 슬픈 감정과 외로움, 불안, 공허감, 흥미 상실 등의 정서적 증상과 함께 자기 비난과 비하, 죄의식과 무가치감, 사고력 및 주의력 저하 등과 같은 인지적 증상을 보인다. 따라서 만성적인 우울 정서를 가진 청소년들은 일상생활이나 학교생활에서 무력감을 느끼며, 자신과 주변 상황 및 자신의 미래에 대해 무망감을 갖고, 불면증, 수면 과다, 식욕 감퇴, 체중 감소, 피로감 등과 같은 생리적 증상을 보인다. 또한 우울증이 심한 청소년들은 학업 중단의 가능성이 크고, 가족관계나 또래 관계 등에서 사회적 능력 손상을 보일 수 있다(Laser & Nicotera, 2011).

청소년 우울은 성인 우울과 유사한 증상을 보이지만, 다음과 같이 성인 우울과는 다른 특성이 있다(정규석 외, 2017).

첫째, 청소년 우울은 사춘기 전후의 민감한 시기에 경험하는 발달 과정상의 신체·생리적, 인지적, 사회적 변화 등과 밀접한 관련이 있다. 따라서 청소년 우울은 사춘기 특성과 유사한 부분들이 있으므로 학교 부적응이나 일탈행동으로 생각하거나, 의지력이 약하고 수동적이라고 생각하는 등 다른 문제로 인식되는 경향이 있다. 이런 영향으로 청소년 우울은 조기 발견이 어려운 때가 많다(이정숙·명신영, 2008).

둘째, 청소년기는 우울증 발생의 출발점인 동시에 발병률이 현저히 증가하는 시기이다. 또한 청소년 우울은 성인 우울 발생의 주요 예측요인으로 성인기까지 이어질 수 있다. 즉, 주요 우울증의 유병률은 15~18세에 급격하게 증가하며, 청소년기 우울은 성인기까지 이어져 만성화될 위험이 2~4배나 되는 것으로 나타났다(Bhatia & Bhatia, 2007). 또한 우울증을 경험한 청소년 중 7%가 초기 성인기에 자살을 시도하는 것으로 나타났다(Glicken, 2009).

셋째, 청소년 우울은 성인의 전형적인 우울 특성과는 다르게 복통이나 두통 등의 신체화 증상과 같이 변형된 특성으로 나타날 수 있다. 즉, 우울 때문에 청소년들은 수면장애, 입맛 없음, 피로, 호흡 곤란과 같은 신체화 증상을 보이기도 한다(김은주, 2022).

넷째, 청소년 우울은 사회적 손상, 자아 발달의 혼란, 학교생활의 실패 등을 초래할 수 있을 뿐만 아니라 불안장애, 가출, 자살 시도, 약물중독 등과 같은 충동적인 행동으로 이어질 수 있다. 특히 청소년 우울은 우울한 감정이 감추어진 가면성 우울증(masked depression)의 형태로 나타날 수도 있다. 가면성 우울증은 우울한 기분이 마치 가면을 쓰고 있는 것처럼 겉으로 잘 드러나지 않는다. 이는 명확한 우울 증상이나 신체적 변화는 없지만, 가면성 우울증이 있는 청소년들은 무단결석, 게임중독, 비행, 가출 등의 문제행동을 일으키는 경향이 있고, 심하면 자살을 시도하기도 한다(김선하 · 김춘경, 2010).

## 2) 청소년 우울의 관련 요인

청소년 우울은 청소년 개인의 인지적 · 정서적 특성뿐만 아니라 가족 특성, 또래 관계 및 사회환경 요인 등에 의해 영향을 받는다. 청소년 우울의 관련 요인을 살펴보면 다음과 같다(정규석 외, 2017).

### ① 개인 요인

청소년 우울과 관련이 있는 개인 요인은 다음과 같다. 첫째, 청소년들의 높은 스트레스 수준이다. 청소년들은 급격한 신체적 · 정서적 변화 및 상급학교 진학과 관련하여 부모 및 또래 관계에서 다양한 발달적 스트레스를 경험한다. 특히 우리나라 청소년들은 학년이 올라갈수록 학업 수행과 입시경쟁으로 인해 스트레스 수준이 매우 높다. 이러한 스트레스를 적절히 대처하지 못하면, 청소년들은 반복적으로 부정적인 정서를 경험하면서 우울에 더 취약해진다. 스트레스는 청소년 우울과 밀접한 관련이 있지만, 같은 스트레스 상황에 노출되더라도 청소년의 인지적 특성에 따라 우울 정도에 차이가 있다. 즉, 부적응적 완벽 성향이 높고 부정적 자동사고(automatic thoughts) 경향을 가진 청소년들은 무력감, 자기 비난, 개인적

무가치, 무능력, 무망감 등을 경험할 가능성이 크기 때문에 우울 수준이 높다(김혜인 외, 2011; 임은미 · 정성석, 2009).

둘째, 청소년들의 비관적인 사고 양식이다. 자신의 처지와 환경 그리고 미래에 대해서 지나치게 비관적으로 생각하는 습관, 실패에 대해서는 자신의 탓으로 돌리고 성공에 대해서는 운이나 다른 사람 덕이라고 생각하는 사고 양식 등이 청소년 우울증 유발과 관련이 있다(김빛나 · 박주희, 2013).

셋째, 청소년들의 낮은 자아존중감이다. 우울한 청소년들은 자신에 대해 비관적이고 부정적인 사고로 자신을 낮게 평가하고 자아존중감이 낮은 편이다(하은혜 외, 2004). 자아존중감이 낮은 청소년들은 우울 수준이 높지만, 자아존중감이 높은 청소년들은 자기 확신, 인내력, 사회적 기술 등의 특성이 높아서 우울 수준이 낮다(이정선 · 이형실, 2012). 따라서 자아존중감은 청소년들의 우울증을 완화하는 보호 요인의 역할을 한다.

넷째, 우울한 기분에 반응하는 수동적 사고 습관이다. 청소년들은 정서적으로 불안정한 시기를 경험하기 때문에 우울한 감정을 느끼기가 쉽다. 이럴 때 자신의 우울한 기분의 원인이나 결과에 대해 계속 신경을 쓰고 수동적으로 반응한다면, 우울증을 경험할 가능성이 크다. 하지만 청소년들이 우울한 기분에서 벗어나기 위해서 생각을 즐거운 방향으로 돌린다면, 우울증을 경험할 가능성이 작다(김빛나 · 박주희, 2013).

### ② 가족 요인

청소년 우울에 영향을 미치는 가족 요인으로는 부모와의 관계, 부모의 심리적 통제, 가족의 빈곤, 가정폭력 등이 있다. 청소년기는 아동기보다 부모의 영향력이 점차 줄어들면서 부모와 심리적 거리를 둔다. 하지만 부모와의 친밀한 관계와 의사소통, 부모의 관심과 감독 등은 청소년 우울을 완화하는 중요한 보호 요인이다. 따라서 부모와의 애착 관계와 의사소통이 부족하고, 청소년의 현재 상황(자녀가 있는 장소, 자녀와 함께 있는 사람, 자녀가 하는 활동)에 대한 부모의 관심 수준이 낮은 청소년일수록 우울 수준은 높다(문지혜 외, 2011).

부모와의 애착과 관심은 청소년의 정신건강에 긍정적인 영향을 주지만, 부모의 심리적 통제는 청소년 우울의 위험 요인이다. 심리적 통제란 부모가 기대하는 행동을 자녀가 행하지 않을 때 언어 혹은 감정표현을 제재하고, 죄의식을 느끼게 하거나, 애정을 철회하겠다는 심리적으로 협박하는 행동을 의미한다(Barber, 2002). 일반적으로 과보호하는 부모, 자녀를 소유물로 생각하는 부모, 성취를 강조하는 부모, 완벽주의 경향이 있는 부모 등은 심리적 통제를 많이 한다. 이러한 부모로부터 심리적 통제를 많이 당하는 청소년일수록 우울 수준은 높다(안명희 · 신희수, 2012). 또한 부모와의 관계에서 친밀감과 존경이 낮거나 부모를 엄격하다고 지각할 때, 부모의 양육 태도가 비일관적이고 처벌적이며 과잉기대를 할 때 청소년들의 우울 수준은 높다(김동영 외, 2015; 정소희, 2016).

가족의 빈곤은 청소년들의 정서적 부적응과 우울증의 유발 및 지속과 관련이 있다(김연희 · 김선숙, 2008). 빈곤으로 인한 경제적 부담은 부모의 양육 태도 및 행동에 부정적 영향을 줌으로써 청소년들의 정서적 부적응을 유발할 수 있다. 즉, 빈곤가정의 청소년들은 청소년기의 발달과업을 성공적으로 수행하는 데 필요한 자원이나 부모의 적절한 지지를 얻지 못한다. 그 결과 상대적 스트레스와 박탈감을 경험하게 되고, 결국 우울과 같은 심리적 어려움을 겪게 되는 것으로 볼 수 있다(Duncan & Brooks-

Gunn, 1997).

가정폭력도 청소년 우울에 영향을 미치는 가족 환경 요인이다. 가정폭력은 부모가 자녀에게 신체적 · 언어적 폭력을 행하는 것과 부부 및 가정폭력을 자녀가 목격하는 것을 모두 포함한다. 가정폭력을 경험한 청소년들은 우울이 심해지고, 심각한 우울은 청소년들을 무기력한 상태의 피해자로 학습하게 하고 학교폭력의 피해자로 연결될 수 있다(조민경 · 이정호, 2019). 이처럼 부모의 학대와 방임적 양육 행동은 청소년들의 우울을 비롯한 다양한 심리 · 사회적 역기능 문제로 이어질 수 있다.

### ③ 사회환경 요인

청소년 우울과 관련된 사회환경 요인으로는 학교폭력, 이웃 환경의 무질서와 폭력성 등을 들 수 있다(정규석 외, 2017). 발달단계의 특성상 청소년들은 또래로부터 큰 영향을 받고, 일상생활의 많은 시간을 학교에서 보낸다. 그러므로 청소년들은 집단따돌림이나 학교폭력을 당한다면, 학교환경과 친구 관계에서 소외감과 부적응을 경험하면서 우울 증상을 보이게 된다. 특히 학교폭력으로 인한 우울 증상은 자살 행동과도 밀접한 관련이 있다(김재엽 · 정윤경, 2007).

이 외에도 청소년 우울과 관련된 사회환경 요인으로 지역사회나 이웃 환경의 무질서와 폭력성 등을 들 수 있다. 이러한 요인들은 청소년들이 거주하는 지역사회의 빈곤 현상과 밀접한 관련이 있다. 즉, 빈곤 수준이 높은 지역에 거주하는 청소년일수록 주변에서 사회적 · 물리적 무질서와 폭력 상황 등에 쉽게 노출되기 때문에 정서적 불안과 우울을 경험할 가능성이 크다(김영미, 2008).

# 2. 청소년 자살 행동

## 1) 청소년 자살 행동의 개념

자살(suicide)은 자기(sui)와 살해(cide)가 결합한 용어로 스스로 죽음을 선택하고 실행하여 삶을 마감하는 것을 의미하기 때문에 예방이 쉽지 않다. 자살은 스스로 죽으려는 의지를 품고 실행하여 죽음에 이르는 것으로 자기 파괴적인 행동의 대표적인 예이다. 이러한 자살은 개인의 문제가 아니라 사회의 구조적 문제이며, 사회가 해결해야 할 중요한 사회문제이다.

일반적으로 한 개인이 스스로 목숨을 끊는 행동으로 죽음에 이르는 자살은 자살 생각, 자살 계획, 자살 시도 등 하나의 연속적인 과정의 결과로 볼 수 있다. 즉, 처음에는 막연하게 자살을 생각만 하다가 그 생각이 잦아지면 다음 단계인 계획을 세우며, 세워진 구체적인 계획을 통해 자살을 시도하여 자살 사망의 결과인 죽음에 이른다. 물론 이 과정들은 순서대로 이루어지거나 단계를 무조건 거치는 것은 아니다. 이런 의미에서 자살은 자살 행동을 지칭하는 용어이며, 자살 행동의 구성요소에는 자살 생각, 자살 계획, 자살 시도, 자살 사망 등이 포함된다(Laser & Nicotera, 2011; Reynolds, 1988).

자살 생각(suicidal ideation)은 죽음에 대한 일반적 수준의 생각에서부터 더 진지한 자살 수단의 생각까지를 포함한다. 즉, 사람이 살면서 무심코 지나가듯이 죽고 싶다는 일회적 생각부터 정말 진지한 마음으로 자살을 생각하는 것까지를 말한다. 이처럼 자살 생각은 반드시 자살과 관련된 행동이 수반되지 않는 단계로서 자살 계획이나 시도와 비교하여 죽음에 이르는 위험도는 낮지만, 그 빈도는 가장 높은 것이 특징이다. 특히 청소년들의 자살 생각은 자살 위험을 진단하는 데 매우 중요하다(박병금, 2007). 자살 계획(suicidal plan)은 자살 생각의 수준을 넘어서 행동적 차원이 일부 포함된다. 즉, 개인의 삶을 끝내는 자살을 위한 구체적인 계획으로 유서 작성, 소지품 정리, 인터넷을 통해 자살과 관련된 정보를 수집하는 것 등이다. 자살 시도(suicidal attempt)는 자살 생각과 자살 계획 등을 구체적인 행동으로 표현하는 것을 의미한다. 실제로 개인이 죽을 의도로 자해 가능성이 있는 행동을 분명히 시도하지만, 실제로 죽지 않는 경우이다. 자살 사망(suicidal completion)은 자살 시도의 결과로 사람이 실제로 죽음에 이르게 된 것을 의미한다. 이러한 자살 사망은 이미 목숨을 잃었기 때문에 돌이킬 수 없는 치명적인 결과를 가져온다.

변화무쌍한 청소년기의 다양한 상황에 적절하게 대처하지 못하고 부정적인 사고방식의 결과로 인한 청소년 자살은 주요한 사회적 이슈로 주목받고 있다. 그 이유는 우리나라 청소년(10~19세) 사망원인 1위는 자살(고의적 자해)이며, 지속적인 인구감소에도 다른 연령 자살 사망률과는 달리 10대 자살 사망률이 계속해서 증가하는 경향을 보이기 때문이다(통계청, 2022a). 더욱이 자살 시도의 경험이 있는 청소년들은 성인이 되어서도 자살 위험성이 높고, 사회 부적응으로 인해 정신건강 문제를 보인다는(Briere et al., 2015) 점에서 청소년 자살 관련 실상은 매우 심각하다(김도희, 2015). 이처럼 청소년 자살 행동은 개인의 삶을 빼앗아 갈 수 있는 심각한 문제일 뿐만 아니라 청소년 보호의 일차적인 책임이 있는 가정과 건강한 시민으로 성장을 도와야 하는 사회의 문제이기도 하다. 청소년의 자살로 인한 죽음이 줄어들지 않는 것은 자살 위험군에 대한 조기 발견과 적절한 개입의 부족을 의미한다.

## 2) 청소년 자살의 특성

일반적으로 청소년의 자살 행동은 청소년기의 발달 특성 때문에 성인과 조금 다른 의도와 과정을 보인다. 청소년 자살을 이해하기 위해 성인과 다른 청소년 자살 행동의 특성을 살펴보면 다음과 같다(황순길 외, 2016; 정규석 외, 2017).

첫째, 청소년 자살 관련 행위는 연령이 증가할수록 감소하지만, 남성 청소년보다 여성 청소년들이 자살 생각, 자살 계획, 자살 시도를 더 많이 하는 것으로 밝혀졌다(이성민 · 김근국, 2021). 즉, 남성 청소년보다 여성 청소년들이 학업과 외모와 같은 일상 스트레스, 외로움과 우울감을 잘 느끼기 때문이다. 따라서 청소년 자살 예방을 위해서는 여성 청소년들에게 더 많은 정책적 자원이 투입되어야 한다는 것을 시사한다.

둘째, 성인과 비교해서 청소년은 정신병적 원인보다는 가족이나 친구관계에서 느끼는 분노, 좌절감, 위기의식 등 심리적 스트레스와 성공과 진학에 대한 과도한 압박감에 대한 극단적 대처 반응으로 자살 행동을 시도하고 있다(박재연, 2010). 즉, 성인의 자살은 우울증이나 조현병과 같은 정신병적 원인이 대부분이다. 하지만 평소 잘 기능하던 청소년도 정신병적 원인과 상관없이 갑작스러운 성적 하락, 대인관계의 갈등이나 단절로 인한 소외감 등이 자살을 촉발하는 요인이 될 수 있다(오승근, 2006).

셋째, 성인과 비교해서 청소년의 자살 시도는 감정적이기 때문에 대부분 사전 계획 없이 충동적으로 발생한다. 즉, 청소년기는 성취 과업은 많지만, 정서적 충동성이 심화하는 시기이다. 따라서 청소년들은 한순간의 우울한 기분 때문에 충동적으로 자살을 시도하므로(고재홍 · 윤경란, 2007) 예측하기가 어렵다. 이처럼 청소년 자살은 대부분 사전에 계획되지 않은 경우가 많고, 학업 스트레스나 학교폭력, 부모와의 갈등에 의한 스트레스 등과 같은 외부 요인에 의해 충동적으로 발생할 가능성이 크다(김진주 · 조규판, 2012). 하지만 충동적인 청소년도 자살은 신중한 결정이며, 자살로 이르는 신호들을 보내는 경우가 많으므로 주의해야 한다.

넷째, 청소년은 인지적 미성숙과 정서적 불안정으로 인한 현실도피로써 자살을 선택할 가능성이 크다. 즉, 자살은 남은 삶을 포기하는 것이 아니라 현재 자신이 처한 고통에서 도피하기 위한 수단이다(김지은 · 김선정, 2020). 실제로 청소년들의 자살 시도는 실제로 죽겠다는 의지라기보다는 자신의 급박한 정서 상태와 절실한 요구를 외부에 알려서 도움을 요청하려는 표현으로 볼 수 있다. 즉, 자신을 힘들게 하는 주변 사람이나 상황을 변화시키고자 자살을 시도하는 때도 있다. 하지만 청소년기의 자살 시도 경험은 성인기 이후에 자살 시도로 재발할 우려가 크기 때문에 성인 자살의 중요한 위험요인이다.

다섯째, 성인과 비교해서 청소년은 자신의 내적 동기보다 외적 요인에 영향을 받기 쉬워 모방 자살이나 동반 자살을 시도하는 경우가 많다(오승근, 2006). 즉, 청소년기는 또래나 주변 환경에 대한 모델링과 동일시를 추구하고 외부 환경의 영향을 많이 받는다. 이러한 특성 때문에 청소년들은 존경하는 사람이나 주변 사람의 자살에 쉽게 영향을 받는다. 실제로 청소년들은 유명인의 자살이 하나의 기폭제가 되어 심리적 불행감에서 벗어날 수 있는 일과 동일시하거나 동조하는 것이라고 믿는 규범 동조가 자살 생각을 유발해 결국 '베르테르 효과'라고 불리는 모방 자살에 이르게 한다(남순현, 2007).

여섯째, 개인적 우화와 같은 자아중심성이 증가하는 청소년기에 청소년들은 자살을 시도하여도 죽지 않을 것이라는 독특한 사생관과 함께 죽음을 비현실적으로 받아들이는 경향을 보인다. 특히 가상 세계의 확산, 판타지(fantasy) 게임과 소설의 범람 등의 영향으로 청소년들은 죽음에 대한 환상이 강화된다. 이런 특성들로 인해 청소년들은 현실 세계에서 압력이나 위기를 느낄 때, 일종의 도피 수단으로 죽음을 받아들여 자살 행동으로 문제를 해결하려고 시도한다(배주미 외, 2009).

한편, 자살을 생각하는 청소년을 만났을 때 〈표 9-1〉와 같은 자살 신호 확인하기와 3가지를 기억하여 실천할 필요가 있다.

**[표 9-1] 자살 신호 확인하기와 3가지 기억하기**

| | | |
|---|---|---|
| 자살 신호 확인하기 | 언어의 변화 | 죽음에 관한 이야기를 자주한다.<br>죽음에 대한 암시 계획을 언급한다.<br>자기 비하적인 말을 한다(SNS 등에서도 언어의 변화를 찾을 수 있음). |
| | 행동의 변화 | 약을 모으는 등 자살 수단을 마련한다.<br>중요한 것을 남에게 주는 등 주변 정리를 한다.<br>식사나 수면에 큰 변화가 있다.<br>혼자 있으려 하고 대화를 회피한다. |
| | 정서의 변화 | 사람들과 어울리는 것을 피한다(대인기피).<br>기존에 관심이 있던 것에 흥미를 느끼지 못한다.<br>'우울하다' 또는 '나 때문이다'와 같이 우울함과 죄책감을 표현한다. |

| | | |
|---|---|---|
| 3가지 기억하기 | 물어보기 | "죽고 싶다고 생각하고 있어?"<br>'자살 생각'이라는 단어를 부정적으로 표현하지 말고 '자살 생각' 그 자체에 관해 물어본다.<br>'자살을 생각하고 있나요?'와 같이 직접적인 표현을 사용한다. |
| | 들어보기 | "무슨 일 있었어?"<br>충고하기보다는 도움이 필요한 사람의 이야기를 경청한다.<br>지지하는 말로 공감받고 있다는 것을 알려준다. |
| | 연결하기 | 도움을 받을 수 있는 사람(전문가 혹은 전문기관 등)을 소개한다.<br>※ 자살예방상담전화 ☎ 1393<br>※ 정신건강상담전화 ☎ 1577-0199<br>자살 도구를 가지고 있다면 상대방과 합의하여 폐기 또는 분리하여 위험한 환경을 바꾼다.<br>혼자 있지 않도록 한다.<br>술은 권하지 않는다. |

출처: 보건복지부, 한국생명존중희망재단(2021).

### 3) 청소년 자살의 원인

청소년 자살은 개인 요인과 청소년들을 둘러싼 가족, 학교, 사회환경 등의 요인들이 복합적으로 작용하기 때문에 다각적으로 이해할 필요가 있다.

#### ① 개인 요인

청소년들의 자살 행동에 영향을 미치는 개인 요인으로는 우울, 충동성과 감정조절 문제, 약물남용, 이전 자살 시도 경험 등을 들 수 있다. 먼저 우울은 모든 문화, 인종, 성별, 계층 등에 상관없이 자살 행동의 중요한 위험 요인인 동시에 청소년들의 자살 행동을 예측할 수 있는 가장 강력한 요인이다(최인재, 2010). 인지이론에 의하면 우울의 인지적 증상인 무망감,

즉 자신과 주변 환경 및 미래에 대한 부정적 생각이 개인의 자아존중감과 자아효능감을 손상하고 수동성과 인지적 와해를 강화함으로써 자살 행동으로 이끈다(Abela & Jankin, 2008)는 것이다. 따라서 자살 생각이나 자살 시도는 우울증의 주요 증상이며, 우울증을 겪고 있는 청소년들은 필수적으로 자살위험 사정을 할 필요가 있다.

다음으로 충동성은 결과와 관계없이 자극에 대한 신속하고 계획되지 않은 반응에 대한 심리적 취약성으로 자살 행동의 심리적 요소이다(Dougherty et al., 2009). 청소년들은 자신에게 당면한 스트레스와 갈등 해결에 어려움을 경험할 때 혹은 대처 능력이 부족하고 자신을 도와줄 사람이 없다고 생각될 때 충동적으로 자살을 선택하게 된다(조보행, 2013). 이와 함께 자신의 감정을 적절히 조절하지 못하는 감정조절 문제는 청소년 자살 행동의 위험 요인이다. 일부 청소년들은 생물학적 기질이나 환경적 위협 등의 이유로 감정조절 기제가 적절히 발달하지 않았거나 손상될 수 있다. 이런 청소년들은 충동적 성향이 높고 스트레스에 적절히 대처하지 못하므로 자해와 자살 시도의 가능성이 크다(정익중 외, 2010).

이외에도 청소년의 음주행위, 약물남용, 이전의 자살 시도 등이 자살 행동의 위험 요인으로 작용한다(Laser & Nicotera, 2011). 음주하는 청소년일수록 자살 생각을 많이 하는 것으로 나타났다(박재연 · 남일성, 2015). 특히 청소년들의 약물남용은 직면한 문제나 스트레스 등에 대한 부정적 대처기제로 작용하여 자살을 시도할 수 있는 용기를 내도록 하며, 자살의 결과에 대한 판단력을 무디게 하고, 도피 수단으로 자살을 선택하도록 하는 위험 요인이 된다. 따라서 자살 경향성이 높은 청소년들이 자아존중감을 회복해 자살 충동으로부터 자신을 지켜낼 수 있는 내적 역량을 기르도록 도움을 주는 것이 중요하다(최정원 외, 2021).

② 가족 요인

청소년 자살 행동에 영향을 미치는 가족 요인은 부모의 학대와 부모와의 관계이다. 어린 시절 부모에 의한 학대 경험은 자녀에게 감당하기 어려운 수준의 강력한 신체적 및 정서적 박탈감으로 자리 잡아, 취약한 감정조절 기제를 형성하게 된다. 실제로 어린 시절 부모에 의한 학대는 청소년들의 자살 행동에 영향을 미치는 위험 요인이다(김재엽 외, 2020). 이처럼 부모의 돌봄 부재와 부모의 지속적인 폭행으로 청소년들은 자살 행동을 시도하게 된다. 부모와의 관계도 청소년 자살 행동에 영향을 미치는 요인이다. 일반적으로 부모와의 정서적 유대와 가족의 지지는 청소년 자살 행동을 완화하는 보호 요인의 역할을 한다. 하지만 부모와의 적절한 애착 관계가 형성되지 않고 가족의 정서적 지지를 계속해서 받지 못하는 청소년들은 자신이 가족에게 항상 부담된다고 생각하게 된다. 이러한 청소년의 인식이 자살 행동에 영향을 미치게 되며(Van Orden et al., 2008), 자살과 관련된 가족력도 청소년 자살 행동의 위험 요인이다(Glicken, 2009). 이외에도 자살 행동과 관련된 비율이 높게 나타나는 다문화가정이나 재혼가정 청소년들의 경우 보호자의 부재와 새로운 환경에 대한 부적응과 소외감을 느끼면서 자살 생각을 많이 할 수 있으므로 이들에 대한 더욱 세심한 배려가 필요하다(김영택 외, 2020).

③ 학교 요인

청소년기는 친구로부터 상당한 영향을 받기 때문에 또래로부터의 소외,

학교폭력 피해 경험, 학업 스트레스 등은 청소년 자살 행동을 예측하는 주요 요인이다. 따돌림이나 폭력을 통해 또래로부터 거부를 당한 청소년들은 우울과 분노를 느낄 뿐만 아니라 또래와의 소속감이 손상되어 외로움과 고립감을 느끼게 되므로 자살 생각을 하게 된다(남석인 외, 2011). 이처럼 또래로부터 지속적인 거부 경험은 좌절의 느낌을 주기 때문에 청소년의 자살 생각으로 연결될 가능성이 크다(Van Orden et al., 2008). 실제로 수업에서 교사가 자율학습을 지시했지만, 중학교 3학년 학생이 소설책을 읽자 "야한 책을 본다"라며 20분간 엎드려뻗쳐를 시켰다. 이 학생은 다음 수업으로 이동하지 않고 홀로 교실에 남아 있다가 "친구들로부터 따돌림을 받게 됐다"라고 호소하는 유서를 남기고 교실에서 뛰어내려 숨졌다. 이후 법원에서는 소설책을 봤다는 이유로 학생을 야단쳐서 죽음에 이르게 한 교사에게 「아동학대범죄의 처벌 등에 관한 특례법」 위반 혐의로 징역 10개월을 선고했다(매일경제, 2020. 4. 27.). 이 외에도 우리나라 대다수의 청소년은 입시 위주의 교육과 그에 따르는 경쟁의 과중 및 패배 의식으로 인한 스트레스를 경험하고 있다(박재연, 2010). 이처럼 입시경쟁으로 인한 학업 스트레스와 학업성적 저하로 인한 좌절감, 대학입시에 대한 부모의 기대와 성적에 대한 압박감 등은 청소년 자살의 위험을 높이는 요인이다(김기환 · 전명희, 2000).

#### ④ 사회환경 요인

청소년 자살에 영향을 미치는 사회환경 요인으로 대중매체와 인터넷의 영향도 있다. 청소년들이 주변에서 직접 자살하거나 매스컴의 보도를 통한 간접 경험에 노출되는 것도 영향을 받는다(김은영 · 배주미, 2011). 또한 유명한 연예인이나 유력한 사람의 자살 보도가 나면 모방 자살이 높아지고, 자살에 대한 보도가 많을수록 영향은 커진다(정주연 · 박재연, 2015). TV나 신문을 통해 자살에 대해 보도하는 것은 성숙하지 못한 인지적 사고를 하는 청소년에게 모방 자살의 충동을 느끼게 할 수 있다.

## 3. 청소년 정신건강 실천현장

### 1) 청소년모바일상담센터

교육부에서 진행하는 청소년모바일상담센터(teentalk.or.kr)는 청소년 눈높이에 맞는 접근성 높은 문자, SNS를 활용하여 상담을 365일 24시간 제공하고 있다. 청소년 이용자는 청소년모바일상담센터를 다양한 경로로 이용할 수 있다. 즉, 직접 '다들어줄개' 모바일 애플리케이션을 내려받거나, 1661-5004에 '다들어줄개' 문자로 상담하거나, 카카오톡 또는 페이스북에서 '다들어줄개'를 검색하거나, '1661-5004'에 문자를 보내는 방식 등으로 상담을 신청할 수 있다. 다들어줄개에서 진행되는 상담은 일반 사례와 주의 사례로 구분할 수 있다. 일반 사례는 단기적인 개입정보를 제공하고, 주의 사례는 위기 예방 상담 기관으로 연계하거나 심각성이 높은 사례일 경우에는 119, 112에 신고함으로써 즉각적인 위기 개입이 이루어질 수 있도록 한다. 이러한 다들어줄개는 청소년 대상의 기초 상담이 이루어지는 일차적인 게이트웨이 임무를 수행한다.

## 2) 청소년상담복지센터

여성가족부는 「청소년복지 지원법」에 근거하여 청소년의 정신건강 증진을 위해 학생과 학교 밖 청소년을 대상으로 청소년상담복지센터를 통해 상담을 시행하고 있다. 청소년상담복지센터(청소년전화 1388, 청소년사이버상담센터 https://www.cyber1388.kr)는 청소년의 심리상담, 진로상담, 심리검사, 심리교육, 찾아가는 학교 상담, 청소년동아리활동 등을 지원하고 있다. 또한 청소년상담복지센터는 지역사회 청소년통합지원체계인 청소년 안전망의 허브 기관으로도 기능하며, 위기청소년에 대한 긴급구조 및 맞춤형 서비스를 원스톱(one-stop)으로 지원하고 있다. 센터의 상담은 전화 상담, 온라인 또는 대면 방식으로 진행되며, 청소년의 인터넷, 스마트폰 과의존 문제를 예방하고 치유하기 위한 상담, 치유캠프 등 특화 프로그램을 운영하고 있다. 이러한 청소년상담복지센터의 기능 및 역할을 살펴보면 〈표 9-2〉와 같다.

**[표 9-2] 청소년상담복지센터의 기능 및 역할**

| 주요 기능 | 지역 특성화 사업(예시) |
|---|---|
| • 청소년과 부모에 대한 상담 · 복지지원<br>• 상담 · 복지 프로그램의 개발 및 운영<br>• 청소년지도자에 대한 교육 및 연수<br>• 청소년 상담 또는 긴급구조를 위한 전화 운영<br>• 청소년 폭력 · 학대 등으로 피해를 입은 청소년의 긴급구조, 법률 및 의료지원, 일시보호 지원<br>• 청소년의 자립능력 향상을 위한 자활 및 재활 지원<br>• 그 밖에 청소년상담 및 복지지원 등을 위하여 필요하다고 특별시장 · 광역시장 · 도지사 또는 특별자치도지사가 인정하는 사업 | • 비행 영역: 청소년폭력예방 및 가 · 피해 청소년 지원, 소년보호 처분자 지원<br>• 후기 청소년 영역: 군장병, 대학생 상담센터 연계, 무업청소년 발굴 · 지원(후기 청소년 지원 프로그램 운영)<br>• 진로 · 인성 영역: 진로상담 및 지도, 직업체험, 인성교육<br>• 계층, 지역 특성 영역: 다문화 및 북한 이탈 청소년, 군인 자녀 등<br>• 정책사업 영역: 기타 국가 및 지방자치단체가 필요하다고 인정하는 사업 |

출처: 여성가족부(2021). 2021년 청소년사업 안내.

### 3) 청소년디딤센터

여성가족부는 「청소년복지 지원법」(제31조)에 근거한 청소년치료재활센터로 학습 · 정서 · 행동상의 장애를 가진 만 9세~18세의 청소년을 대상으로 정상적인 성장과 생활을 할 수 있도록 해당 청소년에게 적합한 치료 · 교육 및 재활을 종합적으로 지원하는 거주형 시설인 국립청소년디딤센터(www.nyhe.or.kr)는 용인, 대구 2개소에서 운영하고 있다. 특히 한국청소년상담복지개발원에서 위탁운영하고 있는 국립중앙청소년디딤센터에서는 상담(개인, 집단, 부모)과 치료(음악, 미술, 동작, 정서, 명상 등), 대안교육(학습권 보장을 위한 초 · 중 · 고 대안교육 · 검정고시 준비), 공동체(공동가정생활, 자치활동, 동아리활동 등), 자립(개인 관심, 적성에 맞는 진로 교육 및 자립생활), 보호(생활 습관 및 사회적응 행동, 대인관계 기술 습득) 등의 다양한 프로그램을 제공하고 있다. 청소년디딤센터는 장기치료 및 재활 과정과 단기치료 및 재활 과정을 운영하고 있다. 장기치료 및 재활 과정은 우울증, 불안장애, 품행장애, 주의력결핍과잉행동장애(ADHD) 등의 정서 및 행동 영역에서 어려움을 겪는 청소년을 대상으로 서비스를 오름과정(1개월)과 디딤과정(4개월)의 프로그램을 제공하고 있다. 장기치료 및 재활 과정을 이용하기 위해서는 청소년상담복지센터, 학교 밖 청소년 지원센터, 학교 및 시 · 군 · 구 교육지원청, 청소년쉼터, Wee센터, 청소년 또는 아동복지시설을 통해 신청해야 하며, 초기 평가를 통해 이용 여부가 결정된다. 단기치료 및 재활 과정의 경우 11박 12일 기간에 약 24명의 청소년을 대상으로 힐링캠프가 운영 중이며, 힐링캠프에 참여한 청소년을 대상으로 사후관리 프로그램(찾아가는 힐링 페스티벌)을 운영하고 있다. 이처럼 거주형 치료기관인 청소년디딤센터는 위기청소년에게 상담 및 치료, 학습 및 자립 지원, 생활 · 보호의 포괄적인 서비스를 제공하고 있다.

### 4) 정신건강복지센터

보건복지부는 청소년의 정신건강 증진과 자살 예방을 위해 광역정신건강복지센터(광역자살예방센터)와 기초정신건강복지센터(기초자살예방센터)를 운영하고 있다. 먼저 광역정신건강복지센터는 지역사회 내 청소년 정신건강 관련 기관(정신의료기관 소아 · 청소년 정신건강의학과, 교육청, 학교, 복지시설, 지역아동센터, 청소년상담복지센터 등)과 네트워크를 통해 발굴되거나 의뢰된 정신건강 문제를 경험하고 있는 청소년을 대상으로 심층 사정(assessment) 평가를 하며 집단 또는 개인 개입 프로그램, 사례관리 서비스 등을 제공한다. 또한 정신의학적 치료가 필요한 청소년에게는 지역 내 전문 정신의료기관의 연계나 치료비(검사비)를 지원한다. 광역정신건강복지센터는 정신건강 문제를 경험하고 있는 청소년 대상의 서비스와 정신건강 증진 및 정신질환 예방 교육을 시행한다. 이러한 교육 내용에는 스트레스 대처, 생명 존중 의식 함양, 정신질환 이해 등이 포함되어 있다. 한편, 광역자살예방센터의 주요 역할은 자살예방 시행계획 수립 지원 및 정책연구를 수행하는 기관으로 지역 자살의 특성과 욕구에 적합한 서비스가 제공될 수 있도록 유관기관 간 연계와 서비스 제공 체계를 구축하는 것이다(보건복지부, 2022).

다음으로 기초정신건강복지센터는 기본적으로 지역사회 주민을 대상으로 한 사업으로 교육청 및 학교와 협력하여 학생을 대상으로 서비스를 제공한다. 특히 복지 전달체계와 협력하여 취약계층 대상자(북한이탈주민, 다문화가정, 조손가정, 한부모 가정, 청소년쉼터, 공동생활가정, 아동복지시설 아동 · 청소년 등)를 포함해서 사업을 진행하고 있다. 주요 사업으로는 인식개선사업, 고위험군 조기 발견 및 치료 연계, 자살 위기 대응 및 사후관리 체계 마련 사업, 자살 수단 접근 차단 사업 등을 시행하고 있다. 하지만 모든 지역주민이 대상이므로 다양한 정신건강 문제를 경험하는 청소년을 대상으로 서비스를 제공하는 데 한계가 있다. 한편, 기초자살예방센터의 주요 역할은 우울증 스크리닝 등을 통한 고위험군 발굴과 자살 시도자, 유족 등 고위험군에 대한 사후관리, 자살 사망 발생 기관(직장, 학교 등)에 대한 사후대응으로 직 · 간접 서비스를 높이는 것이다(보건복지부, 2022).

CHAPTER

# 10

# 청소년과 성

1. 청소년기의 성행동
2. 청소년 성폭력
3. 청소년 성매매
4. 청소년 성 관련 실천현장

# 10 CHAPTER 청소년과 성

### 학·습·목·표

- 청소년기의 성행동 개념 및 특징을 설명할 수 있다.
- 청소년기 이성 교제의 기능과 청소년 임신을 설명할 수 있다.
- 청소년 성폭력과 성매매를 설명할 수 있다.
- 청소년 성 관련 실천현장을 설명할 수 있다.

청소년기는 성적으로 급속히 성숙해 가는 시기이며, 성에 대해 큰 관심을 보이는 시기이다. 이처럼 청소년기는 자신의 성역할과 성태도 및 건전한 성 가치관을 형성하는 중요한 시기이지만, 안타깝게도 많은 청소년이 성과 관련한 심각한 문제와 어려움을 겪고 있다(정규석 외, 2017). 이처럼 청소년기의 무분별한 성 관련 정보와 성행위의 노출은 청소년들의 학업성취, 직업훈련 및 적응뿐만 아니라 건강한 신체적 · 정신적 성장과 발달에 부정적인 영향을 미칠 수 있다(Lara & Abdo, 2016). 그로 인해 개인과 사회가 감당해야 할 수많은 사회적 문제로 발전할 수 있다.

# 1. 청소년기의 성행동

## 1) 청소년기의 성행동 개념 및 특징

한국 사회는 전통적인 가족기능의 변화로 청소년을 보호할 사람이 과거보다 줄었고, 청소년이 집보다는 학교나 학원 등에서 보내는 시간이 많아진 것이 현실이다. 또한 인터넷과 스마트폰의 확산, 청소년의 신체적 · 성적인 조숙, 성에 대한 개방적인 사회 풍조와 함께 청소년의 이성 교제가 예전보다 매우 활발히 이루어지고 있다. 이처럼 오늘날의 청소년은 이전의 세대보다 훨씬 성에 대한 태도와 행동은 적극적이며 개방적이고, 성을 경험하는 연령도 계속 낮아지고 있다. 청소년은 방송이나 인터넷 매체를 통해서 수많은 성적 자극과 상황에 노출되어 있다. 이에 따라 때로는 너무 이른 나이에 청소년은 성행동의 경험으로 10대 임신이나 불건전한 성관계로 성병 감염의 위험을 초래하기도 한다(정옥분, 2019). 그동안 청소년기의 성행동은 대체로 인간 발달의 정상적인 과정보다는 문제행동으로 접근하고 있다. 하지만 청소년의 성(sexuality)은 금욕의 대상이 아니며, 자연스러운 인간 발달과정에 속한다. 청소년기의 성 발달은 성인기까지 이어진다는 점에서 청소년기의 성이 건강하게 발달할 수 있도록 사회적 지지체계가 필요하다(Tolman & McClelland, 2011).

일반적으로 성행동이란 성(sexuality)과 관련하여 겉으로 드러나는 행동으로서 직접적 성행동과 간접적 성행동으로 분류할 수 있다(백혜정 · 김은정, 2008). 직접적 성행동은 손잡기, 포옹, 키스, 애무, 성관계 등 개인 간의 직접적인 신체 접촉을 통한 성행동을 말한다. 이러한 직접적인 성행동은 두 사람 사이의 사랑이나 친밀감의 표현으로 나타날 수 있는 긍정적인 행동과 폭력이나 강요에 의한 성행동을 비롯하여 사회적 규범에서 벗어난 부정적인 행동으로 분류된다. 부정적인 행동은 성 일탈 행위로 이어질 수 있어서 주의가 필요하다. 반면에 간접적 성행동은 개인 간의 직접적인 신체 접촉이 없이 방송, 인쇄물, 인터넷 매체 등에서 제공되는 음란물을 보는 행동을 말한다. 이러한 음란물을 자주 접하는 청소년은 성에 대한 왜곡된 정보와 가치관을 형성함으로써 사회규범에서 벗어난 성 일탈 행위의 가능성이 커진다. 어떤 측면에서는 간접적인 성행동이 직접적인 성행동보다 성 일탈 행위로 이어질 가능성이 클 수 있다(이미리 외, 2019a).

이처럼 청소년의 성행동은 성 건강뿐 아니라 신체적, 정신적, 사회적 건강과도 관련이 있어서 그 중요성이 점점 더 강조되고 있다. 물론 아동도 성행동을 할 수 있지만, 청소년의 성행동과는 다르다. 성행동에서 청소년기와 아동기의 의미가 다른 점을 살펴보면 다음과 같다(Steinberg, 2011; 이미리 외, 2019a).

첫째, 사춘기 이전의 아동도 키스, 포옹, 자위행위 등의 성행동을 할 수 있다. 그러나 사춘기가 되어야 남성은 사정을 할 수 있고, 여성은 배란하여 성행동으로 임신이 될 수 있다. 그러므로 아동기와 청소년기의 성행동은 그 의미가 다르다.

둘째, 청소년기의 성행동은 많은 생각을 수반하게 된다. 청소년기의 성행동은 단순히 성 욕구를 표출하는 행동이 아니라 성적 상대와의 관계에서 성 욕구를 어떻게 자제하고 때로는 적절하게 표현할 것인지 등에 관한 생각을 수반한다. 즉, 청소년기의 성행동은 자의식적 사고('내가 상대방에게 어떻게 보일까?'), 의사결정('상대방에게 표현할까 말까?'), 추측('상대방이 원할까 원하지 않을까?'), 가설적 사고('오늘 상대방이 원한다면 어떻게 할까?') 등의 복합적인 사고를 수반한다.

셋째, 청소년기의 성행동은 사회적 관계나 지위와 밀접한 관련이 있다. 어떤 청소년은 친밀한 애정 관계를 유지하기 위해 성행동을 하기도 한다. 특히 남성 청소년의 성행동은 때로 친구들과의 관계에서 자기의 위치를 높이기 위한 하나의 수단이 되기도 한다.

## 2) 청소년의 이성 교제

청소년기에 이성 친구에 관한 관심이 높지만, 실제로 청소년은 동성 친구를 더 많이 사귄다. 그리고 이성 친구를 사귀는 청소년도 동성 친구를 멀리하지는 않는다. 청소년기의 이성 교제는 대체로 또래와의 활동이나 단체활동을 통해 이루어지는 경우가 많다. 청소년은 이성 교제의 과정에서 이성을 대하는 태도는 매우 소극적이다. 즉, 청소년기에는 이성의 관심을 끌기 위하여 노력하지만, 막상 이성을 만나면 자신의 감정을 솔직하게 표현하지 못하는 것이 일반적이다. 청소년의 시기에 따라 이성 교제의 유형은 달라진다. 초기 청소년기의 청소년은 자아중심성이 강하여 이성의 근사한 용모나 또래 간의 인기를 통해 자신을 과시하려는 목적으로 상대를 선택하며, 이성 교제의 목적은 오락적 기능이 많다. 그러나 후기 청소년기의 이성 교제는 상호성을 강조하며 친밀감 형성이 주된 기능이며, 미래지향적으로 장래 문제를 고려하는 경향이 나타난다(권중돈, 2021).

그동안 청소년의 이성 교제는 학업을 중시하는 사회 분위기와 학업 부담으로 시간이 부족해서 이성 교제의 기회가 상대적으로 제한되어 있다. 그뿐만 아니라 이성 교제가 수반하는 문제행동 때문에 부정적인 시각이 존재하고 있다. 하지만 최근에는 신체 발육과 성적 발달의 가속화로 이르게 찾아오는 사춘기와 성적 자기결정권 등의 담론으로 보편적이고 자연스러운 현상으로 유연하게 받아들이고 있다.

이런 상황에서 이성에 관한 관심과 호기심이 증가하는 청소년기의 이성 교제는 매우 중요한 의미를 지닌다. 청소년은 이성 교제를 통해 이성을 더 잘 이해하게 되고, 남성과 여성의 장단점을 파악하여 함께 어울려 지내는 방법을 습득하게 되며, 삶의 활력을 얻는다. 또한 이성 교제를 통해 청소년은 배우자 선택의 안목을 키우고, 앞으로 결혼생활을 원만히 해나갈 수 있는 대인관계 기술을 배우게 된다. 따라서 청소년의 이성 교제는 문제행동이나 비행이 아니라 모든 청소년의 발달과업이라 할 수 있다. 이러한 청소년기의 중요한 발달과업인 청소년 이성 교제의 기능은 다음과 같다(박성미 외, 2015; Paul & White, 1990).

첫째, 사회화의 기능이 있다. 이성 교제를 통해 청소년은 다른 사람과 어울리는 방법을 배우고, 예의범절을 익히며, 사회적 기술을 습득한다. 이처럼 이성 교제를 통해 청소년은 결혼 후 가족이라는 사회에서 상대방의 이해, 문제해결 방법과 성역할 등을 습득하는 사회화의 기능을 수행한다.

둘째, 자신감과 안정감을 주고 정서적인 균형감을 가지게 한다. 이성 교제를 통해 청소년은 입시 위주 교육에 대한 긴장감과 정서적 황폐함을 완화할 수 있다.

셋째, 또래로부터 인정을 받을 수 있다. 이성 교제를 통해 청소년은 동성 집단과 이성 집단으로부터 개인적인 지위를 확보할 수 있다.

넷째, 자기평가의 기능이 있다. 이성 교제를 통해 청소년은 상대방의 반응을 확인함으로써 자기 이해 및 자아의식을 성숙시킬 수 있다. 즉, 이성 교제를 통해 청소년은 자신의 장단점을 알게 되며, 자기반성을 통해 더욱 성숙한 인격 형성을 도모할 수 있다.

다섯째, 오락의 기능이 있다. 이성 교제는 청소년의 생활에 활력을 더해주는 즐거운 일이다. 이성 교제를 통해 청소년은 여가를 함께 즐기고, 낭만적이고 개인적인 욕구를 충족하며, 자기 생활에 흥미와 만족을 느낄 수 있다.

여섯째, 이성에 대한 적응의 기능이 있다. 이성 교제를 하기 이전에 청소년은 애정과 이성에 대한 환상을 품을 수 있다. 하지만 이성 교제를 통해 청소년은 애정과 이성에 대한 낭만적이고 비현실적인 생각에서 점차 벗어나게 된다. 또한 청소년은 이성과 만나서 친해지며 사귀는 가운데 어색함과 수줍음, 자기 의식적인 상태를 점점 벗어날 수 있다. 그 결과 일반적인 사교생활과 사회생활에서 자연스럽고 성숙한 대인관계 기술을 습득할 수 있다.

일곱째, 배우자 선택의 기능이 있다. 대다수 이성 교제의 궁극적인 목적은 배우자 선택이다. 물론 청소년의 이성 교제는 배우자를 선택하는 것이 목적은 아니지만, 이성 교제의 경험을 통해 청소년은 이상적인 배우자 선택 기준을 지니게 된다.

이러한 청소년기 이성 교제의 기능은 연령에 따라 변화한다. 즉, 초기와 중기 청소년의 이성 교제는 오락의 기능이 주된 목적으로 여러 이성과 자유롭게 교제하는 것이 특징이다. 실제로 청소년은 초등학교 4~5학년 때부터 이성 교제를 시작하고 있다. 중학교 2학년쯤이면 대체로 이성 교제 경험은 있는 것으로 간주한다. 일부 중학교 시기 청소년들에게 이성 교제의 의미는 그 자체보다는 모솔(모태솔로)을 벗어나기 위한 것에 더 큰 방점이 있다. 이때 '모솔'이 갖는 의미는 남성 청소년보다 여성 청소년에게 더 큰 것으로 보인다. 또한 디지털 세대인 만큼 '랜선 연애'가 일반화된 경향을 보인다. 온라인을 통해 연애 상대를 찾고, 더 간편한 방식의 연애를 하는 이유는 또래 내에서 모솔의 의미가 그다지 좋지 않기 때문이다. 다음으로 후기 청소년의 이성 교제는 친밀감 형성이 주된 목적으로 점차 한 사람에게 열중하면서 두 사람만의 시간을 보내기를 원하게 된다. 그러나 청소년기의 이성 교제는 결혼을 목적으로 하거나 배우자 선택의 기회를 반드시 내포하는 것은 아니다(최윤정 외, 2020).

대체로 우리나라 청소년의 이성 교제는 성인 세대의 경향을 따르는 것으로 보인다. 연애를 남성의 선물-여성의 몸/성거래로 상정하는 사회 일반의 논리가 작동하면서, 여성 청소년에게는 '품행의 방정'을 요구하는 사회적 압력이 가해지고 있다. 자신의 이성 교제에 대해 여성 청소년은 경계하거나 축소, 숨기는 경향을 보이지만, 남성 청소년은 공개적이고 적극적으로 모색하며 과장하는 경향을 보인다(정유진, 2017). 이와 함께 이성 교제는 청소년의 다양한 놀이문화 중의 하나로 자리를 잡고 있다. 청소년은 '멋진 연애'를 추구하며, 일종의 놀이문화로 가볍게 여기면서 쉽게 만나고 쉽게 헤어지는 일회성 연애의 경향(이정희, 2013)이 주요 유형으로 나타나고 있다. 특히 연애 리얼리티 프로그램에 자주 노출되고 프로그램에 나타난 내용을 현실과 유사하게 받아들일수록 이성 교제의 횟수가 많고 그 기간이 짧았다(박현유, 2009). 이런 짧은 만남의 누적은 청소년기의 관계중독, 즉 자신에게 해가 되는 관계라 할지라도 상대방과 함께 있어야 한다는 강박적 생각에 사로잡혀 사랑에 대한 행동이나 감정을 스스로 통제할 수 없게 되는 것과 불안으로 이어지기도 한다(최연화, 2014).

### 3) 청소년 임신

성적 자기결정권은 성행동에 대해 당사자가 해당 행위에 대한 충분한 지식을 갖추고 그 행위를 자발적이고 자율적으로 판단하여 책임감 있게 결정할 수 있는지에 대한 능력을 말한다. 실제로 우리나라 청소년은 성행동에 대한 이해와 지식이 부족하며, 그와 같은 행동의 결과가 만들어 낼 상황에 대해서도 예측하지 못하는 경우가 대부분이다. 즉, 청소년의 성관계 비율이 점차 높아지고, 청소년기 성관계에 대한 인식이 개방화되는 상황에서 성관계 시 청소년의 피임 실천율은 연령이 낮을수록 저조하다. 또한 안전한 성관계에 대한 인식도 매우 낮고, 성관계로 인한 문제에 대해서도 일부 청소년들은 둔감하며, 특히 남성 청소년들의 문제의식이 낮은 것으로 나타났다(최윤정 외, 2020). 혹시라도 예기치 못한 상황이 발생할 때 그에 대한 대처 능력이 만 17세 이상은 되어야 가능할 것으로 추정하였다. 그뿐만 아니라 만 15세 이하의 모든 청소년은 자신의 성적인 욕구에 대한 정확한 이해나 표현이 미숙하다(이정민 · 이수정, 2019). 따라서 피임의 중요성과 방법, 성관계의 의미 등 청소년들의 안전한 성관계를 위한 교육적 지원이 필요하다.

청소년 임신은 법적으로 미혼 상태에서 임신한 청소년을 말하는데, 청소년 임신이 증가하는 원인을 살펴보면 다음과 같다(정옥분, 2019). 첫째, 오늘날 좋은 영양과 건강 때문에 생식기관의 성숙 연령이 낮아졌다. 둘째, 요즈음 청소년은 이전 세대보다 훨씬 더 성에 대해 개방적이다. 셋째, 청소년이 성관계를 경험하는 연령이 낮아지고 있다. 넷째, 효과적인 피임방법을 모르거나 피임하지 않는 것이다. 다섯째, 부모와 청소년 자녀 간의 대화가 과거보다 부족하다. 여섯째, 사회적 요인으로 낮은 성취동기, 빈곤, 미래에 대한 꿈이 없는 것 등이다. 일곱째, 심리적 요인으로 낮은 자아존중감과 부정적인 자아개념 등이 있다.

이처럼 성관계를 경험하는 연령이 낮아지는 가운데 피임을 하지 않는다면, 청소년 임신율은 높아질 수밖에 없다(정익중 외, 2021). 다시 말해서 청소년은 신체적 · 심리적으로 미성숙하고 사회적으로도 부모가 될 준비가 되어 있지 않은 채 성관계를 통해 임신한다면, 다음과 같은 문제가 나타날 수 있다(정옥분, 2019).

첫째, 청소년의 임신은 예기치 못한 위기로 인식되며 심한 정신적 충격을 받을 수 있다. 그 결과 충격과 놀라움, 두려움 등 복합적인 감정을 경험하고, 스스로 믿지 못하여 임신 자체를 부정하기도 한다.

둘째, 임신한 청소년은 갑작스러운 위기 상황으로 인해 적절한 대처방안을 찾지 못하고 스스로와 태아에게 해서는 안 될 가혹행위인 임신중절 수술을 선택할 수 있다. 그 결과 청소년의 신체적 건강과 정신적 고통 및 결혼 후에 불임이 되는 등 그 후유증도 심각하다.

셋째, 생식기관이 완전히 성숙하지 못한 청소년기에 임신한다면, 건강하지 못한 아이가 출산할 가능성과 태아와 산모의 사망률이 높아지는 건강 문제가 나타날 수 있다.

넷째, 청소년은 임신이나 출산 때문에 학업 중단으로 취업 기회가 줄어들면서 경제적 문제에 직면할 수 있다.

다섯째, 출산 후에 아이의 아버지에게 정서적 및 경제적 도움과 지지를 받는 경우가 거의 없어서 불안정한 상태에서 심리 · 사회적 문제를 경험할 수 있다.

여섯째, 아이를 입양하거나 청소년 미혼부 · 모로서 자신이 양육해야 한다. 아이를 입양할 때 친권 포기 이후의 심리적 상실 및 박탈감과 고통을 경험하게 되는 친모증후군의 증세를 보이기도 한다(정익중 외, 2021). 입양도 쉬운 일이 아니지만, 미혼부나 미혼모가 양육할 때는 사회적으로 지원이 부족할 뿐만 아니라 개인적, 가족적, 사회적 문제 등 다양한 어려움이 뒤따르게 된다.

오늘날 우리 사회에서 청소년 임신으로 경험하는 예기치 않은 혼란과 어려움에 대해 성인들과 사회는 비난과 낙인보다는 적절한 지원을 하여야 한다. 이를 통해 청소년들이 자기 자신과 새로운 생명에 대한 돌봄 책임을 다하는 성숙한 시민으로 성장할 수 있도록 뒷받침해야 한다. 이를 위해 비혼 임신 갈등 청소년들을 위한 상담 프로그램을 단계별(임신 상태, 인공임신중절 후, 출산 후, 입양 후, 양육 기간 등)로 제공할 필요가 있다. 더 심각한 위기에 직면하지 않도록 임신을 인지한 시점부터 출산 이후 자녀 양육에 이르기까지 정확하고 충분한 정보를 제공하고(배희분 · 이혜정, 2020), 필요할 경우 합법적이고 안전한 의료서비스가 지원되도록 보장할 필요가 있다.

또한 청소년의 성 문제를 예방하기 위해서는 지속적인 성교육을 시행할 필요가 있다. 특히 학교와 그 지역의 사회복지관이 협력하여 성교육 프로그램을 개발하여 시행함으로써 청소년 미혼모 발생을 예방할 수 있을 뿐만 아니라 미혼모 청소년들이 상담에 쉽게 접근할 수 있는 통로를 마련해야 한다(김혜경 외, 2020). 이와 함께 청소년들이 임신과 출산으로 충분한 교육을 받지 못한다면, 빈곤의 굴레에서 벗어나기 어렵다. 이를 예방하기 위해서는 청소년 산모의 학습권을 보장하고, 산전 산후 관리 및 미혼모와 아기 양육을 위해 필요한 실제적 정보를 알려주고 지원하는 상담이나 교육도 필요하다. 학습권을 보장하기 위해 대안학교에 입학하도록 하거나 혹은 검정고시를 준비하도록 지원하며, 자립 관련 정보 및 자원을 연계할 필요가 있다. 마지막으로 출산 이후에는 자녀를 입양할 것인지 혹은 양육할 것인지에 대한 전문적인 숙려 상담을 시행해야 한다. 청소년 미혼모가 자녀 양육을 결정한다면, 미혼모시설에 관한 정보를 제공하거나 시설로 연계하는 서비스가 필요하다(배희분 · 이혜정, 2020).

## 2. 청소년 성폭력

### 1) 청소년 성폭력의 개념

일반적으로 성폭력은 상대방의 의사에 반하여 육체적, 심리적 혹은 경제적 압력을 가하는 강제적인 모든 성적 행위로 좁은 의미와 넓은 의미로 규정할 수 있다. 먼저 좁은 의미의 성폭력이란 상대방의 의사에 반하여 또는 동의 없이 성을 매개로 힘의 차이나 권력을 이용하여 상대방의 성적 자기결정권을 침해하는 행위로 강제성이 들어가는 강간, 강제추행, 언어적 성희롱, 몰래카메라 등 모든 신체적, 언어적, 시각적, 정신적 폭력행위를 의미한다. 넓은 의미의 성폭력이란 피해자와 가해자의 관계나 상황과 상관없이 강압으로 타인의 성을 침해하는 원치 않는 성적 발언, 성행위 시도, 성적 행위 등을 의미한다. 특히 성폭력 예방과 성폭력 피해자의 보호 · 지원을 목적으로 하는 「성폭력방지 및 피해자보호 등에 관한 법률」(제2조)에서 성폭력은 추행, 간음, 성매매, 강간과 강제추행, 유사강간, 강간, 업무상 위력 등에 의한 간음, 음란물 제작 및 배포, 미성년자에 대한 강간 · 강제추행 등이 해당한다고 규정하고 있다. 최근 양성평등 및 성인지 감수성 제고에 대한 사회적 인식이 변화하며 성폭력의 개념이 성희롱뿐만 아니라 온라인상 성폭력까지도 포함하여 그 범위가 점차 확대되고 있다.

### 2) 청소년 성폭력의 문제

청소년기는 생물학적 변화와 함께 성행동 및 관심이 급증하는 시기로 부적절한 성행동이 일어날 우려가 크다는 취약성이 있다. 그뿐만 아니라 이 시기의 성폭력 피해 경험은 전 생애에 걸쳐 영향을 미친다는 점에서 중요한 사회문제라고 할 수 있다. 특히 청소년의 성폭력 가해행위는 성인기에 이르러 동종범죄에 대한 재범의 위험이 내포되어 있다(윤혜정 외, 2016). 이런 상황에서 청소년의 성폭력 문제는 점차로 저연령화, 집단화의 경향을 보인다(이진석 외, 2018). 이와 함께 최근 정보통신기술의 발달과 함께 청소년 상대의 온라인 성폭력이 주목받고 있다. 청소년은 디지털 원

주민(digital native) 세대로서 디지털 환경을 가장 적극적으로 사용하는 집단이다. 청소년기는 사회적 교류의 욕구에 눈을 뜨고, 낯선 세계의 탐험을 추구하는 시기이기도 하다. 그 결과 청소년들은 온라인 환경에서 낯선 타인과의 만남이나 교류에 적극적으로 참여하기 때문에 디지털 성폭력에도 노출될 가능성이 큰 집단이다. 특히 카카오톡이나 페이스북, 트위터 등 디지털 매체를 통해 상대가 원치 않는 성적 발언을 하거나 모욕감을 줄 수 있는 문자, 영상, 개인정보 등을 보내는 온라인 성희롱이 빈번하게 이루어지고 있다(장근영 · 임지연, 2021). 예를 들어 SNS 메신저나 단톡방을 통해 상대방에게 성적 발언으로 모욕감을 주거나 장난이라는 명목하에 상대방의 과한 노출 모습이 담겨있는 사진을 타인에게 공유하는 행위 등을 들 수 있다. 이처럼 시공간의 제약을 넘어서 동시에 여러 피해자에게 접근할 수 있는 온라인 환경의 특성이 청소년 대상 디지털 성폭력의 위험성을 증폭시킬 수 있다.

성폭력은 피해자의 인격을 말살하고 오랫동안 씻을 수 없는 상처를 남긴다는 점에서 피해자에게는 특별한 배려와 치료가 필요하지만, 가해자에게는 엄중한 처벌이 요구된다. 특히 청소년기는 이성에 대한 호기심과 성에 관한 관심이 증가하기 때문에 청소년들의 충동적인 성적 행동으로 인한 성폭력의 발생 가능성이 더 클 수 있다. 실제로 청소년들은 성폭력을 가벼운 장난으로 인식하는 경향이 있지만(김재엽 · 곽주연, 2017), 그 피해는 신체적으로나 정신적으로 심각할 수 있다. 성폭력 피해 경험은 장기간의 후유증을 남기고 심리 · 사회적 발달의 저해를 초래한다. 특히 정신적 피해로는 우울, 불안, 수면장애, 외상 후 스트레스 장애, 섭식장애, 자살 생각과 시도 등 다양한 정신건강 문제와 관련되어 있다(신은영 외, 2015).

이처럼 청소년기의 성폭력 피해 경험은 이후 성인이 되었을 때 삶의 전반적인 영역에 엄청난 피해를 주게 되며, 개인 삶의 적응에 심각한 문제를 초래할 수 있다.

### 3) 청소년 성폭력의 원인

성폭력은 특정한 상황에서 일어나는 것이 아니라 가까운 주변에서 일상적으로 일어날 수 있다. 이러한 청소년 성폭력의 주요 발생 원인은 다음과 같다(차주환 외, 2019).

첫째, 잘못된 성역할 고정관념, 성별에 따른 이중적 성 윤리 때문이다. 우리나라는 사회 통념상 남성은 결혼으로 아내의 성을 소유하는 권리가 있지만, 여성은 남편에게 성적으로 복종하는 의무를 지는 성적 권력관계가 존재하고 있다. 또한 성별에 따른 이중적 성 윤리는 성매매를 남성의 주체할 수 없는 성욕을 충족시키는 필요악으로 묵인하고 있다.

둘째, 성인지 감수성의 부족 때문이다. 성인지 감수성(gender sensitivity)이란 성별에 따라 사회문화적 조건에 처해 있는 현실을 인지하는 능력, 즉 성별 간의 차이로 인한 일상생활 속에서의 차별과 유·불리함 또는 불균형을 인지하는 민감성으로 정의할 수 있다. 개인의 성인지 감수성에 성차별적 사회통념 및 이중적 성 윤리가 영향을 미칠 수 있다. 즉, 성인지 감수성의 부족은 성폭력과 같은 위기 상황에서 상대방의 거부 의사를 동의의 표현으로 받아들이는 등 원활한 의사소통을 방해한다.

셋째, 성별, 연령, 사회경제적 지위, 인종 등의 차이 등에 따른 다양한 권력관계로 인한 성차별 · 폭력에 대한 관용의 문화 때문이다. 성별, 연령, 장애, 집단 등의 차이에 따라 힘의 차이가 발생할 뿐만 아니라 다른 사람의 인권에 대한 존중 결여가 관습화되어 있다. 실제로 청소년 성폭력, 성희롱은 대부분 학교나 학원에서 아는 사람 사이에서 일어나는 경우가 많다(한국성폭력상담소, 2012). 따라서 피해자는 일상생활에서 지속적, 장기적으로 힘의 차이를 경험하게 되고, 성희롱이나 성폭력이 발생했을 때 보복이 두렵거나 피해 원인을 자신에게 돌림으로써 더욱 피해 사실을 알리기 힘들게 된다.

넷째, 정보기기를 통한 음란물 접근성이 쉬워짐에 따라 청소년의 성 충동을 자극하게 되고, 음란물에서 묘사된 행동을 모방하여 실제 행동으로 옮김으로써 성비행까지 이어질 수 있다. 즉, 스마트폰 앱을 통한 성인 방송 및 랜덤 채팅이 쉬워짐에 따라 강한 호기심과 성충동을 경험하게 되고, 이성에 대한 왜곡된 통념들이 청소년에게 악영향을 미칠 수 있다(이진석 외, 2018). 이처럼 스마트폰 내 여러 콘텐츠 속에서 경험할 수 있는 음란물로 인한 성적 유혹을 접한 청소년은 현실 세계에서 성폭력을 행사할 가능성이 크다고 할 수 있다(이영철 · 김소정, 2011).

다섯째, 가정불화 및 가정폭력, 열악한 가정환경, 의사소통 단절 등의 가족 요인이 영향을 미칠 수 있다. 즉, 부모와 자녀 간의 의사소통이 부정적일수록, 가족 간의 결속력이 낮을수록, 가정폭력이 심할수록 청소년의 성폭력이 발생할 수 있다(이진석 외, 2018; 김은화 · 전귀연, 2007).

# 3. 청소년 성매매

## 1) 청소년 성매매의 개념

성매매는 인간의 노예화라는 비인간적 형태이므로 사회가 어떤 방식으로든 건전하고 합리적으로 대처해야 할 문제이다. 특히 청소년은 아직 성인으로서 자율적 의사결정의 주체로 보기 힘들다는 점에서 가장 심각한 피해자 군이라 할 수 있다(천정웅 외, 2019). 2000년대 초 '도우면서 사귄다'라는 의미의 일본의 원조교제란 용어는 성매매라는 본질이 드러나지 않아 부적합하다는 지적에 따라 청소년 성매매로 명칭이 변경되었다. 청소년 성매매란 여러 가지 경로를 통해 청소년과의 성관계 혹은 유사 성행위를 갖고자 금전이나 기타의 대가로 꾀어 이를 실행하는 행위라 할 수 있다(이자림, 2008). 이처럼 사회문제로 대두된 청소년 성매매를 예방하고 피해 청소년을 보호 · 구제하는 장치를 마련하기 위해 「아동 · 청소년의 성보호에 관한 법률」이 시행되고 있다. 이 법의 시행으로 성매매 청소년을 자발적, 비자발적으로 나누는 '대상 청소년'이라는 용어를 삭제하고, '피해 청소년'으로 규정하였다. '대상 청소년'에게 적용되었던 「소년법」 적용 조항을 삭제하며, 이들을 성 착취 피해자로 규정하고 보호할 수 있는 법적 근거를 마련하였다(최은지, 2021).

「아동 · 청소년의 성보호에 관한 법률」에서는 성매매라는 용어 대신 '아동 · 청소년의 성을 사는 행위'라는 용어를 사용하고 있다. 여기서 '아동 · 청소년'이란 19세 미만의 자를 말하고, '아동 · 청소년의 성을 사는 행위'란 아동 · 청소년, 아동 · 청소년의 성을 사는 행위를 알선한 자 또는 아동 · 청소년을 실질적으로 보호 · 감독하는 자 등에게 금품이나 그 밖의 재산상 이익, 직무 · 편의 제공 등 대가를 제공하거나 약속하고, 성교 행위 또는 구강 · 항문 등 신체의 일부나 도구를 이용한 유사 성교 행위, 신체의 전부 또는 일부를 접촉 · 노출하는 행위로서 일반인의 성적 수치심이나 혐오감을 일으키는 행위, 자위행위 등의 어느 하나에 해당하는 행위를 아동 · 청소년을 대상으로 하거나 아동 · 청소년으로 하여금 하게 하는 것을 말한다(제2조 제4호).

청소년 성매매는 신체적, 정신적, 심리적으로 성장기에 있는 청소년에게 전 생애에 걸쳐 씻을 수 없는 상처와 대인관계 손상, 자기혐오, 정신적 불안, 분열, 자살 시도, 임신과 인공유산 등 해악과 연결된다. 이러한 피해 경험은 청소년을 인격적으로 병들게 하므로 청소년의 성매매 유입을 방지해야 한다. 청소년 성매매는 성을 사고파는 단순한 논리에서 벗어나 범사회적 문제라는 인식에서부터 출발해야 한다. 실제로 청소년의 성이 위협받고 있는 상황에서 성매매 피해 청소년은 가난과 미래에 대한 불안으로 무기력해지며, 결국 방향성을 상실하게 된다. 성매매를 그만둔 이후에도 성매매 피해 청소년은 약물중독 및 알코올, 정신장애 등의 심각한 외상을 경험할 수 있으므로(Hershberger et al., 2018) 재사회화 과정에서 적응이 힘들 수 있다.

## 2) 청소년 성매매의 피해 특징

청소년 성매매는 성의식이 미숙한 청소년을 대상으로 하는 성범죄이다. 대체로 청소년 대상 성범죄는 모르는 사람뿐만 아니라 친인척에 의해, 또는 청소년이 속한 학원, 학교, 교회 등과 같은 특정 기관 안에서 지속적이고 반복해서 행해지는 경우가 보고되고 있어서 정확한 실상을 파악하기가 어렵다(오승주, 2015). 그뿐만 아니라 청소년 관련 성범죄는 특징적으로 긍정적인 경험과 부정적이고 폭력적인 상황을 동시에 경험하면서 피해 청소년 스스로 합리적인 의사결정을 할 수 없는 환경에서 일어나는데, 이런 경우를 그루밍(Grooming)[01] 성범죄라고 한다. 따라서 청소년 관련 성범죄는 신고가 접수되기까지 상당한 시간이 소요되며, 피해 청소년이 일관적이지 않은 진술을 하는 경우가 대부분이다. 왜냐하면 이런 피해 청소년은 성범죄와의 관계에서 긍정적인 것과 부정적인 상황을 동시에 경험하면서 인지적인 혼란 상황에 빠진 경우가 대부분이기 때문이다(이정민 · 이수정, 2019).

이와 같은 청소년 성매매의 피해 특징을 살펴보면 다음과 같다.

첫째, 성매매 피해 청소년의 상당수는 구조적, 기능적으로 가족기능을 상실한 배경이 있다. 가족의 구조적 결함은 불화 후 이혼 등 오랜 시간 가족기능이 제대로 이루어지지 못한 결과이다. 또한 가족의 기능적 결함은 성매매 피해 청소년들이 가정에서 학대 피해와 심리적 · 물질적 지원의 부

**01** 그루밍(grooming)은 마부(groom)가 말을 빗질하고 목욕시켜 말끔하게 꾸민다는 데서 유래한 것으로 청소년 대상 성범죄에서 가해자가 피해자에게 호감을 얻거나 돈독한 관계를 만들어 심리적으로 지배한 뒤 성폭력을 가하는 것을 의미한다. 보통 어린이나 청소년 등 미성년자를 정신적으로 길들인 후 이뤄지는데, 그루밍 성폭력 피해자들은 피해 당시에는 자신이 성범죄의 대상이라는 것조차 인식하지 못하는 경우가 많다(네이버 지식백과).

재 등 가족관계의 문제가 있었다. 이러한 가족 관련 요인들과 다른 요인들이 상호작용하여 성매매를 비롯한 청소년 문제행동에 위험 요인으로 작용할 수 있다(최승희, 2018).

둘째, 성매매 피해 청소년의 상당수가 아동학대, 학교폭력, 성폭력 등의 피해 경험이 있다(김재경 · 조윤오, 2016). 부모에게 의존할 수밖에 없는 청소년의 특성상 가정에서 학대나 폭력으로 경제적 · 심리적 지지 기반이 무너진 상태에서는 스스로 문제 상황을 해결하기란 쉽지 않고, 그 과정에서 가출과 성매매로 이어지는 악순환이 벌어지고 있다. 그뿐만 아니라 청소년의 성폭력 피해 경험은 청소년 성매매 피해를 판별하는 가장 강력한 변인으로 나타났다(최해연 외, 2015). 사실상 청소년 성매매와 성폭력은 유사한 성질을 보이고 있음을 시사하고 있다.

셋째, 성매매 피해 청소년들은 학교생활에 잘 적응하지 못하며 교사와 또래 관계에서 어려움을 겪을 뿐만 아니라 지적 성취나 직업적 기능 획득에서도 곤란을 겪었다. 특히 여성 청소년이 성매매 피해를 겪으며 학교 중퇴, 가출, 음주, 흡연 등 지위 비행의 경험도 증가하였다(박에스더, 2022).

넷째, 피해 청소년이 성매매로 유입되는 초기 경로는 업소를 통한 성매매보다 인터넷과 스마트폰 채팅앱 등 온라인을 매개로 사적이고 은밀하게 개인 간에 이루어진다. 이런 채팅앱은 익명성, 성인인증 절차의 부재, 대화 내용이 저장되지 않는다는 특성이 있다(최승희, 2018). 이 유형의 성매매는 성적 의도를 가지고 인터넷 환경을 악용하는 성인 성매수자에게 성매수에 대한 양심의 가책을 덜 느끼며, 업소형 성매매 여성보다 폭이 넓고 저연령의 여성과 성매매를 할 수 있다는 점에서 선호된다. 피해 청소년으로서도 전통적인 성매매보다 신상 노출의 위험이 적고 접근이 쉬울 뿐만 아니라 행동이 비교적 자유롭다는 점에서 개인 간의 성매매를 선호할 수 밖에 없다. 이런 경로로 성매매에 유입된 피해 청소년은 조금 더 진화되고 전문적인 유흥업소로 다시 쉽게 유입되며, 그 속에서 극심한 성 착취 대상이 될 위험성이 증가하고 있다.

다섯째, 청소년 가출은 성매매로 이어질 위험성이 큰데, 조건만남 경험이 있는 청소년의 대다수는 가출 경험이 있었다(박준휘 외, 2019). 이는 자발적이든 비자발적이든 상관없이 여전히 가출 후 열악한 상황에 놓인 청소년들은 자신의 생활을 영위하기 위하여 성매매로 연결될 수밖에 없는 환경임을 알 수 있다. 즉, 거리 생활이라는 취약한 환경에 생존하기 위해서 가정 밖 청소년은 가출 커뮤니티에 접속하여 숙식 제공, 가출팸 모집 등의 글을 접하면서 접근이 쉽고 일정한 수익이 보장되는 성매매의 유혹에 빠져들게 된다.

여섯째, 최근에는 청소년이 가출하지 않고 학교에 다니면서 '생존'이 아니라 '소비'를 위한 성매매를 하는 경향이 나타나고 있다. 처음에는 생존을 위해 성매매에 유입되었더라도 이후에는 많은 돈을 빨리 벌 수 있다는 성매매의 특징 때문에 성매매를 지속하기도 하고, 처음부터 생존과 무관한 소비를 위해 성매매에 유입되는 경우도 적지 않다. 이처럼 청소년의 성매매는 한 가지 이유만으로 이루어지기보다는 다소 복합적인 이유로 하게 되는 것을 알 수 있다.

일곱째, 성매매에 유입되는 피해 청소년의 저연령화가 두드러진다. 성매매 피해 청소년 치료·재활사업에 참여한 청소년이 최초로 성매매 피해를 본 시기는 평균 16세 정도인 것으로 나타났다(한국여성인권진흥원, 2021). 이처럼 인터넷의 발달과 스마트폰의 일상화로 좀 더 개인화된 인터넷 사용 환경과 이로 인한 부모의 감독과 감시의 한계 등의 상황이 결합하여 성매매에 유입되는 피해 청소년의 초기 연령은 더욱 낮아지는 현상을 보인다. 이와 더불어 성매매 피해 청소년이 가족 내 방임이나 학대, 성폭력 피해, 가출 경험 등과 같은 전통적인 구조적 취약성을 가진 위기청소년에서 이들과 전혀 새로운 특성을 갖는 청소년으로 확대되고 있다(Whittle et al., 2013).

### 3) 청소년 성매매의 원인

청소년 성매매의 원인으로 피해 청소년의 개인적인 특성과 문제, 가족으로부터의 소외, 또래문화, 학교 부적응, 사회환경 등 모든 측면에서 복합적인 요소와 사회구조적인 문제가 맞물리면서 성매매에 유입되는 과정을 거친다(최은지, 2021). 여기서는 청소년이 성매매에 유입되는 위험 요인을 중심으로 살펴보고자 한다(이유진 외, 2013).

첫째, 개인 요인으로 어린 시절에 성과 관련된 위험에 노출, 성에 대한 호기심, 충동성, 가출 후 생활비가 없는 것, 성에 대한 허용도가 높거나 첫 성매매 연령이 낮을 때, 성행동에 대한 통제력이 낮을 때 성매매로 유입될 위험이 커진다.

둘째, 가족 요인으로 성매매 피해 청소년의 대부분이 빈곤가정에서 부모 불화와 이혼으로 가족해체를 경험하였고, 가정에서의 학대와 부모와의 갈등, 부모의 무관심 등 가족과의 관계에서 문제가 있었다(박에스더, 2022). 피해 청소년은 가정에서 경험하는 다양한 어려움을 벗어나기 위해 시도한 가출로 절대적 빈곤을 겪으면서 결국 성매매로 이어진다.

셋째, 친구 요인으로 성매매 피해 청소년은 비행 친구와 접촉하거나 성 문화에 대한 또래의 허용적 태도에 영향을 받는 것으로 나타났다. 또한 가출 후에 성매매 피해 경험이 있는 또래를 만나거나 도움을 주면서 청소년 성매매가 유지될 수 있다.

넷째, 학교 요인으로 성매매 피해 청소년은 교사와의 관계에서 어려움을 겪으며, 학교에 적응하지 못해서 중도 탈락하는 경우가 많았다(최해연 외, 2015).

다섯째, 사회환경 요인으로는 물질만능주의, 성 혹은 혼전순결에 대한 개방적 태도 등 성 윤리의 하락으로 성을 상품화시키는 왜곡된 문화에 의해 청소년 성매매가 조장되고 있다. 이와 함께 성 산업의 발전과 인터넷의 발달 등으로 피해 청소년은 쾌락과 소비를 수단으로 자기 몸과 경제적 이익을 바꾸는 선택을 하게 된다.

## 4. 청소년 성 관련 실천현장

### 1) 청소년성문화센터

청소년들은 성에 대한 정보를 주로 성인물, 음란성 게임, 미디어 및 인터넷 또는 또래를 통해 얻고 있다. 이처럼 청소년들은 성적 주체로서의 경험과 실천, 성매매나 성폭력 등 성적 위험에 대한 사회적 관심이 높아지면서 정책적 개입이나 대응에 대한 요구로 성교육이 주목받았다(김은실 외, 2015). 하지만 기존 학교의 성교육은 이론 중심의 단편적인 지식 전달 위주로 진행되어 그 효과성이 낮은 것으로 나타났다. 이와 같은 문제점에 따라 청소년의 눈높이에 맞는 실질적인 성교육에 대한 필요성이 제기되었다. 이에 따라 여성가족부와 지방자치단체는 「아동 · 청소년의 성보호에 관한 법률」(제47조)에 따라 아동 · 청소년의 건전한 성 가치관 조성과 성범죄 예방을 위하여 아동 · 청소년 대상 성교육 전문기관으로 청소년성문화센터를 설치 · 운영하고 있다. 청소년성문화센터는 청소년 스스로 자기 주도적, 실천적 체험학습을 통해 올바른 성지식을 습득함으로써 건강한 성 가치관을 지닌 개인으로 성장하도록 지원하고 있다(여성가족부, 2022).

청소년성문화센터의 운영 목적은 아동 · 청소년이 다양한 도구와 매체를 활용하여 자기 주도적으로 학습할 수 있는 상설 성교육 공간 구축 · 운영 또는 이동형 버스를 통해 건강한 성 가치관 정립 지원 및 성범죄 피해를 예방하는 것이다. 청소년성문화센터는 유치원, 초 · 중 · 고등학생 등 대상별로 특화된 성교육 프로그램을 기본적으로 추진하고, 발달단계별 성인지적 인권통합교육 프로그램을 마련하여 교육하고 있다. 청소년성문화센터의 사업은 우선적 · 필수적으로 수행해야 하는 공통사업과 센터별로 자체 실정에 따라 수행하는 지역 특성화 사업으로 구분하고 있다. 공통사업에는 ① 체험관 및 이동형 교육장을 활용한 아동 · 청소년 성교육 및 성폭력 예방 교육, ② 학교와 연계한 찾아가는 성교육, ③ 지역사회 내 교육 및 홍보활동, ④ 교사 및 보호자 대상 교육프로그램 운영, ⑤ 농 · 산 · 어촌 지역 등으로 찾아가는 성교육 실시 등이 있다. 지역 특성화 사업은 주말/방학 캠프 등 특별기획 프로그램 운영, 청소년수련활동 인증 성교육 ·

성문화 프로그램 운영, 성폭력 가해 · 피해 학생 상담 및 교육, 청소년 성문화동아리 및 참여 프로그램 운영 등이 있다(여성가족부, 2022).

## 2) 성매매 피해 아동 · 청소년지원센터

「아동 · 청소년의 성보호에 관한 법률」이 2020년에 개정됨에 따라 성매매에 유입된 아동 · 청소년은 '대상 아동 · 청소년'이 아닌 '피해자'로 규정되었고, 성매매 피해 아동 · 청소년지원센터의 설치 근거가 마련되었다. 이에 따라 여성가족부는 중앙지원센터(한국여성인권진흥원, www.stop.or.kr)와 지역지원센터를 운영하고 있다. 성매매 피해 아동 · 청소년지원센터는 성매매 피해 아동 · 청소년 조기발견 및 긴급구조, 상담 및 의료 · 법률 등 지원을 통한 원활한 일상생활 복귀, 성매매 피해 아동 · 청소년의 자립 · 자활 역량 강화 도모, 아동 · 청소년들에게 성매매의 위험성을 알리고 지원기관 안내 및 성범죄 피해예방활동 전개, 유관기관 네트워크 연계를 통한 피해 아동 · 청소년 지원에 적극적으로 대응하고 있다(여성가족부, 2022).

지역지원센터는 일반적으로 경찰, 검찰, 유관기관 등에서 연계된 피해 아동 · 청소년을 중앙지원센터를 통해 접수받아 지원하나, 온 · 오프라인에서의 아웃리치를 통해 성매매 피해 혹은 피해 위험이 있는 아동 · 청소년을 발견하여 피해 방지를 위한 업무를 수행한다. 또한 지역지원센터는 긴급지원, 교육지원, 의료지원, 법률지원, 학업지원, 진로취업지원, 자활자립지원, 타 기관 연계지원 등의 다양한 프로그램을 운영하고 있다. 먼저 긴급지원은 위기상황 발생 시 긴급구조와 주거를 포함한 생계비를 지원하여 일시적으로 피해 아동 · 청소년의 안전을 보장한다. 교육지원은 피해자의 일상 복귀를 위해 법정대리인 교육이 병행되며, 보호자 및 가족의 교육과 심리지원이 함께 이루어진다. 법률지원은 경찰 · 검찰 조사 동행, 재판동행, 민사소송 지원 등이다. 학업지원은 피해자가 성매매로 재유입되지 않고, 피해자 스스로 삶의 주체로 살아가는 힘을 기를 수 있는 검정고시, 학원비 지원 등이다. 또한 필요한 경우에 지역지원센터는 디지털 성범죄 피해자지원센터, 장애인지원기관 등 유관기관으로 피해 아동 · 청소년을 연계 · 지원하고 있다(여성가족부, 2022).

CHAPTER

# 11

# 청소년과 가정

1. 현대사회 가족구조의 변화
2. 청소년 가출
3. 가정 밖 청소년 지원을 위한 실천현장

# 11 CHAPTER 청소년과 가정

**학·습·목·표**

- 현대사회 가족구조의 변화를 설명할 수 있다.
- 가정 밖 청소년의 개념과 특성을 설명할 수 있다.
- 청소년 가출의 원인과 당면 문제를 설명할 수 있다.
- 가정 밖 청소년의 지원을 위한 실천현장을 설명할 수 있다.

가정은 청소년의 삶의 질을 좌우하는 중요한 지지체계이며 사회화 환경이다. 청소년은 가족을 통해 초기 사회화를 거치며 성장과 발달한다. 이처럼 가족은 청소년의 현재뿐만 아니라 이후 성인기 삶에 결정적 영향을 미친다. 이 장에서는 청소년이 가정에서 경험하는 대표적인 생활사건으로 청소년의 가출을 살펴보고자 한다. 청소년 가출은 심각한 비행에 해당하는 것은 아니다. 그러나 청소년이 가출을 통해 각종 위험환경에 쉽게 노출되고, 교육 기회를 상실하고, 성매매, 폭력, 절도와 같은 비행 및 범죄에 연루될 수 있다. 따라서 가정 밖 청소년들의 특성과 욕구를 정확히 이해하고, 이들의 현재와 미래를 위한 개입 방안을 모색하는 것은 중요하다.

## 1. 현대사회 가족구조의 변화

저출산 · 고령화 등의 사회적 문제로 인한 인구구조 및 동태적 변화로 가족구조는 빠르게 핵가족화 · 소가족화되고 있다. 또한 가구주의 고령화 · 여성화, 맞벌이 가족, 한부모가족 등 신사회 위험에 노출된 가족이 증가하는 추세를 보여 자녀 양육 및 가족 돌봄의 기능 공백 등 가족복지 기능이 약화하였다(김유경, 2015). 이처럼 현대사회의 가족구조 변화로 인해 청소년들은 가족을 통해 정서적 안정을 얻기 어려워지면서, 이는 청소년의 문제행동이 증가하는 원인으로 작용하게 되었다. 여기서는 가족구조의 변화에 따라 발생하는 정서적 · 교육적 기능의 결핍이 청소년 문제행동에 미치는 문제점을 중심으로 살펴보고자 한다(모경환 외, 2020).

첫째, 이혼율의 증가에 따른 한부모가족의 증가이다. 조이혼율(인구 1천 명당 이혼 건수)의 경우, 1995년의 1.5건과 비교하여 2021년에는 2.0건으로 많이 증가하였다(통계청, 2022b). 생애주기의 특성상 청소년은 성인과 동거하면서 부양과 보호를 받을 것이라 기대된다. 그러나 부모의 사망, 이혼으로 인한 한부모가족의 증가뿐만 아니라 부모가 이혼하는 동안 자녀에게 불안정한 가정환경이 제공된다. 부모의 이혼 이후에 자녀들은 주로 어머니와 함께 살게 되지만, 대부분 경제적 어려움에 부닥치면서 청소년 비행의 원인이 되기도 한다. 이러한 연쇄작용으로 부모의 이혼을 경험한 청소년들은 부모의 부재에 대한 슬픔, 상실감에 따른 심리적인 불안, 경제적인 소득 감소에 적응해야 할 뿐만 아니라 극단적이면 소년소녀가정으로서 부모의 역할까지 대신해야 하는 경우도 발생하게 된다.

둘째, 핵가족화에 따른 교육 기능의 약화이다. 전통사회의 확대가족 제도에서는 가족이 하나의 작은 사회 단위로서 역할을 수행하였으며, 사회에서 직면할 인간관계에 대한 덕목을 가족 내에서 미리 배울 수 있었다. 그러나 출산율의 저하와 함께 한 자녀 가정이 늘어나면서 형제자매가 없는 청소년들은 개인의 욕구를 억제하거나 타인을 위해 양보하고 협동하는 경험을 가족 내에서 배울 기회가 상대적으로 적다. 또한 적은 수의 자녀를 낳으려는 경향, 즉 소자녀관의 확산으로 부모의 자녀에 대한 과잉보호의 가능성이 커지고 학업을 강조하지만, 정서교육이나 예절교육을 소홀히 하는 측면도 자주 나타난다. 이처럼 전통적으로 가족에서 시행했던 대인관계에 대한 예절교육과 정서적인 안정을 제공하는 기능이 축소됨에 따라 청소년들은 심리적인 불안과 행동 발달 측면에서도 부적응을 보이기도 한다.

셋째, 맞벌이 가구의 증가로 인해 부모와 자녀 관계가 소원해질 수 있다. 우리나라 30대와 40대 맞벌이 가구 비중이 50%를 넘어서고 있다(통계청, 2022a). 전통사회의 확대가족 형태에서는 조부모나 친척들을 통해 자녀 양육의 부담을 나눠가질 수 있었다. 하지만 현대사회에서는 핵가족화의 보편화로 인해 자녀 양육이 온전히 부모에게 큰 부담으로 등장하고 있다. 맞벌이 가구의 경우, 청소년 자녀들은 많은 시간을 혼자 보냄으로써 고립감과 외로움을 경험할 수도 있다.

넷째, 부모의 양육 태도는 자녀의 성장과 발달과정에 가장 큰 영향을 미치는 환경으로 자녀의 성장에 따라 변화가 필요하다. 부모가 민주적인 방식으로 의사결정을 하고, 자녀에게 애정이 담겨있는 언행을 주로 하는 가정의 자녀는 문제행동이 거의 없다. 하지만 부모로부터 신체적 학대, 지나친 간섭이나 기대, 방임, 일관성 없는 양육 등을 경험한 청소년은 부정적 심리나 문제행동을 보이는 경향이 상대적으로 높다. 또한 부모의 무관심과 과잉보호도 청소년의 문제행동과 높은 상관관계가 있다. 따라서 가족 간의 원활한 대화는 매우 필요하며, 우호적이며 개방적인 가족 분위기는 자녀가 자신의 일상적인 경험을 부모와 공유하고 소통할 수 있는 환경을 제공해 준다.

## 2. 청소년 가출

### 1) 가정 밖 청소년의 개념

전통적으로 우리 사회는 가정 밖(가출) 청소년을 양육자인 부모의 허락 없이 집을 떠난 청소년으로 국한하는 경향이 있다. 그러나 이러한 전통적인 관점은 가출의 원인을 단순히 청소년 개인의 문제행동으로만 주목하고 생존을 위해 어쩔 수 없이 집을 나올 수밖에 없는 환경적 요인을 파악하지 못하는 한계가 있다. 청소년 가출은 부모나 가족 환경 문제와 관련되는 경우가 많고, 실제로 가출 후 귀가를 원하지만 돌아갈 가정이 없거나 돌아갈 상황이 아닌 청소년들이 증가하고 있다. 이런 맥락에서 우리 사회에서도 가출을 비롯하여 학교 부적응, 비행, 가정해체, 빈곤 등 다양한 어려움을 겪고 있는 청소년들이 가정이나 사회환경의 피해자라는 인식이 점차 확산하고 있다(정규석 외, 2017). 이처럼 청소년의 가출이라는 행위보다는 가정 밖이라는 상황에 초점을 두면서 가정 밖 청소년을 일탈 및 비행을 저지르는 위험집단이 아닌, 가족에서 탈출 또는 밀려난 존재로서 어쩔 수 없이 가정 밖이라는 상황에 놓인 적절한 사회적 보호와 지원이 필요한 대상으로 가정 밖 청소년이라는 용어로 포괄하고 있다. 이러한 변화는 청소년 가출을 일탈이나 예비 범죄, 문제행동으로 보는 시각에서 벗어나 가정에서의 학대, 가족 내 갈등, 빈곤 등에 대한 청소년 스스로 생존을 위한 대응임을 인정한 것이다(정선욱, 2021). 이러한 경향을 고려할 때, 가정 밖 청소년이란 가정이 없거나 그 가정으로부터 이탈된 청소년 또는 가정 내 보호자가 적절한 보호 및 양육의 능력이 없는 경우의 청소년으로 정의할 수 있다. 더 구체적으로 가정 밖 청소년이란 가출, 가정 내 폭력 · 학대 · 방임 · 빈곤, 가정해체 등과 같은 이유로 가정 내에서 생활하는 것이 불가능하여 사회적 보호 및 지원이 필요한 9~24세 청소년으로 정의할 수 있다(김희진 외, 2018).

### 2) 청소년 가출의 특성

청소년 가출 실태와 현황을 토대로 청소년 가출의 특성을 살펴보면 다음과 같다(정규석 외, 2017).

첫째, 청소년 가출은 점차 저연령화가 진행되고 있다. 청소년의 첫 가출은 대부분 초등학교 5학년 시기부터 차츰 증가하기 시작하여 초등학교 6학년에서 중학교 3학년 사이에 가장 빈번하게 발생한다(백혜정 · 방은령, 2009). 청소년의 가출 연령이 점차 낮아지는 이유는 사춘기 연령이 낮아지는 것과 밀접한 관련이 있다. 그러나 가출 연령의 저연령화는 성인의 도움과 보호가 필요한 청소년들이 거리의 각종 유해환경에 노출될 기회가 많아졌고, 이후 재가출이나 만성가출로 전락할 가능성이 더 증가했다는 것을 시사한다(김향초, 2015).

둘째, 청소년 가출은 가출의 만성화, 즉 가출의 장기화와 반복 현상을 보인다(백혜정 · 방은령, 2009). 청소년들이 가출하는 주된 이유는 부모님과의 문제나 학업 문제 등이 다수를 차지하고 있다(김지연 외, 2020). 가출 이후 집에 돌아가더라도 학교 환경이나 가족관계에 긍정적 변화가 없으므로 다시 같은 문제에 부딪혀 재가출을 시도하는 경우가 많다. 이와 함께 가출을 반복하는 청소년들은 가출 시 생존의 요령을 터득하고 가출에 따른 어려움에 익숙해지면서 가출 기간도 함께 길어지게 된다. 이처럼 가출의 만성화는 학업 중단, 각종 비행이나 불법 노동시장 유입 등 다양한 부작용으로 이어질 가능성이 커지고 있다.

셋째, 가정 밖 청소년들은 안정적으로 생활할 수 있는 공간을 확보할 수 없어서 청소년쉼터를 반복해서 이용하고 있다. 실제로 가정 밖 청소년들은 평균 17회 걸쳐 6개의 쉼터를 반복해서 이용하는 것으로 나타났다. 가정 밖 청소년의 상당수는 집에서 탈출하듯 가출하였기 때문에 돌아갈 가정이 없는 청소년이 많다는 것을 의미한다. 따라서 청소년 가출은 하나의 동질적인 현상이 아니라 가출 이면의 상황과 맥락을 파악하여 맞춤형 보호 체계의 강화가 필요하다(주은수, 2022).

넷째, 생계유지와 정서적 지지를 위해 청소년 가출팸(가출+family) 현상이 나타나고 있다. 가출팸은 가정 밖 청소년들이 가출 관련 카페나 블로그, 실시간 채팅, 친구 등을 통해 만난 3~5명 정도의 가정 밖 청소년과 가족을 이루어 원룸이나 고시원, 모텔 등에서 함께 생활하는 형태를 의미한다(서보람 · 김광병, 2012). 가정 밖 청소년들이 가출팸을 형성하는 것은 가정 밖 위기상황에서 의 · 식 · 주를 해결하고, 동질감에 의한 심리적 위안이 가출팸에 유입되는 동기로 파악된다. 이처럼 가출팸 형성은 가정 밖 청소년들에게 심리적 외로움을 덜어주고 경제적 문제와 안전 문제에 도움이 되지만, 가출의 장기화와 성행동 피해 및 범죄에 노출될 위험을 높이는 요인이 될 수도 있다(정규석 외, 2017).

### 3) 청소년 가출의 요인

청소년 가출은 개인 요인, 가족 요인, 학교 요인 등 다양한 요인들이 상호 복합적으로 작용하여 발생하는 문제이다. 청소년 가출과 관련된 위험 요인을 살펴보면 다음과 같다.

#### ① 개인 요인

청소년 가출과 관련된 개인 요인은 인구학적 특성, 심리적 특성, 비행 경험 등이 포함된다. 성별은 청소년 가출에 영향을 미치는 요인인데, 남성 청소년의 가출 경험이 더 많을(이상무, 2012) 뿐만 아니라 반복 가출도 많았다(김지연 · 정소연, 2015). 심리적 특성으로 부정적인 자아정체성 또는 자아개념 등과 같은 심리적 어려움과 낮은 수준의 자아존중감은 가정 밖 청소년들이 보이는 특징이다(김동기 · 홍세희, 2007). 또한 우울 수준이 높은 청소년들이 가출 충동이나 가출 경험의 빈도가 상대적으로 높았다(좌현숙 외, 2014). 청소년의 흡연, 음주, 절도, 폭력, 성범죄 등과 같은 비행이나 문제행동 경험이 많을수록 청소년 가출에 영향을 주는 것으로 확인된다(이상무, 2012).

② 가족 요인

가출과 관련된 가족 요인은 가족의 구조적 요인, 사회경제적 요인, 기능적 요인 등이 포함된다. 먼저 가족의 구조적 요인에서 한부모가정의 청소년일수록 가출 빈도가 증가하였고(이상무 · 남성희, 2012), 반복 가출을 예측하는 요인이다. 이는 가족의 구조적 요인으로 인해 자녀의 지도감독에 공백이 발생하여 첫 가출 시 적절한 제지가 없었던 것으로 볼 수 있다(김지연 · 정소연, 2015). 다음으로 상당수의 가정 밖 청소년은 가정의 경제적 상황이 좋지 못하다(백혜정 외, 2015). 즉, 빈곤한 가정환경은 청소년의 성취동기나 열망 수준 등의 심리적 차원에서의 박탈과 문화적 가치로부터의 소외를 의미한다. 이런 환경에서 성장하는 청소년은 가정환경의 물리적인 측면이나 심리 · 정서적인 측면 모두에서 적절한 지원이 어려울 수 있음을 가정할 수 있다. 마지막으로 가족의 기능적 요인으로는 부모와의 갈등이나 가정폭력 등이 청소년 가출의 직접적 위험 요인이다(김민정 · 곽대경, 2021). 즉, 부모와의 갈등이나 폭력으로 가출한 청소년은 가정복귀 이후에도 갈등과 폭력의 지속으로 다시 가출하는 악순환이 되풀이되고 있다(김재엽 외, 2018). 따라서 가정 밖 청소년들은 가정을 물리적 · 심리적으로 자신을 지지하거나 보호하지 못하는 돌아가고 싶지 않은 곳으로 인식하는 경향이 강하다.

③ 학교 요인

가출과 관련된 학교 요인을 보면, 먼저 청소년은 가출이나 비행 경험이 있는 친구들과 어울릴 때 가출 가능성이 크다(이상무 · 남성희, 2012). 청소년기는 또래와의 관계가 매우 중요한 시기이므로 가출이나 비행 경험이 있는 친구들과 어울리면서 부모와의 지속적인 갈등의 결과로 가출을 시도하는 경우가 많다(이현지, 2005). 다음으로 학교에서의 부정적인 경험은 청소년 가출에 영향을 미친다. 즉, 학교생활 부적응과 교사의 억압적 태도와 체벌, 학업에 대한 흥미 부족, 낮은 학업성취도 등은 청소년 가출에 위험요인으로 작용한다(오승환, 2010; 정경은 · 문성호, 2008). 우리 사회에서 학업은 향후 취업을 통한 경제적 자립과 매우 밀접한 관련이 있지만, 대다수 가정 밖 청소년은 학업을 중단하고 있다. 학업 중단으로 인해 가정 밖 청소년들은 안정적인 일자리를 얻기가 어렵고 저임금과 고용불안에 시달릴 가능성이 크다. 이에 따라 가정에서 생활하지 못하는 가정 밖 청소년들이 성인기에 진입하여 건강한 자립생활을 영위하기 위해서는 가급적 안정적인 환경 속에서 학업을 계속할 수 있도록 지원하는 것이 필요하다(김희진 외, 2018).

### 4) 가정 밖 청소년의 문제

청소년 가출이 사회문제로 대두되고 있는 것은 청소년이 단순히 가정을 이탈하는 개인적인 차원이 아니다. 오히려 가출 후 직면하게 되는 각종 위기 상황과 일탈 행위 및 유해환경 접촉 등 가출로 인해 청소년의 정신건강은 물론 사회질서와 안녕을 심각하게 위협하기 때문이다. 이처럼 청소년이 가출 이후에 당면할 수 있는 주요 문제는 다음과 같다(정규석 외, 2017).

① 건강 문제

가정 밖 청소년들은 여러 이유로 청소년쉼터에 입소하지 않는다. 대체로 가정 밖 청소년들은 부적절한 장소에서 숙식을 해결하면서 성장기에 필요한 영양을 섭취하지 못하면, 성장 저하 및 장기적으로 질병으로 인한 건강상의 문제를 경험할 가능성이 크다. 특히 여성 가정 밖 청소년들은 가출 후 숙식 해결을 위해 혼숙하거나 성매매하는 경우가 있으므로 임신과 낙태 및 성 관련 질환의 위험에 항상 노출되어 있다. 또한 일부 가정 밖 청소년들은 가출 후 거리 생활에서의 불안과 외로움을 잊기 위해서 술이나 담배 및 약물에 의존하므로 건강 문제에 더욱 취약할 수 있다(백혜정 · 방은령, 2009).

② 정서적 문제

가정 밖 청소년들은 신체 건강뿐만 아니라 정신건강에도 취약하다. 가출 후 거리 생활에서의 불안, 외로움, 불신감, 무력감 등으로 가정 밖 청소년들은 우울이나 자살 생각이 심해질 수 있다. 특히 가정 밖 청소년들이 거리 생활에서 만나는 또래나 성인들로부터 또 다른 폭력이나 착취당하고 불안정한 상황 속에서 계속 생활한다면, 가정 밖 청소년들의 정서적 문제는 더욱 심각해질 수밖에 없다. 가정 밖 청소년들은 가출이라는 외현화된 행동으로 자신의 문제를 표출하고 있지만, 그 이면에는 내재화된 문제들이 가중되고 있다(정규석 외, 217).

### ③ 학업 중단

가정 밖 청소년들은 집을 떠나면서 학교의 영향에서도 벗어나서 장기 결석이나 자퇴함으로써 정규 교육제도를 이탈하는 경우가 많다. 가정 밖 청소년들의 학업 중단은 가출 후에 많이 증가하며, 특히 가출 기간이 장기화할수록 학업 중단 기간도 장기화하기 때문에 가정 밖 청소년들은 학교로 복귀할 가능성이 작아진다(백혜정 · 방은령, 2009). 학업 중단과 교육 기회의 상실로 가정 밖 청소년들은 올바른 사회화 과정의 기회를 상실하게 된다. 또한 개인의 취업 능력을 저하하고 궁극적으로 직업 선택에도 부정적 영향을 미치게 되어 건강한 성인으로 자립하는 데 어려움이 따를 수 있다. 이와 함께 학업 중단으로 인한 개인의 부적응과 낙오 및 기회 불균형은 성인이 된 이후에 빈곤의 악순환을 초래할 뿐만 아니라 지속적인 사회적 비용과 손실을 유발할 수 있다(정규석 외, 2017).

### ④ 노동시장에서의 부당한 경험

가정 밖 청소년들은 스스로 생존 문제를 해결하기 위해 취업이나 아르바이트를 하는 경우가 많다. 그러나 현실적으로 청소년은 취업을 위한 전문적 자격을 갖춘 경우가 드물다. 특히 가출 후 신분 확인이나 보호자 동의가 어려워서 안정적이고 합법적인 취업을 하기에 한계가 있다. 또한 가정 밖 청소년들은 당장 숙식을 해결해야 하는 긴박한 상태이므로 고용주의 부당한 대우도 감내해야 하는 상황이다. 이러한 현실로 인해 가정 밖 청소년들은 주로 단순 아르바이트에 종사하면서 고용주로부터 부당한 대우를 받는 사례가 많은 것으로 확인된다(정규석 외, 2017). 따라서 가정 밖 청소년들의 근로활동을 통해 성공적인 성인기 진입을 위해서는 양질의 근로 기회를 얻을 수 있도록 학력 취득 및 직업훈련이 제공될 필요가 있다.

이처럼 열악한 경제 상황에 부닥쳐 있는 가정 밖 청소년들은 근로를 통해 얻은 수입을 규모 있게 사용할 필요가 있다. 그러나 계획성 있는 경제 활동에 대한 훈련을 충분히 받지 못했고, 당장 숙식을 해결할 비용도 여의찮아 많은 가정 밖 청소년이 복잡한 채무 문제로 신용불량자로 전락하기 쉬운 상황에 노출되어 있다(백혜정 외, 2016). 일단 신용불량자가 되면 취업과 금융거래 등에 제약을 받게 됨으로써 더욱 열악한 경제 상황에 놓이게 되고, 이러한 악순환이 지속되면서 이들의 자립은 더욱 어려워질 수밖에 없다.

### ⑤ 비행 및 범죄 경험

가정 밖 청소년들은 주요 보호 체계인 가정과 학교에서 벗어나서 거리에서 스스로 생계를 해결해야 하는 상황이므로 사실상 안전의 사각지대에 놓여 있다. 따라서 가정 밖 청소년들은 범죄나 비행 행동에 관여하거나 동시에 피해자가 될 가능성이 크다. 이들이 비행이나 범죄에 연루될 가능성이 클수록 이들의 삶은 일반적인 발달궤도에서 벗어나기 쉬우며, 이는 건강한 사회구성원으로 성장하는 데 걸림돌이 되기도 한다(백혜정 · 방은령, 2009).

## 3. 가정 밖 청소년 지원을 위한 실천현장

가정 밖 청소년의 지원은 지역사회 청소년통합지원체계(청소년안전망), 아웃리치동반자사업, 청소년전화 1388, 청소년쉼터 등을 통해서 시행되고 있다. 지역사회 청소년통합지원체계에서는 청소년상담복지센터가 허브 역할을 담당하면서, 가정 밖 청소년을 위하여 긴급구조서비스, 일시보호서비스, 학습 · 자활 · 직업훈련 · 의료 등의 서비스를 연계하고 있다. 아웃리치동반자사업은 청소년상담전문가인 청소년 동반자가 가정 밖 청소년, 위기청소년, 거리배회청소년 등을 대상으로 직접 거리로 나가 현장에서 필요한 상담이나 의료 등의 직접적인 서비스를 제공하거나 지역사회의 서비스 자원을 연계하는 사업이다(백혜정 · 방은령, 2009).

### 1) 청소년쉼터

청소년쉼터는 1992년에 최초로 설치되었고, 2004년에는 「청소년복지지원법」이 제정됨으로써 청소년쉼터의 법적인 설치근거가 마련되었다. 청소년쉼터는 가정 밖 청소년의 생활보호뿐만 아니라 상담, 자립역량 강화, 고충처리, 문화활동 프로그램의 기회 제공 등을 통해 가정 밖 청소년들의 가정 · 사회로의 복귀를 지원하고 있다. 또한 청소년 보호시설의 전문화 및 차별화된 지원 서비스를 제공하기 위하여 일시, 단기 및 중 · 장기쉼터로 특성화하여 설치 · 운영하고 있다. 청소년쉼터는 가정 밖 청소년에 대하여 가정 · 학교 · 사회로 복귀하여 생활할 수 있도록 일정 기간 보호하면서 상담 · 주거 · 학업 · 자립 등을 지원하는 시설(「청소년복지 지원법」 제31조 제1호)이다. 즉, 가정 밖 청소년에게(대상) 일시적으로(보호기간), 생활지원, 보호, 사례관리(서비스), 가정 · 사회로의 복귀(단기 목표), 학업 및 자립을 지원하기 위한(중장기 목표) 청소년복지시설(청소년시설 종류)을 의미한다.

청소년쉼터의 주요 업무로는 가정 밖 청소년의 일시보호 및 숙식 제공, 가정 밖 청소년의 상담 · 선도 · 수련활동, 가정 밖 청소년의 학업 및 직업훈련 지원활동, 청소년의 가출 예방을 위한 거리 상담 지원활동, 그 밖에 청소년복지 지원 관리 등이 포함된다. 가출 등 위기청소년의 조기 발견과 개입, 가정 및 사회복귀를 위한 청소년쉼터는 자치단체 경상보조로 지원되고 있다(여성가족부, 2021).

청소년복지시설인 청소년쉼터는 가출 등 위기청소년의 조기 발견을 통한 범죄 및 비행 예방, 생활보호(의 · 식 · 주), 정서적 지지 및 심리상담, 의료지원, 학업 복귀, 취업 지원 등 맞춤형 자립지원서비스 제공을 통해 신속한 가정복귀와 사회진출을 지원한다. 또한 청소년쉼터는 가정 밖(징후) 청소년들이 가정 · 학교 · 사회로 복귀하여 생활할 수 있도록 일정 기간 보호하면서 상담 · 주거 · 학업 · 자립 등을 지원하는 것을 목적으로 한다.

청소년쉼터는 〈표 11-1〉과 같이 「청소년복지 지원법 시행령」(제17조)에 따라 입소 기간을 기준으로 일시쉼터(고정형, 이동형), 단기쉼터, 중장기쉼터로 구분되어 운영된다. 먼저 일시쉼터는 고정과 이동형으로 보호기간은 일주일 이내이며 집을 나와 거리를 배회하거나 노숙하는 청소년을 대상으로 일시보호와 거리 상담을 지원하는 역할과 함께 조기 발견 및 개입을 목적으로 한다. 특히 가출 상황에 있는 청소년뿐 아니라 거리를 배회하는 위기청소년, 가족이나 사회와 유대를 상실했거나 관계가 단절되어 거리 생활에 익숙한 노숙청소년과 가출팸(가출+family), 가정 내 문제로 가출 행동을 반복하는 청소년을 주로 지원한다. 현행 사업지침에는 7일 이내의 범위에서 입소하여 보호받을 수 있다. 이처럼 일시쉼터를 이용하는 청소년은 가출 기간이 상대적으로 짧고, 가정과 학교로 복귀하는 것이 가능하며 또한 이것이 바람직하다는 것을 전제로 한다.

단기쉼터는 3개월 이내의 단기보호를 제공하면서(최종 9개월 연장 가능) 가정 밖 청소년(가정이 청소년을 보호하고 양육하는 가족기능이 일시적 혹은 장기적으로 상실되어 안전한 보호가 필요한 청소년, 즉 갈등가정 청소년, 해체가정 청소년)에 대한 직접적인 개입을 통해 보호, 가정복귀 및 사회복귀를 지원하고, 이를 연계하는 역할을 수행한다. 이들의 가출은 가족의 갈등을 피하는 수단이 되며, 집을 떠나 있으면서 가출이 가족의 문제에서 벗어날 수 있는 효과적인 방법인지 가늠해보거나 자신이 가족을 떠나서 살 수 있는지를 시험해보는 시간을 갖는다는 의미가 있다. 이들은 비록 가족 간의 갈등과 문제로 가출하지만, 가족과의 유대가 있으므로 조기 개입이 이루어진다면 귀가를 포함한 문제해결이 효과적일 수 있다(Jones, 1988).

마지막으로 중장기쉼터는 보호자가 없거나 가정으로 복귀가 어려운 상황에서 자립 의지가 있지만, 갈 곳 없는 가정 밖 청소년을 대상으로 3년 이내 중장기 보호, 자립 지원 및 사회복귀 지원을 목적으로 하고 있다. 이들은 가정에서 내몰리거나 장기간의 가출로 거리에서 생활하는 방법을 습득하였거나, 생존을 위해 불법을 감행할 수밖에 없는 상황에 몰리기도 한다. 이들 가운데는 부모의 알코올 중독, 가정폭력 등 병리적 문제를 포함하여 귀가가 바람직하지 않은 경우도 포함된다.

[표 11-1] 청소년쉼터의 종류

| 구분 | 일시쉼터(이동, 고정) | 단기쉼터 | 중장기쉼터 |
|---|---|---|---|
| 보호기간 | 24시간~7일 이내 일시보호 | 3개월 이내 단기보호<br>※ 3개월씩 2회에 한하여 연장 가능(최장 9개월) | 3년 이내 중장기보호<br>※ 1회 1년에 한하여 연장 가능(최장 4년) |
| 이용대상 | 가정 밖 · 거리배회 · 노숙 청소년 | 가정 밖 청소년 | 자립의지가 있는 가정 밖 청소년 |
| 입소정원 | – | 25명 미만(시설 기준에 맞추어 정함) | 10명 이내 |
| 핵심기능 | 일시보호 및 거리상담 지원(아웃리치) | 심리 · 정서 상담지원<br>사례관리를 통한 연계 | 심리 · 정서 상담지원, 학업지원, 사회복귀를 위한 자립지원 |
| 주요 기능 | • 위기개입상담, 진로지도, 적성검사 등 상담서비스 제공<br>• 가정 밖 청소년 조기구조 · 발견, 단기 · 중장기 청소년쉼터와 연계<br>• 먹거리, 음료수 등 기본적인 서비스 제공 등<br>• 의료서비스 지원 및 연계 | • 가정 밖 청소년 문제해결을 위한 상담 · 치료 서비스 및 예방활동<br>• 의식주, 의료 등 보호서비스 제공<br>• 일시 · 중장기 청소년쉼터와 연계<br>• 가정 및 사회복귀 대상 청소년 분류, 연계서비스<br>※ 저연령 청소년(13세 이하)은 아동복지시설, 아동보호전문기관 등에 연계 권장 | • 가정복귀가 어렵거나 특별히 장기간 보호가 필요한 위기청소년을 대상으로 학업 · 자립지원 등 특화된 서비스 제공<br>※ 저연령 청소년(13세 이하)은 아동복지시설, 아동보호전문기관 등에 연계 권장 |
| 위치 | 이동형(차량),<br>고정형(청소년 유동지역 및 주요 도심) | 주요 도심별 | 주택가 |
| 지향점 | 가출예방, 조기발견, 초기개입 및 보호 | 보호, 가정 및 사회복귀 | 자립지원 |
| 비고 | 숙소, 화장실의 경우 필히 남 · 여용 분리 운영 | 반드시 남 · 여용 쉼터를 분리 운영하여야 함 | |

출처: 여성가족부(2021). 2021년 청소년사업안내.

또한 가족으로부터 버림받은 청소년은 집으로 돌아가고 싶어 하지 않고 가족 역시 이들의 귀가에 관심이 없거나 노력하지 않는 경우가 많아 상당수가 가족과 완전히 단절된 관계에 놓여 있다. 이들 가운데는 정서적으로 불안정하여 별도의 개입이 필요하거나 보호관찰 등 보호처분 경험을 포함하여 범죄 경력을 가진 경우도 상당수 있다(Zide & Cherry, 1992).

CHAPTER

# 12

# 청소년과 학교

1. 학교폭력
2. 학업 중단
3. 학교폭력 및 학업 중단 관련 실천현장

# 12 CHAPTER 청소년과 학교

**학·습·목·표**

- 학교폭력의 개념과 유형을 설명할 수 있다.
- 학교폭력의 특징과 원인을 설명할 수 있다.
- 학교 밖 청소년의 개념과 특성을 설명할 수 있다.
- 학업 중단의 원인과 학교 밖 청소년의 문제를 설명할 수 있다.
- 학교폭력 및 학업 중단과 관련된 실천현장을 설명할 수 있다.

청소년기의 가장 중요한 환경의 하나로서 학교는 사회적 지식이나 관습, 신념 등을 조직하여 학생에게 전수하는 사회적 대행 체계이다. 즉, 학교는 사회의 정규 교육기관으로 교육과정을 통하여 지식을 전수할 뿐만 아니라 조직이나 관계를 통하여 사회화를 대행한다. 이러한 학교에서 청소년은 활동 시간의 대부분을 보내기 때문에 학교 환경은 청소년에게 매우 큰 영향력을 발휘한다. 이 장에서는 청소년의 활동 현장인 학교에서 나타나고 있는 심각한 문제인 학교폭력과 학업 중단에 대해 살펴보고자 한다.

# 1. 학교폭력

## 1) 학교폭력의 개념

학교폭력은 학교와 폭력이 합성된 용어로 넓은 의미에서 학교와 관련된 폭력을 의미한다. 이러한 학교폭력은 청소년의 건강한 성장을 저해하는 심각한 수준의 사회문제이다. 학교폭력으로 인한 피해는 피해 학생, 가정 및 학교에도 부정적인 영향을 미치고 있다(이은경 외, 2017). 학교폭력의 문제가 사회 전반에 부정적으로 영향을 미치고 있으므로 사회와 국가는 적극적인 관심과 개입이 필요하다.

학교폭력이라는 용어는 1978년에 노르웨이 심리학자 올베우스(Olweus)가 처음 사용하였는데, 그는 학교폭력의 반복성과 지속성을 강조하였다(Olweus, 1994). 이처럼 어원상의 의미를 고려할 때, 학교폭력은 교육과 직접 관련된 장소에서 부모와 교사를 제외한 모두가 학생을 상대로 행사하는 폭력으로 정의할 수 있다. 이처럼 학교폭력에 대한 정의는 사회적 맥락과 개인의 인식에 따라 다를 수 있다. 하지만 일반적으로 해를 끼치려는 의도와 지속적이고 주기적인 반복, 그리고 피해자와 가해자 사이 힘의 불균형이라는 속성을 가지며, 폭력의 형태는 물리적, 언어적, 관계적으로 다양하게 나타날 수 있다(Greif & Furlong, 2006).

청소년폭력예방재단(2016)은 학교폭력을 학교라는 장을 통하여 맺어진 관계들을 중심으로 발생하는 폭력 사태라고 정의하였다. 즉, 학교를 통해서 맺어진 교사와 학생의 관계, 학생과 학생 간의 관계에서 발생하는 폭력 사태를 의미한다. 이러한 관계적 접근은 단순히 사람 간의 관계에서 발생하는 폭력 사태뿐만 아니라 모든 학교 교육 장면 등과의 관계에서 빚어질 수 있는 폭력 사태를 포함하고 있다. 또한 법률에서 규정하고 있는 학교폭력 역시 어원상의 그것과 크게 다르지 않다.

「학교폭력예방 및 대책에 관한 법률」(제2조 1호)에서 학교폭력이란 "학교 내외에서 학생을 대상으로 발생한 상해, 폭행, 감금, 협박, 약취 · 유인, 명예훼손 · 모욕, 공갈, 강요 · 강제적인 심부름 및 성폭력, 따돌림, 사이버 따돌림, 정보통신망을 이용한 음란 · 폭력 정보 등에 의하여 신체 · 정신 또는 재산상의 피해를 수반하는 행위"로 정의하고 있다. 이처럼 법률에서는 학교폭력의 유형을 예시로 열거한 것이며, 학교폭력이 발생하는 장소를 학교 내외라고 명시하여 학교 내에서 일어나는 폭력만이 아니라 학교 밖에서 발생하는 폭력을 학교폭력으로 보고 있다. 또한 학교폭력의 대상을 '학생 간에 발생한 폭력'에서 '학생을 대상으로 발생하는 폭력'으로 학교폭력 대상의 개념을 확대하여 적극적인 학교폭력 예방과 개입을 시도하려고 노력하고 있다. 이와 함께 가해자가 학생이 아니라도 피해자가 학생이라면 반드시 피해 학생에 대한 보호 조치를 시행하여야 하며, 해당 사안을 경찰에 신고하여 수사 의뢰를 하여야 한다는 것이다.

### 2) 학교폭력의 유형

청소년의 학교폭력은 갈수록 다양한 양상을 보이는데, 학교폭력의 유형과 폭력 행동의 기준을 명확히 설정하여 어떤 행위가 학교폭력에 해당하는지 규정할 필요가 있다. 학교폭력의 다양한 유형 중에서 학교폭력의 정의에 따른 학교폭력 유형과 구체적인 예시사항을 살펴보면 〈표 12-1〉과 같다(교육부, 이화여자대학교 학교폭력예방연구소, 2022).

① 따돌림

따돌림이란 학교 내외에서 2명 이상의 학생이 특정인이나 특정 집단의 학생들을 대상으로 지속적이거나 반복적으로 신체적 또는 심리적 공격을 가하여 상대방이 고통을 느끼도록 하는 일체의 행위를 말한다. 따돌림의 구체적인 행위로는 의도적으로 집단에서 소외시키는 행위, 다른 학생과 어울리지 못하게 하는 행위, 말을 걸어도 무시하고 면박을 주는 행위, 다른 친구의 접근과 도움을 막는 행위 등을 들 수 있다. 청소년들이 가장 두려워하는 학교폭력 유형은 또래들로부터 따돌림을 당하는 것이다.

② 언어폭력

언어폭력은 명예훼손, 모욕, 협박 등을 포함하는 개념으로 상대방을 놀리거나 비꼬는 행위, 욕설하거나 단점을 말하는 행위 등을 통하여 괴롭히는 폭력을 말한다. 부정적인 반응을 불러일으키는 언어 사용에 중점을 둔 형태의 폭력이다. 「학교폭력예방 및 대책에 관한 법률」에서는 명예훼손, 모욕, 협박 등을 언어폭력으로 보고 있다. 여기서 명예훼손이란 여러 사람 앞에서 상대방의 명예(예: 성격, 능력, 배경 등)를 훼손하는 구체적인 말을 하는 행위이고, 모욕이란 여러 사람 앞에서 모욕적인 언어(예: 생김새에 대한 놀림, 병신, 바보 등 상대방을 비하하는 내용)를 지속적으로 사용하는 행위다. 이러한 명예훼손과 모욕의 경우, 그런 내용의 글을 인터넷, SNS 등으로 퍼뜨리는 행위까지 학교폭력으로 인정된다. 그리고 협박이란 신체 등에 해를 끼칠 듯한 언행(예: 죽을래? 등)과 문자 메시지로 겁을 주는 행위 등을 통해 어떤 일을 행하도록 위협하는 행위를 말한다. 이러한 언어폭력의 구체적인 행위로는 별명을 부르며 놀리는 행위, 말로 위협하거나 협박하는 행위, 개인적인 약점을 들춰서 괴롭히는 행위, 거짓말로 소문을 내거나 험담을 퍼뜨리는 행위 등을 들 수 있다(유형근 외, 2019).

이러한 언어폭력에는 말로 위협하거나 협박하는 행위, 말을 걸어도 무시하고 면박을 주는 행위, 욕설하는 행위, 험담하는 행위, 조롱하거나 비웃는 행위, 모욕을 주는 행위(다른 사람이 누군가를 모욕하도록 설득하는 행위 포함), 약점을 들춰서 괴롭히는 행위, 본인이 싫어하는 행동을 사진이나 동영상으로 찍어 본인에게 수치심을 주는 행위, 부당한 일을 가용하는 행위 등을 들 수 있다. 다른 학생들이 보는 앞에서 상대방 학생에게 언어적 공격이나 욕설 등도 여기에 해당한다.

### ③ 괴롭힘

괴롭힘은 강제적인 심부름, 공갈, 강요, 유인, 협박 등을 포함하는 개념으로, 언어적 · 신체적 폭력과는 다르게 특별히 친구를 귀찮게 하는 행동으로 심부름이나 숙제를 대신 강제로 하게 하거나 하고 싶지 않은 일을 강요하는 것을 의미한다. 괴롭힘은 처음에는 장난으로 시작하여 폭력의 정도가 미미하여서 피해 · 가해 학생 모두 폭력으로 인식하지 못하는 경우가 많다. 이때 공갈이란 이득을 취할 목적으로 폭행 또는 협박하여 공포심을 일으키는 행위를 말한다. 또한 강요는 피해 학생의 의사에 반하여 어떤 행동을 억지로 하게 하는 행위로, 폭행이나 협박으로 상대방의 권리 행사를 방해하거나 의무 없는 일을 하게 하는 행위 등이 이에 속한다. 강요의 예로는 속칭 빵셔틀, 와이파이셔틀 등이 대표적이다. 유인이란 상대방을 속이거나 유혹해서 일정한 장소로 데리고 가는 행위를 말한다.

### ④ 금품갈취–약취

금품갈취란 주로 상급생이 하급생을, 상대적으로 힘이 강한 동급생이 약한 동급생을 대상으로 금전적인 이득을 얻기 위해 빼앗는 행위를 말한다. 금품갈취의 구체적인 행위로는 돈을 빌리지 않고 갚지 않는 행위, 강제로 돈을 빌려주고 이자를 받는 행위, 자신의 낡은 물건을 강매하는 행위, 생일을 빙자하여 선물을 요구하는 행위, 돈이나 물건을 감추거나 빼앗는 행위, 돈을 주지 않고 필요한 물건을 사 오라고 하는 행위 등을 들 수 있다. 이러한 금품갈취는 학교 내, 등하굣길, 학교 주변 피시방, 학원 등 다양한 장소에서 발생한다. 최근에는 고가의 의류와 전자제품을 갈취하는 사례도 발생하고 있다. 또한 스마트폰 보급이 확대되면서 휴대전화를 통한 결제 갈취유형이 증가하는 것으로 볼 때, 금품갈취의 형태는 시대에 따라서 다양한 형태로 변화되고 있다.

### ⑤ 신체적 폭력–상해, 폭행, 감금, 성폭력

신체적 폭력은 직접 물리적인 힘을 폭력 대상이 된 학생에게 가하는 것을 의미한다. 이는 형법상 폭행죄에 해당하는 개념으로 사람의 신체에 대한 폭력행사와 관련이 있다(문용린 외, 2006). 신체적 폭력은 본인의 신체 일부분을 사용하여 때리거나 발로 차기, 목 조르고 찌르는 행위, 꼬집기, 손가락 뒤로 꺾기 등이 있다. 심각한 경우 살인에까지 이르게 된다. 이러한 신체적 폭력의 유형으로 상해란 남의 몸에 상처를 내어 해를 입히는 행위, 폭행이란 때리는 등의 난폭한 행동을 하는 것을 말한다. 감금이란 일정한 장소에서 쉽게 나오지 못하도록 하여 신체의 자유를 제한하는 행위를 말한다. 성폭력은 폭행 · 협박을 통한 강제적 성행위 및 성적 모멸감을 주는 신체적 행위를 말하며 성적인 말과 행동으로 상대방에게 성적 굴욕감, 수치심을 주는 행위도 이에 해당한다.

⑥ 사이버 폭력

사이버 폭력은 인터넷, 휴대전화 등 정보통신기기를 이용하여 학생들이 특정 학생에게 지속적 · 반복적으로 심리적 공격을 가하거나, 특정 학생과 관련된 개인정보 또는 허위사실을 유포하여 상대방이 고통을 느끼도록 하는 일체의 행위를 말한다. 예를 들어 특정인에 대한 모욕적인 말이나 욕설 등을 인터넷 게시판, 채팅, 카페 등에 올리는 행위, 공포심이나 불안감을 유발하는 문자, 영상 등을 휴대전화 등 정보통신망으로 반복적으로 전송하는 행위, 그리고 위협 · 조롱 · 성적 수치심을 주는 글, 그림, 동영상 등을 정보통신망을 통해 유포하는 행위 등은 사이버 폭력의 구체적인 예이다. 최근 다른 유형의 학교폭력과 비교하여 사이버 폭력은 빠르게 증가하는 추세일 뿐 아니라 그 심각성이 더해지고 있다. 사이버 폭력은 시공간의 제약이 없고, 많은 사람이 참여하므로 정서적 및 사회적 피해가 더 크고, 그 영향이 장기적으로 이어지기 때문에(Elipe et al., 2015) 관심이 필요하다.

**[표 12-1] 학교폭력의 유형**

| 유형 | 예시 상황 |
|---|---|
| 신체 폭력 | • 신체를 손, 발로 때리는 등 고통을 가하는 행위(상해, 폭행)<br>• 일정한 장소에서 쉽게 나오지 못하도록 하는 행위(감금)<br>• 강제(폭행, 협박)로 일정한 장소로 데리고 가는 행위(약취)<br>• 상대방을 속이거나 유혹해서 일정한 장소로 데리고 가는 행위(유인)<br>• 장난을 빙자한 꼬집기, 때리기, 힘껏 밀치기 등 상대 학생이 폭력으로 인식하는 행위 |
| 언어 폭력 | • 여러 사람 앞에서 상대방의 명예를 훼손하는 구체적인 말(성격, 능력, 배경 등)을 하거나 그런 내용의 글을 인터넷, SNS 등으로 퍼뜨리는 행위(명예훼손)<br>※ 내용이 진실이라고 하더라도 범죄이고, 허위면 형법상 가중 처벌 대상이 됨<br>• 여러 사람 앞에서 모욕적인 용어(생김새에 대한 놀림, 병신, 바보 등 상대방을 비하하는 내용)를 지속적으로 말하거나 그런 내용의 글을 인터넷, SNS 등으로 퍼뜨리는 행위(모욕)<br>• 신체 등에 해를 끼칠 듯한 언행('죽을래' 등)과 문자 메시지 등으로 겁을 주는 행위(협박) |
| 금품 갈취 (공갈) | • 돌려줄 생각이 없으면서 돈을 요구하는 행위<br>• 옷, 문구류 등을 빌린다며 되돌려주지 않는 행위<br>• 일부러 물품을 망가뜨리는 행위<br>• 돈을 걷어오라고 하는 행위 |
| 강요 | • 속칭 빵 셔틀, 와이파이 셔틀, 과제 대행, 게임 대행, 심부름 강요 등 의사에 반하는 행동을 강요하는 행위(강제적 심부름)<br>• 폭행 또는 협박으로 상대방의 권리행사를 방해하거나 해야 할 의무가 없는 일을 하게 하는 행위(강요) |
| 따돌림 | • 집단으로 상대방을 의도적이고, 반복적으로 피하는 행위<br>• 싫어하는 말로 바보 취급 등 놀리기, 빈정거림, 면박 주기, 겁주는 행동, 골탕 먹이기, 비웃기<br>• 다른 학생들과 어울리지 못하도록 막는 행위 |
| 성폭력 | • 폭행 · 협박을 하여 성행위를 강제하거나 유사 성행위, 성기에 이물질을 삽입하는 등의 행위<br>• 상대방에게 폭행과 협박을 하면서 성적 모멸감을 느끼도록 신체적 접촉을 하는 행위<br>• 성적인 말과 행동을 함으로써 상대방이 성적 굴욕감, 수치감을 느끼도록 하는 행위 |

| | |
|---|---|
| 사이버 폭력 | • 속칭 사이버 모욕, 사이버 명예훼손, 사이버 성희롱, 사이버 스토킹, 사이버 음란물 유통, 대화명 테러, 인증 놀이, 게임부주 강요 등 정보통신기기를 이용하여 괴롭히는 행위<br>• 특정인에 대해 모욕적 언사나 욕설 등을 인터넷 게시판, 채팅, 카페 등에 올리는 행위, 특정인에 대한 저격 글이 그 한 형태임<br>• 특정인에 대한 허위 글이나 개인의 사생활에 관한 사실을 인터넷, SNS 등을 통해 불특정 다수에 공개하는 행위<br>• 성적 수치심을 주거나, 위협하는 내용, 조롱하는 글, 그림, 동영상 등을 정보통신망을 통해 유포하는 행위<br>• 공포심이나 불안감을 유발하는 문자, 음향, 영상 등을 휴대전화 등 정보통신망을 통해 반복적으로 보내는 행위 |

출처 : 교육부, 이화여자대학교 학교폭력예방연구소(2022). 학교폭력 사안처리 가이드북.

### 3) 학교폭력의 특징

최근 학교폭력의 양상은 그 정도가 흉포화되고 있고, 점차 저연령화되는 추세이며, 스마트기기의 보급 확대로 다양한 유형의 사이버 폭력이 새롭게 증가하는 실정이다(장선희 · 정제영, 2021). 이러한 학교폭력의 특징을 구체적으로 살펴보면 다음과 같다(박지현, 2021).

첫째, 학교폭력은 점차 저연령화되는 추세이다. 과거보다 현저히 높아진 청소년의 신체적 · 정신적 성숙도 및 대중매체의 영향으로 학교폭력 저연령화의 결과를 가져온다고 볼 수 있다.

둘째, 정서적 학교폭력이 계속해서 증가하고 있다. 언어폭력이나 집단따돌림 등으로 인한 정서적 폭력의 충격은 신체적인 외상은 보이지 않지만, 우울, 불안, 대인기피, 외상 후 스트레스 장애(PTSD) 등의 심각한 심리적 문제를 초래할 수 있다. 그래서 그만큼 인지가 어렵고 치료가 쉽지 않아서, 그 후유증이 계속되는 경우가 많아서 더욱 주의를 기울여야 한다.

셋째, 학교폭력은 점점 흉포화 · 범죄화되어 가고 있다. 청소년들이 대중매체의 선정적이고 자극적인 사건 내용을 모방하거나 충동적으로 폭행을 저지르는 등 범죄에 상응할 정도로 질이 흉악하고 포악한 학교폭력이 발생하고 있다.

넷째, 사이버 폭력의 지속적인 증가이다. 사이버 폭력은 시간과 장소의 개념 없이 피해 학생을 괴롭히는 것으로, 그 피해의 파장이 크다. 더욱이 사이버 폭력은 특정, 불특정 다수가 인지하는 특정 사이트 및 인터넷 게시판 등에 공개되는 형태로 인해 피해 학생은 수치심과 두려움으로 일상생활의 어려움을 겪을 수 있다.

다섯째, 학교폭력의 심각성에 대한 인식의 부족이다. 학교폭력의 주요 원인 중 하나는 단순 장난으로 인권을 침해하고 심신에 상처를 주는 것이 반복되고 있다. 또한 가해 학생은 자신의 행동이 피해 학생에게 어떤 신체적 아픔과 심리적 두려움을 주는지에 대한 인식이 부족한 실정이다. 따라서 학교에서는 학교폭력예방교육을 통해 학생들의 인권과 존중에 대한 인성교육을 강화할 필요가 있다.

여섯째, 학교폭력의 가해 학생과 피해 학생의 구분이 모호하다. 즉, 학교폭력의 가해자와 피해자로 분리된 역할이 아닌 가해와 피해의 경험을 순환적으로 경험하는 중복 경험 학생들이 증가하고 있다(고경은 · 이수림, 2015). 피해 학생이 자신을 보호하기 위하여 행한 행동이 학교폭력이 될 수도 있고, 평소 가해를 하던 학생이 또 다른 이유로 폭행의 피해자가 될 수도 있다. 이에 학교폭력에 가담한 학생을 획일적으로 가해 학생과 피해 학생으로 구별하여 개입할 것이 아니라, 이들의 상황을 파악하고 대상의 특성에 맞는 예방과 상담 · 교육과 개입이 필요하다.

일곱째, 다문화 학생의 학교폭력 노출이 증가하고 있다. 다문화가족 청소년들은 개인에 따라 편차가 있으나 외모, 언어발달, 문화 적응 등의 다름에 있어 어려움을 겪는 경우가 있다. 다르다고 해서 학교폭력 집단따돌림의 피해자가 될 수 있으며, 학교 부적응으로 학교폭력 가해자가 되는 상황이 발생할 수도 있다. 다름은 틀림이 아니기 때문에 다문화가족 청소년들에 대한 이해와 공감대를 형성할 수 있는 다양한 노력과 교육이 필요하다.

### 4) 학교폭력의 원인

학교폭력은 한 가지 원인에 의해 발생하는 경우가 매우 드물고, 여러 가지 원인이 복합적으로 작용하여 발생하는 경우가 많다. 여기서는 학교폭력에 영향을 미치는 요인으로 개인, 가족, 학교, 사회환경 요인 등으로 구분하여 살펴보고자 한다(정규석 외, 2017).

#### ① 개인 요인

학교폭력과 관련된 개인 요인은 공격성, 분노 성향, 자아존중감, 폭력에 대한 허용적인 태도 등을 들 수 있다. 먼저 자신의 목적을 달성하기 위해 물리적 · 언어적 힘을 사용하려는 공격성이 높은 청소년들은 사회질서나 규범을 고려하지 않고 자기중심적으로 행동하는 경향 때문에 학교폭력의 가해자가 될 수 있다(한대동, 2019). 또한 분노 성향이 강하고 자아존중감이 낮은 청소년일수록 학교폭력 경험 가능성이 크다(한유경 외, 2021). 그 외에도 폭력에 대한 허용적 태도는 학교폭력 가해행동과 상관관계가 있는 것으로 나타나 평소 갈등 해결 방법으로 폭력 사용을 허용하는 태도를 가진 청소년일수록 가해자가 될 가능성이 큰 것을 알 수 있다(김재엽 외, 2022).

### ② 가족 요인

학교폭력과 관련된 가족 요인은 가정에서의 직·간접적인 폭력 노출, 부모의 양육 태도, 부모와의 관계 등을 들 수 있다. 먼저 가정에서 부모 간 폭력을 목격한 청소년일수록 학교폭력을 행사할 가능성이 크다. 이러한 경험은 대인관계의 갈등 해결 방식으로 사용하는 역할 모델을 제공하기 때문이다(김재엽 외, 2022). 또한 부모의 강압적이고 적대적이며 거부적인 양육 태도를 보일수록 학교폭력을 경험할 가능성이 큰 것으로 나타났다(조영선·조영일, 2017), 부모와 부정적인 관계는 학교폭력의 가해행동과 피해와도 관련이 있다(Demaray & Malecki, 2003).

### ③ 학교 요인

학교폭력과 관련된 친구 요인은 친구와의 관계와 비행 경험이 많은 친구와의 접촉 정도 등을 들 수 있다. 청소년이 친구들과의 관계가 좋지 않을수록(노언경 외, 2017), 친한 친구의 비행 경험이 많을수록 학교폭력의 피해 집단에 포함될 가능성이 큰 것으로 나타났다(정하은·전종설, 2012). 특히 비행 친구와의 접촉으로 청소년은 협동이나 타협과 같은 긍정적인 문제해결 방법을 학습하기보다는 폭력과 같은 부정적인 문제해결 방법을 선택하게 되어 학교폭력 가해 행동을 강화하게 된다(도기봉, 2007). 또한 학교폭력과 관련된 학교 요인 중 교사들이 학교폭력에 대해 묵인하거나 적절하게 개입하지 못한다면, 학교폭력의 가해행위는 촉진될 수 있으며, 교사가 학교폭력에 적극적으로 대처할 때 학교폭력은 줄어들었다(신성자 · 권신영, 2013). 하지만 교사의 폭력적이고 처벌적인 지도 방식은 학교 분위기가 폭력을 용인하는 것을 전제로 하므로 학생들의 폭력 가능성은 증가할 수 있다(박종효 · 최지영, 2014).

#### ④ 사회환경 요인

학교폭력과 관련된 사회환경 요인은 집이나 학교 주변의 유해환경, 대중매체 폭력접촉, 비행 허용 환경 등을 들 수 있다. 경제성장과 도시화 과정에서 폭력의 양적 증가는 물론 질적 변화로 인해 파생되는 문제들로 사회규범의 약화, 직업 및 생활 수준의 심한 격차에서 오는 심리적 열등감, 빈부의 격차로 인한 상대적 박탈감, 자본주의적 배금주의에 의한 인간 가치의 경시, 사회에 만연한 폭력 문화, 학교 주변이나 집 주변의 유해환경이 학교폭력의 또 다른 요인이 된다. 특히 대중매체를 통한 폭력적 장면에 청소년들이 빈번하고 과다한 노출로 실생활에서 일어나는 폭력에 대한 감정반응을 둔화시키며, 분노상태에서 폭력을 행사하려는 동기를 조장하여 공격행동을 일으킬 수 있다(김현진 외, 2016). 최근 코로나(COVID-19) 상황으로 학생들의 등교가 제한되고, 온라인 비대면 수업이 진행되면서 청소년들의 인터넷, 모바일 기기 이용률 및 이용 시간이 증가하는 현실이 장기화하고 있다. 이처럼 청소년들의 온라인 환경 의존도가 높아짐에 따라 물리적 공간에서의 폭력 양상이 온라인 공간으로 이동하는 추세를 보인다. 이처럼 청소년들의 활동 공간이 온라인(인터넷)으로 변해감에 따라 온라인 폭력에 대응할 수 있는 상담기반을 강화할 필요가 있다(김지연 외, 2020).

# 2. 학업 중단

## 1) 학교 밖 청소년의 개념

청소년기는 정규 교육과정을 통해 상급학교로 진학하거나 직업을 가지고 사회로 나아갈 준비를 하는 중요한 시기이지만, 청소년들은 다양한 이유로 정규학교에서의 학업을 중단하고 있다. 이러한 청소년의 학업 중단은 학령기 청소년이 공교육을 학습할 수 있는 정규학교를 그만둔 것으로, 학교 밖에 있다는 이유로 그동안 이들을 중퇴생, 학교 중퇴자, 중도 탈락 청소년, 학업 중단 청소년 등 주로 부정적인 이미지를 내포하는 이름으로 불리어 왔다. 하지만 학교를 그만두더라도 학교 밖에서 다양한 학습을 할 수 있기에 부적절한 명칭이라는 지적이 있었다. 그에 따라 2014년「학교 밖 청소년 지원에 관한 법률」이 제정되면서 낙인감이 없는 더욱 가치중립적인 용어인 학교 밖 청소년으로 통일하여 사용하고 있다.

학교 밖 청소년은「학교 밖 청소년 지원에 관한 법률」(제2조 제2항)에 따라 다음의 어느 하나에 해당하는 청소년을 포함하고 있다. 즉,「초 · 중등교육법」 제2조의 초등학교 · 중학교 또는 이와 동일한 과정을 교육하는 학교에 입학한 후 3개월 이상 결석하거나「초 · 중등교육법」 제14조 제1항에 따라 취학의무를 유예한 청소년,「초 · 중등교육법」 제2조의 고등학교 또는 이와 동일한 과정을 교육하는 학교에서「초 · 중등교육법」 제18조에 따른 제적 · 퇴학 처분을 받거나 자퇴한 청소년,「초 · 중등교육법」 제2조의 고등학교 또는 이와 동일한 과정을 교육하는 학교에 진학하지 않은 청소년 등이다. 이처럼 학교 밖 청소년은 9~24세 청소년 중 어떠한 이유에서든 3개월 이상 국가에서 인정한 초 · 중등 과정에 해당하는 정규학교에 다니지 않는 청소년을 의미하는 것으로 볼 수 있다. 즉, 의무교육의 범주에 들지 않은 고등학교 단계에서 자퇴(질병, 가사, 부적응, 해외 출국 및 기타), 퇴학(품행), 제적, 유예, 면제의 사유로 중도에 학업을 중단한 학생들을 지칭하며, 의무교육에 해당하는 초등학교 및 중학교 단계에서는 유예(질병, 장기결석, 미인정 유학)와 면제(질병, 해외 출국)가 해당한다(교육부 · 한국교육개발원, 2019).

## 2) 학교 밖 청소년의 특성

학교에 다니는 청소년과 비교하여 학교를 중단한 학교 밖 청소년은 다음과 같은 특성을 보인다.

첫째, 학교 밖 청소년은 일반 청소년보다 다양한 심리 및 정서적 측면에서 어려움을 겪는다. 학교 밖 청소년은 학교를 중단함으로써 일반적으로 청소년에게 주어지는 성장과 교육의 기회를 박탈당하게 된다. 학교 밖 청소년은 다양한 위험 상황에 노출될 가능성이 크고, 자존감 · 자기효능감 · 통제력 등과 같은 심리적 특성 정도가 낮은 경향을 보인다(최상근 외, 2010). 규율이나 규칙 준수에 어려움을 느끼고 분노와 우울 정도가 높으며, 심한 감정 기복을 보인다(오혜영 외, 2013).

둘째, 학교 밖 청소년은 일반 청소년보다 더 취약한 가정환경에 노출되어 있다. 학교 밖 청소년들의 가정은 해체와 재결합 등의 과정에서 청소년

자녀에 대한 지지체계의 약화와 불안정한 환경을 제공하는 경우가 많다. 즉, 학교 밖 청소년들은 부모 간의 불화나 가정폭력 등 가정불화를 경험하거나, 부모의 사망 · 별거 · 이혼 · 재혼 · 가출 등 가정 구성의 구조적 결손이나 변화를 경험하거나, 부모의 실직 · 사업 실패 · 병환 등으로 경제적 어려움의 경험 등 가정에서 부정적인 생활사건을 경험한 비율이 높은 것으로 나타났다(윤철경 외, 2013).

셋째, 학교 밖 청소년은 일반 청소년보다 일탈행동을 하는 비행 친구들과 어울리는 경우가 많다. 학교 밖 청소년은 일탈행동을 통해 가해자가 될 수도 있지만, 따돌림 · 금품갈취 · 폭행 등 폭력의 피해자가 되기도 한다(윤철경 외, 2013). 또한 학교 밖 청소년들은 학교를 떠나거나 문제 청소년으로 낙인찍히면서 또래와의 관계가 단절되어 소외감을 느끼는 경향도 있다(권해수 외, 2007).

넷째, 학교 밖 청소년은 학교를 중단한 이후에도 학업을 계속하지만, 이런 과정에서 정보 부족, 미래에 대한 불안 등의 진로 선택과 결정에서 어려움을 겪고 있다. 학교 밖 청소년은 재학 중 높은 문제행동과 부적응적 학습 태도, 공부가 싫거나 낮은 학업성취 수준, 학교에 대한 낮은 만족도, 교사와의 비우호적인 관계나 교사의 무관심 등을 보인다(최상근 외, 2010). 또한 학교 밖 청소년은 학교를 그만둔 이후에 홀가분함이나 자유로움, 삶의 여유 등과 같은 긍정적인 정서를 경험하기도 한다. 하지만 학업 중단을 후회하는 등 학교 복귀에 대하여 양가감정이 있는 것으로 나타났다(이주연 · 정제영, 2015). 상당수의 학교 밖 청소년이 검정고시나 대학입시 공부 등 학업으로 복귀하지만, 진로에 대한 정보가 부족하여 어려움을 겪고 있다(박병금 · 노필순, 2016). 이러한 다양한 진로 장벽으로 인해 학교 밖 청소년은 취업 과정에서도 어려움을 겪을 수 있다.

다섯째, 학교 밖 청소년은 주변의 부정적인 인식으로 어려움을 경험한다. 가장 많이 호소하는 것은 주변 사람들의 선입견, 편견, 무시 등 부정적인 시선으로 어려움을 겪는 것으로 나타났다(이화명 · 김영미, 2017). 같은 청소년기임에도 불구하고 학교 밖 청소년은 학교에 다니지 않는다는 이유만으로 다양한 혜택에서 소외되고, 권리가 상실되고, 중퇴자라는 사회적 낙인으로 다양한 심리 · 사회적 문제를 경험한다(김영희, 2014). 이와 함께 학교 밖 청소년들은 중도 탈락을 자극하는 유해환경, 노동시장에서의 유도, 음악 · 영화 · 그림 · 만화 등을 위해 학업 중단, 대안학교 입학의 기타 요인(김현주 · 박재연, 2019) 등에 더 많이 노출되어 있다.

이런 결과를 종합해 보면, 일반적으로 학교 밖 청소년들은 가정환경이 열악하고 학습과 교사 및 교우 관계 등 학교생활에서 어려움을 겪으며 비행 행동의 가능성이 클 뿐만 아니라 심리 · 정서적 측면에서도 불안정한 경향을 보인다. 이렇게 개인의 내적 상태뿐만 아니라 외적 환경에서 발생하는 어려움이 상호작용하면서 학교 밖 청소년들은 학교에 다니지 못하고 사회적 지지체계가 단절된 곳으로 내몰리게 된다. 그러나 모든 학교 밖 청소년이 같은 환경과 심리적 상태를 갖는 것은 아니다. 이들이 학교를 떠나게 된 이유 및 목적, 현재 이들의 주위 환경, 미래에 대한 준비 상태 등에 따라 더 다양한 특성을 보인다.

### 3) 학업 중단의 원인

경제성장에 따른 전반적인 생활 수준과 교육 수준의 향상에 따라 빈곤이나 비행 등으로 인한 전형적인 학업 중단은 감소하고 있다. 하지만 학교 밖 청소년들이 자신이 꿈꾸는 미래를 주도적으로 준비하기 위해 학교를 그만두는 사례도 있으나, 여전히 학교 부적응과 학업에 대한 무관심, 학교에서의 집단따돌림 등과 같은 학교폭력 피해로 인해 준비되지 않은 상태에서 학교를 떠나는 경우가 많다(김희진 외, 2020). 이처럼 다양한 이유로 학교를 떠나는 청소년들의 상황에 주목할 필요가 있다. 현실적으로 학교 밖 청소년의 규모를 정확히 추산하기 어렵지만, 우리나라에서는 매년 개인, 가족, 학교 내 관계 또는 학업 등 다양한 사유로 많은 수의 학생이 정규학교를 그만두고 있고, 그 수는 해마다 약 5만 명에 이르고 있다(한국교육개발원, 2021).

청소년기는 사회적, 감정적 자극과 관련된 뇌신경학적 부위가 급격하게 발달하면서 환경에 대한 정서적 반응성과 사회적 민감성이 증가하는 시기이다(Crone & Dahl, 2012). 이처럼 주위 환경에 민감한 청소년기에 학교를 중단하는 이유는 경제적인 이유, 학교생활의 부적응, 자신의 문제행동에 따른 책임 등을 들 수 있다. 다시 말해 청소년들이 학업 중단을 결정하는 이유는 단순히 하나의 요인과 관련되기보다는 다양한 환경에서 영향을 미치는 요인이 복합적으로 작용하는 것으로 보인다(윤철경 외, 2014). 이처럼 청소년들은 일시적으로 학업 중단을 결정하기보다는 누적된 갈등을 바탕으로 하나의 해결방안으로 선택하는 경향이 있다(김현주 · 박재연, 2019).

① 개인 요인

학업 중단의 원인 중에서 개인 요인은 개인의 성격과 심리 · 정서적 특성, 생활양식 등과 관련된 요인이다. 즉, 낮은 자아존중감, 대인관계 기술과 의사소통 기술의 부족, 높은 공격성, 충동 조절 능력의 부족 등이다. 이와 함께 우울과 불안, 무력감 등의 정서적 문제와 비행 문제도 학업 중단의 주요 요인이다(금명자, 2008; 김로라 · 이조경, 2016).

② 가족 요인

가족 요인으로는 가족구성원 간의 대화 단절과 갈등, 부적절한 양육 태도와 방식, 자녀에 대한 낮은 성취 기대와 무관심, 가정폭력이나 학대 등을 들 수 있다. 이와 함께 낮은 사회경제적 지위, 부모의 이혼, 별거, 사망, 재혼 등으로 인한 가족구성원의 결여, 학업 중단 경험이 있는 가족의 존재 등이 포함된다(김영희 외, 2013).

③ 학교 요인

학교 요인 중에서 또래 요인으로 비행 성향이 높은 또래와의 잦은 접촉(서우석 외, 2007), 학업 중단을 유인하는 또래와의 어울림, 또래 관계에서 경험하는 갈등, 따돌림과 같은 또래의 낮은 정서적 지지 등을 들 수 있다(이자영 외, 2010; 김범구, 2013). 이처럼 또래는 학업 중단의 위험요인으로 작용할 뿐만 아니라 중요한 정보제공자의 역할을 수행하기 때문이다. 이와 함께 학교의 구조적 특성, 엄격한 교칙 및 운영과정, 입시 위주의 교육, 학생들이 수업에 임하는 정도, 학업에 대한 낮은 동기와 기초학습 능력의 부족, 교사와의 부정적인 관계와 체벌 등도 학교 요인으로 볼 수 있다(금명자, 2008; 김영희 외, 2013).

④ 사회환경 요인

사회환경 요인으로 청소년의 학업 중단을 유도하는 사회제도와 환경, 문화 등을 말한다. 즉, 청소년을 노동시장으로 유도하는 고용환경, 학교와 집 주변 및 디지털상의 유해환경(김범구, 2013; 최지연 · 김현철, 2016), 학벌주의와 스펙주의, 세대 간 갈등과 몰이해와 같은 거시적이고 문화적인 요소들이다(김영희 외, 2013). 해로운 환경에서 많은 시간을 보낼수록 청소년들은 학교라는 곳을 재미없고 자신을 구속하는 곳이라고 인식하게 되어 학교를 그만두게 된다. 이러한 사회적 유해환경 요인으로는 학벌주의, 일류학교 중심주의, 각종 유해환경이나 매체에의 노출 및 접근성, 유해시설 및 장소 방문, 각종 폭력 및 비행 행위 조장, 세대 간 갈등과 몰이해 등을 들 수 있다(금명자, 2008; 성윤숙, 2005).

### 4) 학교 밖 청소년의 문제

다양한 요인 때문에 학업을 중단한 학교 밖 청소년은 학교를 그만두었다는 이유로 여러 가지 어려움에 직면하고 있다. 가장 많이 호소하는 어려움은 주변 사람들의 선입견, 편견, 무시 등 부정적인 시선이다. 즉, 학교 밖 청소년이라는 이유만으로 같은 연령대의 학교에 재학 중인 청소년들과 다른 시선과 차별을 경험하고 있다. 또한 학교 밖 청소년은 청소년기에 해당하지만, 학교에 다니지 않는다는 이유로 다양한 혜택에서 소외되고, 자신이 원하는 진로를 찾지 못하는 심리적 어려움은 무기력함으로 나타나며, 가정에서는 부모와의 갈등을 경험하고 있다(김희진 · 백혜정, 2020). 또한 학교 밖 청소년은 학업 중단 이후에 흡연이나 음주를 더 많이 하는 것으로 나타났다(윤철경 · 김승경, 2019).

이처럼 학교 밖 청소년은 미래에 대한 불안과 막막함, 가족과의 갈등, 외로움과 소외감 등 다양한 어려움을 경험하지만, 나름대로 미래를 준비하고 있다. 즉, 검정고시 준비, 대학입시 공부, 집에서의 학습, 대안학교 재학 등 학업을 지속하는 학업형(60.6%)이 가장 많았다. 이어서 일을 하거나 자격증 · 취직시험을 준비하는 진로직업형(24.3%), 아무 일도 하지 않고 놀고 있는 무업형(15.1%) 순으로 나타났다(윤철경 · 김승경, 2019). 또한 학교 밖 청소년의 향후 계획은 취업, 아르바이트, 검정고시, 무계획, 직업훈련, 복학 순으로 나타났다(황연경 · 홍은영, 2018).

학업 중단 이후에 학교 밖 청소년은 학업 및 직업 준비와 관련하여 다양한 삶을 경험한다. 먼저 학교 밖 청소년은 취업과 아르바이트를 하면서 현실과 접하게 되고, 가족이나 상담자 등의 지지자와 자신의 변화 의지를 통해 학업 복귀를 준비한다(오혜영 외, 2011). 또한 학교 밖 청소년이라는 이유로 차별과 편견에 맞닥뜨리고 끊임없이 노동 권리를 침해받는다. 하지만 노동의 과정에서 자기 삶의 변화 주체는 자기임을 깨닫고 미래의 청사진을 그리며 노동의 가치를 통해 삶이 성장하는 경험을 하고 있다(김미옥 · 조아미, 2020). 결국, 학교 밖 청소년은 학교 밖의 삶에서 다양한 지혜를 익히고, 능동적이고 진취적인 세상 속에서 홀로서기를 준비하는 것으로 나타났다(명소연 · 조진옥, 2016). 이처럼 학교 밖 청소년은 학업 중단 이후 낙인감, 외로움, 학업, 취업 준비 등에 다양한 어려움을 경험하기도 한다. 하지만 자기 삶을 포기하는 것이 아니라 자기 삶을 자각하고 현실을 받아들이면서 긍정적이고 희망적인 태도를 품고 미래를 준비하는 것을 알 수 있다.

## 3. 학교폭력 및 학업 중단 관련 실천현장

### 1) 117 학교폭력신고센터

학교폭력 피해예방, 신고 · 접수 · 처리 및 상담 등 학교폭력 사안에 신속하게 대처하기 위해 광역시 · 도 지방경찰청에서 운영하고 있다. 관계기관(여성가족부, 교육부, 경찰청)이 합동팀을 편성하여 운영하거나 해당 지역 학교전담경찰관이 직접 방문하여 피해 상황을 진단하고 지원하기도 한다. 주요 업무로는 학교폭력 신고 접수 · 상담, 유관기관 연계 및 사후관리 등이며, 117로 신고하거나 '117Chat'으로 신고할 수 있다.

### 2) 위(Wee) 프로젝트

위(Wee) 프로젝트 사업은 학교, 교육청, 지역사회 등을 연결하는 협력체계로 '클래스-센터-스쿨' 3단계의 체제망을 통하여 학교 부적응 학생 및 위기학생을 대상으로 상담활동을 지원하는 정책이다(신의진, 2011).

① 위(Wee) 클래스

1차 안전망인 위(Wee) 클래스는 단위 학교에 설치한 학교 상담실을 통해 학습부진, 따돌림, 대인관계 미숙, 학교폭력, 미디어 중독, 비행 등으로 인한 학교 부적응 학생의 상담, 학교에서 학생들이 경험할 수 있는 다양한 부적응 행동 특성에 대한 예방 개입을 주로 담당한다. 이처럼 위(Wee) 클래스의 역할은 학교 내 일차적 상담을 지원하는 학교 상담실로서, 학교폭력 피 · 가해 및 부적응 등을 경험하는 학생에게 일차적 상담, 치유, 교육을 지원하는 것이다. 그리고 위(Wee) 클래스를 이용하는 학생의 상담 내용과 위기 수준에 따라 대응하기 힘든 경우, 지역에 설치되어 있는 위(Wee) 센터나 유관 상담 및 치료기관과 협업하고 있다.

② 위(Wee) 센터

2차 안전망인 위(Wee) 센터는 교육지원청에 설치한 학생상담지원시설로 단위 학교에서 선도 및 치유가 어려워 학교에서 의뢰한 위기학생 및 상담 희망 학생을 위한 진단-상담 치유 원스톱 서비스를 제공한다. 즉, 위(Wee) 센터는 고위험군 학생을 대상으로 상담, 심리평가, 교육, 연계 등의 서비스를 제공한다. 위(Wee) 클래스와 달리 심리검사를 시행할 수 있는 임상심리사, 지역사회에 필요한 자원들을 연계해주는 사회복지사 등으로 구성되어 있어 종합적인 서비스가 가능하다. 특히 위(Wee) 클래스 및 위(Wee) 스쿨, 그리고 지역사회 관계기관(병 · 의원 등 의료기관, 상담기관 및 진단기관, 청소년수련관 및 수련원, 사회복지기관, 보호기관 등)과의 긴밀한 협조체계를 기반으로 위기청소년 지원 서비스의 핵심적 허브 기능을 수행하고 있다.

③ 위(Wee) 스쿨

3차 안전망인 위(Wee) 스쿨은 시 · 도교육청 단위에 설치된 교육기관으로서 직영 또는 민간 위탁으로 운영된다. 주로 중 · 장기적으로 치유가 필요한 고위기군 학생을 대상으로 통학 또는 기숙 형태로 운영하면서 전문적 상담과 학업을 동시에 제공하고 있다. 여기에는 교과교사, 청소년지도사, 사회복지사, 야간생활지도사, 음악 및 놀이 등 매체치료사 등의 다양한 구성원들로부터 서비스를 받을 수 있다. 위(Wee) 스쿨은 3개월 동안 위탁교육을 진행하며, 진로교육이나 집단상담, 지역사회 봉사활동 등 다양한 프로그램 활동을 제공한다. 한편, 추진체계 내에서 특화형 위(Wee) 센터로 구분된 가정형 위(Wee) 센터[02]는 설치 주체가 시 · 도 교육청이라는 점과 위기학생을 대상으로 기숙 형태로 돌봄을 비롯한 장기 위탁교육을 제공한다는 점에서 위(Wee) 스쿨과 유사하다. 하지만 주로 30명 이상으로 운영되는 위(Wee) 스쿨과는 달리 15명 내외의 학생들로 운영된다는 점에서 차별화된다(이정민, 2020).

## 3) 학업중단숙려제

학업중단숙려제는 장기 결석 등으로 학업 중단 징후를 보이거나 자퇴

02 가정형 위(Wee) 센터는 보호, 상담, 교육을 통해 학생의 적응환경을 개선하여 가정 및 학교 복귀를 지원하는 중장기 위탁기관이다. 이 센터에서는 학교 위기 학생(장기 결석, 등교 거부, 학교폭력 가해 및 피해 학생), 개인 및 사회적 위기 학생(정서 · 행동 문제, 은둔형, 범죄, 가출 등 기숙형 보호가 필요한 학생), 가정적 위기 학생(가정폭력, 학대 및 방임, 빈곤, 가정해체 등)을 대상으로 3개월간(필요하면 연장 가능) 서비스를 제공한다.

원서를 제출한 학생 및 학부모에게 최소 1주~최대 7주 동안 숙려기간을 갖도록 함으로써 학업 중단을 예방하는 제도이다. 이 제도는 청소년들이 충분히 고민 없이 충동적으로 학교를 그만두는 일이 없도록 함으로써 학업 중단을 예방하려는 목적으로 도입되었다. 학업중단숙련제 참여 대상은 크게 두 집단으로 구분된다. 첫째, 학교 측에 학업 중단 의사를 밝힌 초·중학생 및 자퇴 의사를 밝힌 고교생이다. 검정고시 응시, 홈스쿨링, 평생교육시설 또는 미인가 대안교육시설로의 이동 등의 사유로 학업 중단을 중단하려는 학생도 해당한다. 둘째, 교사 등에 의해 학업 중단 위기에 처해 있다고 판단되는 초·중·고생이다. 학업 중단 위기자로 판단되는 경우는 학생생활 관찰, 상담 등에 의해 학업 중단 위기징후가 포착되거나 학교 부적응 진단 결과 등을 종합하여 학교장이 판단한 학생, 학업중단예방위원회에 의해 학업 중단 위기학생으로 판단된 학생, 미인정결석 연속 7일 이상 또는 연간 누적 30일 이상인 학생이 포함된다(허민숙, 2021).

「초·중등교육법 시행령」 제54조에 따라 학교의 장은 학업 중단 숙려 프로그램을 대상 학생에게 제공해야 하며, 학업 중단 숙려 프로그램은 학교 또는 외부 지원기관에서 제공된다. 통합지원서비스망인 Wee센터, 상담기관, 사회복지기관, 대안교육위탁교육기관 등에서 학업 중단 숙려 프로그램을 제공하며 부적응 학생의 위기 원인 및 특성에 따라 다양하게 운영된다. 이 경우 학교장은 학업 중단 숙려기간을 참여하면 출석으로 인정하고 있다.

### 4) 학교밖청소년지원센터

학교 밖 청소년은 스스로 진로를 찾고 직업을 구하는 과정에서 수많은 시행착오와 좌절을 경험할 뿐만 아니라 여러 사회적 기회가 박탈되고 있다. 이에 따라 학력이 단절된 청소년에게 학업을 지속할 수 있는 여건을 마련하고, 자립에 어려움을 겪는 청소년에게 체계적으로 자립을 준비할 수 있도록 지원하기 위해 「학교 밖 청소년 지원에 관한 법률」에 따라 2015년부터 학교밖청소년지원센터(꿈드림센터)가 지정 · 설치되어 운영되고 있다. 학교밖청소년지원센터는 학교 밖 청소년들의 개인적 특성과 욕구를 고려하여 상담, 교육, 직업체험 및 취업 지원뿐 아니라 궁극적으로 자립을 지원함으로써 건강한 사회구성원으로 성장할 수 있도록 다각적으로 지원하는 학교 밖 청소년 지원의 핵심 체계이다(여성가족부, 2022).

#### ① 사업목표 및 대상

학교 밖 청소년 지원 사업의 목표는 학교 밖 청소년의 개인적 특성과 상황을 고려한 상담 지원, 교육 지원, 직업체험 및 취업 지원, 자립 지원 등의 서비스를 지원함으로써 학교 밖 청소년이 건강한 사회구성원으로 성장할 수 있도록 돕는 것이다. 서비스 지원 대상은 「학교 밖 청소년 지원에 관한 법률」(제2조)에서 규정하고 있는 9세 이상~24세 이하의 학교 밖 청소년이다. 즉, 초 · 중학교 및 이와 동일한 과정을 교육하는 학교에 입학 후 3개월 이상 결석하거나 취학의무를 유예한 청소년, 고등학교 및 이와 동일한 과정을 교육하는 학교에서 제적 · 퇴학 처분을 받거나 자퇴한 청소년, 고등학교 또는 동일한 과정을 교육하는 학교에 진학하지 않은 청소년 등이다.

② 서비스 지원체계

학교밖청소년지원센터는 여성가족부, 중앙지원기관, 시 · 도 센터, 시 · 군 · 구 센터로 역할이 나누어진다. 먼저 여성가족부는 학교밖청소년지원센터 사업의 방향을 설정하고 사업을 총괄하며, 운영을 위한 사업안내와 예산지원 등을 수행하고 있다. 중앙지원기관인 한국청소년상담복지개발원(www.kyci.or.kr)이 담당하는 역할은 학교 밖 청소년을 위한 프로그램 개발 · 보급, 시 · 도 및 시 · 군 · 구 센터 사업지원, 직원 양성 및 역량 강화 교육, 학교 밖 청소년 DB 구축 · 관리, 관련 기관 네트워크 구축 · 홍보 등이다. 광역 단위로 설치되는 시 · 도 센터의 역할은 시 · 군 · 구 센터를 관리하고 지원하는 업무를 수행하며, 지자체 특성에 맞게 학교 밖 청소년을 위한 지원 사업이 잘 운영될 수 있도록 허브 기능과 역할을 하고 있다. 이를 위해 시 · 도 단위의 지역협의체 구성 · 운영과 정책 수요 분석 및 사업개발, 지역자원연계망 구축 및 시 · 군 · 구 센터를 지원하는 역할을 하고 있다. 마지막으로 기초자치단체에 설치되는 시 · 군 · 구 센터는 학교 밖 청소년을 대상으로 직접 사업을 수행하고 있다. 즉, 시 · 군 · 구 센터의 역할은 시 · 군 · 구 단위 지역협의체 구성 · 운영, 학교 밖 청소년 발굴 및 지원, 학교 밖 청소년 상담 · 교육 · 직업체험 · 취업 지원 및 자립 지원과 사후관리, 지역 민관협력 네트워크 구축 · 운영 등이다.

[그림 12-1]은 학교 밖 청소년의 발굴 · 연계 체계이다. 중앙부처 중에서 교육부는 학업중단숙려제 및 취학 관리 전담기구 운영을 통해 학교 밖 청소년들을 발굴한다. 경찰청은 경찰서별 담당자 지정 및 집중 발굴 기간

운영을 통해 학교 밖 청소년들을 발굴한다. 지방자치단체는 청소년안전망 운영과 청소년상담복지센터, 청소년동반자, 청소년특별지원사업 등 취약계층 지원 정책 등을 통해 학교 밖 청소년들을 발굴한다. 민간에서는 청소년 밀집 지역 · 밀집 시간에 찾아가는 거리 상담 운영과 온 · 오프라인 아웃리치 등을 통해 학교 밖 청소년들을 발굴한다.

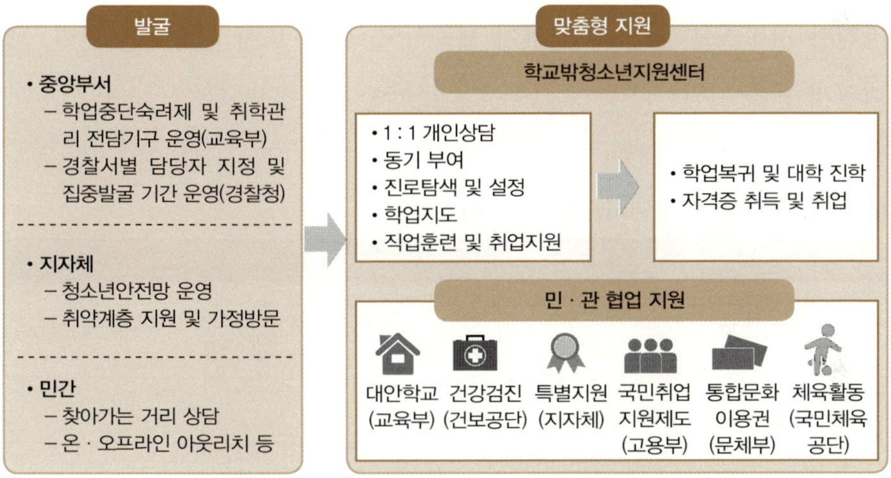


**[그림 12-1] 학교 밖 청소년 발굴 · 연계 체계**

### ③ 운영 프로그램

학교밖청소년지원센터에서는 연계된 청소년의 특성과 요구에 따라 맞춤형 서비스를 지원한다. 서비스의 종류는 상담 지원, 교육 지원, 직업체험 및 취업 지원, 자립 지원, 건강 검진 등이다. 먼저 상담 지원은 청소년 심리, 진로, 가족관계, 친구관계 등의 내용으로 지원하고 있다. 교육 지원은 학업동기 강화 및 학업능력 증진 프로그램 진행, 검정고시를 통한 학력 취득 지원, 대학입시 지원, 학업 중단 숙려상담, 취학관리 전담기구 사례관리, 복교지원 등의 서비스를 제공한다. 직업체험 및 직업교육훈련 지원은 직업탐색 · 체험 프로그램 제공, 직업역량 강화 프로그램 제공, 취업 훈련 연계지원(내일이룸학교, 취업성공패키지, 비즈쿨 등) 등의 서비스를 제공한다. 자립 지원은 자기계발 프로그램 지원, 청소년 근로권의 보호, 경제적으로 어려운 학교 밖 청소년 지원, 기초 소양교육 제공 등의 서비스를 제공한다. 건강검진은 생애전환기 연령(10대)의 특성에 적합한 맞춤형 건강진단 서비스를 본인 부담 없이 제공하고 있다. 또한 건강생활 관리, 체력관리 등을 지원한다.

**[표 12-2] 학교밖청소년지원센터의 서비스 내용**

| 구분 | 내용 |
|---|---|
| 상담지원 | • 청소년 심리, 진로, 가족관계, 친구관계 등 |
| 교육지원 | • 학업동기 강화 및 학업능력 증진 프로그램 진행<br>• 검정고시를 통한 학력 취득 지원<br>• 대학입시 지원<br>• 학업중단 숙려상담, 취학관리 전담기구 사례관리<br>• 복교지원 |
| 직업체험 및 직업교육 훈련 지원 | • 직업탐색 · 체험 프로그램 제공<br>• 직업역량 강화 프로그램 제공<br>• 취업훈련 연계지원(내일이룸학교, 취업성공패키지, 비즈쿨 등) |
| 자립지원 | • 자기계발 프로그램 지원<br>• 청소년 근로권익 보호<br>• 경제적으로 어려운 학교 밖 청소년 지원<br>• 기초 소양교육 제공 |
| 건강검진 | • 10대 특성에 맞춘 건강검진 서비스 제공(본인 부담 없음)<br>• 건강생활 관리 지원<br>• 체력관리 지원 |
| 기타 서비스 | • 지역특성화 프로그램 등 |

### 5) 청소년동반자

위기청소년은 심리적 어려움을 겪더라도 상담에 대한 동기가 낮아 상담이나 공공서비스를 이용하는 것을 꺼리는 경향이 있다. 이러한 이유로 자격과 경험을 갖춘 청소년 상담전문가가 상담 및 심리, 정서적 지지 등을 통해 위기청소년들과 지속적인 관계를 형성하여 청소년의 건강하고 성공적인 삶을 지원하는 상담 프로그램이 필요하게 되었다. 이에 따라 2005년부터 위기청소년의 문제해결을 돕고 위기요인을 개선하려는 목적으로 현장 중심의 지역사회 자원 개발 및 연계에 힘쓰고 유기적인 관계 형성을 바탕으로 청소년들의 삶을 지원할 수 있는 청소년동반자 프로그램이 도입되었다(여성가족부, 2021).

청소년동반자(Youth Companion : YC)는 가출, 비행 · 폭력, 학업 중단, 성매매 피해 등 심화한 위기 상황에 직면한 위기청소년 삶의 현장을 직접 찾아가 심리적 · 정서적 지지와 상담 및 지역사회 자원 연계 서비스를 제공하는 서비스이다. 우선 지원 대상은 청소년(9~24세) 중 청소년상담복지센터에서 받은 위기 스크리닝 결과, 중 · 고 위험군에 해당하는 청소년(가출, 비행 · 폭력, 학업 중단, 성매매 피해 등)이다. 청소년동반자가 이들을 직접 찾아가서 시행한 상담을 기반으로 해당 청소년의 문제 유형과 개별 특성을 고려한 서비스를 제공한다. 전문적인 상담, 공통의 생활 · 문화 · 체육활동 또는 주기적인 만남을 통해 관계를 형성하면서 청소년이 건강하게 성장할 수 있도록 지원한다.

청소년동반자는 청소년복지와 상담 분야에서 일정한 자격과 경험을 갖춘 전문가로서 위기청소년들을 위해 지역사회 협력 자원을 발굴 · 연계하며, 그들과 지속적인 관계를 형성하여 위기 극복 및 건강한 성장을 지원한다. 이용자의 상황에 따라 다르지만, 일주일에 1회 이상, 약 3개월 동안 지속적으로 상담 등을 통해 중 · 고위험군 청소년이 정상적으로 사회에 복귀할 수 있도록 지원한다. 이러한 청소년동반자는 전일제 동반자와 시간제 동반자로 자격 기준, 근무시간 등에 따라 구분된다. 전일제 동반자는 분기당 평균 12개 사례 이상, 시간제 동반자는 6개 사례 이상을 기준으로 사례를 담당한다. 사례관리는 1개 사례당 3개월 이내 종결을 원칙으로 하며, 사례의 특성에 따라 탄력적으로 운영할 수 있다. 위기청소년의 특성상 자발적인 방문보다는 청소년을 찾아가는 형태의 상담을 시행함으로써 청소년이 원하는 시간대에 서비스를 제공하고 있다(여성가족부, 2020).

### 6) 지역사회청소년통합지원체계

지속적인 이혼율 상승 및 경기침체로 인한 가장의 실직 등으로 가정해체가 증가하고 있으며, 전통적 가족기능 약화에 따라 경제적 · 심리적으로 위기 상황에 부닥쳐 있는 청소년의 수가 늘어나고 있다. 그러나 위기청소년을 지원하기 위한 청소년 서비스 제공 기관은 지역별로 인프라의 편차가 있거나 상호협력체계가 부재하여 대상자 조기 발견과 통합적 서비스 제공이 어려운 측면이 있었다. 이에 개별화된 지역사회 청소년 지원 서비스를 통합 · 연계하여 정신건강 문제, 가출, 폭력피해, 인터넷 · 스마트폰 중독 등 위기청소년에 대한 상담 · 보호 · 의료 · 자립 등 맞춤형 서비스를 One-Stop으로 제공하기 위해 지역사회청소년통합지원체계(청소년안전망)를 구축 · 운영하고 있다(여성가족부, 2022).

① 목적

청소년안전망은 지역사회 시민들과 기관, 단체가 서로 주체가 되어 위기청소년을 발견 · 구조하고 치료하는 데 참여함으로써 지역사회 청소년들이 건강한 민주시민으로 성장하도록 지원하기 위한 협력 연계망이다. 이러한 청소년안전망은 「청소년복지 지원법」(제9조)에 근거하여 지방자치단체 책임하에 지역사회 청소년 관련 기관 간의 네트워킹을 통한 통합지원체계 구축과 위기청소년에 대한 전화상담, 구조, 보호, 치료, 자립, 학습 등 서비스 제공을 통해 위기청소년이 건강한 성장과 삶의 역량을 강화하는 것이 주요 목적이다(여성가족부, 2022). 2005년 위기청소년 사회안전망으로 시작한 CYS-Net(Community Youth Safety-Net)은 2019년 7월 1일부터 사업의 이해도 및 접근성 향상을 위해 청소년안전망으로 명칭이 변경되었다. 지역사회청소년통합지원체계는 위기 상황에 부닥친 청소년을 발견, 지원, 보호하기 위해 지방자치단체, 청소년상담복지센터, 청소년복지시설 및 지원시설, 지방경찰청 및 경찰서 등 공공기관의 구성기관(1차 연계망)으로 구성되어 있다(여성가족부, 2020). 특히 1388 청소년지원단은 민간사회 안전망의 역할을 담당하며 청소년안전망의 민 · 관 협력체계를 만들어가는 기능을 수행하고 있다.

② 사업내용

주요 사업내용을 살펴보면 다음과 같다. 먼저 위기청소년 조기 발견 · 보호 및 지원을 위한 활동 지원, 상담 전화 등의 설치 · 운영, 청소년에 대한 상담, 긴급구조, 보호, 의료지원, 학업지원, 자립지원 등의 서비스 제공 및 상담복지 사례관리, 청소년안전망 운영위원회 운영 지원, 실행위원회 운영, 필수연계기관 상호 연계 및 협력 촉진 조치 등이다. 한편, 〈표 12-3〉은 청소년안전망 필수연계기관의 구성 및 역할이며, [그림 12-2]는 청소년안전망 운영 체계이다.

**[표 12-3] 필수연계기관의 구성 및 역할**

| 기관명 | 주요 역할 |
|---|---|
| 지방자치단체 | • 지역사회청소년통합지원체계 구축의 주체로서 청소년안전망의 원활한 운영을 위해 필요한 자원 제공<br>• 필수연계기관 간 연계 활성화를 위해 행정 협력 등을 끌어내는 역할 |
| 청소년상담복지센터 | • 지역사회청소년통합지원체계 운영기관으로서 위기 상황의 청소년에 대한 상담 및 서비스를 제공하고 예방하기 위한 역할 수행<br>• 특히 교육청 · 각급 학교, 경찰관서로부터 의뢰가 있는 경우 해당 청소년에게 먼저 해당 서비스 제공 |
| 청소년복지시설 및 지원시설 등 | • 청소년상담복지센터에 유입된 청소년 중 가정복귀가 어려운 청소년을 인계받아 일시, 단기 또는 중장기적인 시설보호 서비스 제공 |
| 시 · 도 교육청 및 교육지원청 | • 학생생활지원단(Wee센터)이 설치되지 않은 경우 관내 학생에 대한 상담이 필요할 때 상담복지센터로 상담 · 지원 의뢰<br>• 학업중단숙려제 대상 청소년의 외부 상담 지원을 위해 청소년상담복지센터와 협의 및 협조 |
| 각급 학교 | • 해당 학교의 학생이 학교폭력 등 위기 상황, 학교 부적응 등의 사유로 결석하거나 자퇴를 희망하는 경우 또는 그 밖에 전문적인 상담 서비스의 제공이 필요하다고 판단되는 경우 상담 · 지원 의뢰<br>• 학업중단숙려제 대상 청소년의 외부 상담 지원 위해 청소년상담복지센터와 협의 및 협조 |

| | |
|---|---|
| 지방경찰청 및 경찰서 | • 관내 순찰 시 밤늦은 시간 등에 가출청소년으로 의심되는 청소년을 발견하였을 경우 가급적 현장에서 가정복귀할 수 있도록 유도<br>• 가정복귀를 거부하고 거주가 불분명한 청소년은 인근 지역 청소년상담복지센터의 일시보호소 또는 청소년쉼터로 대상자를 인계<br>• 청소년상담복지센터에서 긴급구조를 실시하다가 긴급구조요원이 폭력 등 위기 상황 노출이 우려되어 관내 경찰관서로 지원요청을 하는 경우 출동에 협조 |
| 지방고용노동처 및 지청(고용복지 플러스센터 포함) | • 청소년상담복지센터에서 직업훈련이나 취업이 필요한 청소년을 의뢰하는 경우 저소득층 취업성공패키지, 직업능력개발계좌제, 취업사관학교, 직장체험 등 청소년의 여건과 욕구에 맞는 프로그램에 우선 참여할 수 있도록 지원 |
| 공공보건의료기관 및 보건소 (보건의료원 포함) | • 청소년상담복지센터에 유입된 청소년 중 건강진단이나 신체적 질병 등으로 진료 및 치료 등이 필요한 경우 지원<br>• 비용은 청소년상담복지센터의 청소년안전망 사업비나 청소년특별지원 사업비 등으로 부담하되, 사회공헌 차원에서 지자체와 국공립 병원 간 업무협약을 통하여 건강진단, 진료 · 치료비의 일부 또는 전부를 감면 가능<br>• 보건소의 경우 지자체 여건에 따라 자치단체 조례에 비용의 감면 등에 관한 사항을 규정할 수 있음 |
| 청소년비행예방 센터(꿈키움센터) | • 위기청소년에 대한 비행 예방 교육 및 상담 활동 협조 |
| 학교 밖 청소년 지원센터 | • 청소년상담복지센터에서 위기청소년을 의뢰하는 경우 직업체험 및 취업, 자립, 교육 등 프로그램에 참여할 수 있도록 지원 |
| 보호관찰소 및 보호관찰지소 | • 보호관찰 대상 청소년에 대하여 전문적인 상담 · 복지서비스의 제공이 필요하다고 판단되는 경우 상담 · 복지지원 등의 의뢰 |

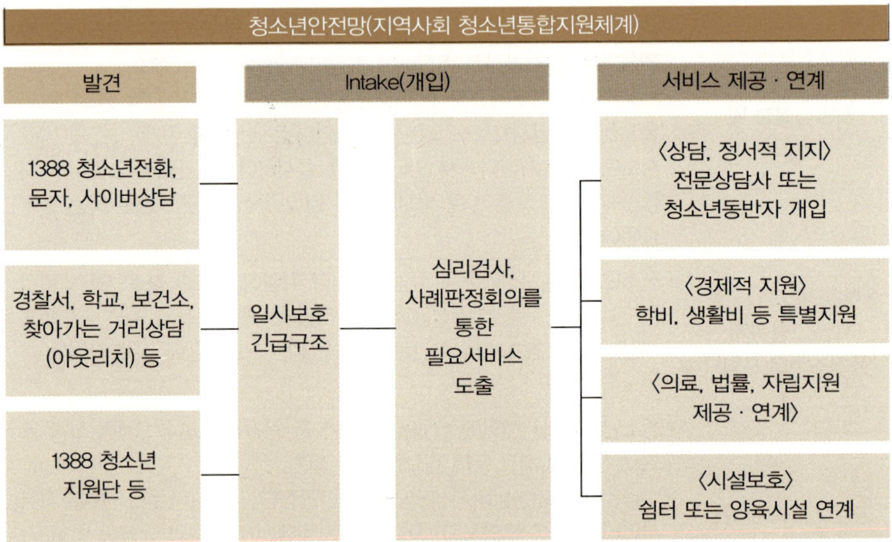


**[그림 12-2]** 청소년안전망 운영 체계

CHAPTER

# 13

# 청소년과 전문 인력

1. 청소년지도사
2. 청소년상담사
3. 청소년육성 전담공무원
4. 사회복지사
5. 학교사회복지사

# 13 CHAPTER 청소년과 전문 인력

**학·습·목·표**

- 청소년지도사를 설명할 수 있다.
- 청소년상담사를 설명할 수 있다.
- 청소년육성 전담공무원을 설명할 수 있다.
- 사회복지사를 설명할 수 있다.
- 학교사회복지사를 설명할 수 있다.

「청소년 기본법」(제3조)에 따르면, 청소년지도자란 청소년지도사, 청소년상담사, 청소년시설 · 청소년단체 · 청소년 관련 기관에서 청소년육성에 필요한 업무에 종사하는 사람으로 규정되어 있다. 이 정의에 따르면, 청소년지도사, 청소년상담사 외에도 청소년육성에 필요한 업무에 종사하는 사람도 포함되어 청소년지도자의 범주는 포괄적인 편이다. 특히 청소년지도자가 활동하는 현장은 「청소년 기본법」에 따르면 청소년활동, 청소년복지, 청소년보호를 포함하는 것이어서 더욱 그렇다. 여기서는 청소년지도자 중에서 국가공인 자격인 청소년지도사와 청소년상담사 외에 사회복지사와 학교사회복지사 등을 중심으로 살펴보고자 한다.

# 1. 청소년지도사

## 1) 청소년지도사의 개념

급격한 사회변화에 따라 심화하고 있는 청소년 문제를 적극적으로 해결하고 체계적인 청소년활동을 제공하기 위해서는 청소년수련활동에 대한 전문지식과 지도기법 및 자질을 갖춘 청소년지도자의 양성이 필요하다(여성가족부, 2022). 이러한 청소년지도자의 체계적이고 전문적인 양성을 위해 「청소년 기본법」(제21조 제1항)에 따라 청소년지도사는 청소년지도사 자격검정에 합격하고 청소년지도사 연수기관에서 실시하는 연수과정을 마친 사람에게 여성가족부장관이 자격을 부여하는 국가공인 자격이다. 즉, 청소년지도사는 청소년 관련 분야의 경력 · 기타 자격을 갖춘 자로서 자격검정에 합격하고 소정의 연수를 마친 자에게 부여하는 국가공인 자격이다.

이처럼 청소년지도사는 청소년시설과 청소년단체 및 학교에서 청소년육성에 관련되는 업무를 수행하는 청소년지도자이다. 즉, 청소년지도사는 수련활동에 필요한 시설, 프로그램, 설비 등을 갖춘 청소년 수련시설과 청소년단체에서 근무하면서 청소년이 참여하는 다양한 프로그램을 개발하고 기획 및 운용하는 역할을 한다. 이렇게 볼 때, 청소년지도사는 사명감과 투철한 직업의식을 가지고 청소년과 촉진적 관계를 형성하고 청소년활동의 수행을 위한 전문적 지식과 기술, 태도를 갖춘 전문가임을 알 수 있다.

## 2) 양성체계

「청소년 기본법」에서는 청소년지도사 양성 및 배치에 관한 내용을 규정하여 1993년부터 국가공인 청소년지도사를 체계적으로 양성하고 있다. 청소년지도사는 1, 2, 3급으로 등급을 구분하고 있으며, 청소년활동(프로그램, 사업)을 전담하여 청소년의 수련활동, 지역 · 국가 간 교류활동, 동아리활동, 봉사활동, 예술활동 등을 지도한다(여성가족부, 2021). 청소년지도사의 등급별 자격검정에 응시할 수 있는 자격 기준은 〈표 13-1〉과 같다.

**[표 13-1] 청소년지도사 자격검정의 등급별 응시자격 기준**

| 등급 | 응시자격 기준 |
|---|---|
| 1급 청소년지도사 | 2급 청소년지도사 자격취득 후 청소년활동 등 청소년육성업무에 종사한 경력이 3년 이상인 사람 |
| 2급 청소년지도사 | 1. 대학 졸업(예정)자 또는 이와 같은 수준 이상의 학력이 있는 사람으로서 2급 청소년지도사 자격검정에 필요한 과목 모두를 전공과목으로 이수한 사람<br>2. 2005년 12월 31일 이전에 대학을 졸업하였거나 이와 같은 수준 이상의 학력을 취득한 사람으로서 별표 1의3에 따른 과목을 이수한 사람<br>3. 대학원의 학위과정 수료(예정)자로서 2급 청소년지도사 자격검증에 필요한 과목 모두를 전공과목으로 이수한 사람<br>4. 2005년 12월 31일 이전에 대학원의 학위과정을 수료한 사람으로서 별표 1의2에 따른 과목 중 필수영역 과목을 이수한 사람<br>5. 대학 졸업 또는 이와 같은 수준 이상의 학력이 있다고 다른 법령에서 인정받은 후 청소년활동 등 청소년육성업무에 종사한 경력이 2년 이상인 사람<br>6. 전문대학 졸업 또는 이와 같은 수준 이상의 학력이 있다고 다른 법령에서 인정받은 후 청소년활동 등 청소년육성업무에 종사한 경력이 3년 이상인 사람<br>7. 3급 청소년지도사 자격 취득 후 청소년활동 등 청소년육성업무에 종사한 경력이 2년 이상인 사람<br>8. 고등학교 졸업 또는 이와 같은 수준 이상의 학력을 인정받은 후 청소년활동 등 청소년육성업무에 종사한 경력이 8년 이상인 사람 |

| | |
|---|---|
| 3급 청소년지도사 | 1. 전문대학 졸업(예정)자 또는 이와 같은 수준 이상의 학력이 있는 사람으로서 3급 청소년지도사 자격검정에 필요한 과목 모두를 전공과목으로 이수한 사람<br>2. 2005년 12월 31일 이전에 전문대학을 졸업하였거나 이와 같은 수준 이상의 학력을 취득한 사람으로서 별표 1의2에 따른 과목을 이수한 사람<br>3. 전문대학 졸업 또는 이와 같은 수준 이상의 학력이 있다고 다른 법령에서 인정받은 후 청소년활동 등 청소년육성업무에 종사한 경력이 2년 이상인 사람<br>4. 고등학교 졸업 또는 이와 같은 수준 이상의 학력이 있다고 다른 법령에서 인정받은 후 청소년활동 등 청소년육성업무에 종사한 경력이 3년 이상인 사람 |
| 비고 | 1. 청소년활동 등 청소년육성업무 종사경력의 인정 범위와 내용은 여성가족부장관이 별도로 정하여 고시한다.<br>2. 2급 청소년지도사 자격증을 소지하고 대학원에서 1급 자격검정에 필요한 과목을 전공과목으로 이수한 석사학위 소지자 또는 박사학위 소지자는 각각 2년 또는 3년의 경력을 가진 것으로 인정한다.<br>3. 제18조에 따른 청소년지도자 연수 등 청소년육성 관련 연수 또는 교육을 받은 경우 그 내용에 따라 점수로 환산하여 청소년지도사 자격 취득에 필요한 청소년활동 등 청소년육성업무 종사경력을 인정할 수 있다. 이 경우 연수 및 교육을 받은 사람의 경력환산 점수는여성가족부장관이 별도로 정하여 고시한다.<br>4. 고등학교, 대학, 전문대학 및 대학원이란 각각 「초 · 중등교육법」 제2조 제4호에 따른 고등학교, 「고등교육법」 제2조 제1호 · 제4호에 따른 대학 · 전문대학, 「고등교육법」 제29조에 따른 대학원을 말한다. |

출처: 「청소년 기본법 시행령」 제20조 제3항 별표1.

청소년지도사 자격검정의 과목 및 검증방법은 〈표 13-2〉와 같이 등급별에 따라 다르다. 청소년지도사의 구체적인 자격 획득을 위해 2, 3급은 객관식 필기시험과 면접, 1급은 주 · 객관식 필기시험에 합격하여야 한다. 청소년지도사 자격검정의 합격 기준은 필기시험에서 매 과목 100점을 만점으로 하여 매 과목 40점 이상, 전 과목 평균 60점 이상의 점수를 얻어야 한다. 또한 2008년부터 2급 자격기준 중 대학졸업(예정)자 또는 이와 동등 이상의 학력이 있는 자로서 2급 청소년지도사 자격검정에 필요한 과목 모두를 전공과목으로 이수한 자와, 3급 지도사의 경우 전문대학 졸업(예정)자 또는 이와 동등 이상의 학력이 있는 자로서 3급 청소년지도사 자격검정에 필요한 과목 모두를 전공과목으로 이수한 자는 해당 급수의 청소년지도사 자격검정에서 필기시험을 면제한다(여성가족부, 2022).

**[표 13-2] 청소년지도사 자격검정의 과목 및 방법**

<table>
<tr><th>구분</th><th>검정과목</th><th colspan="2">검정방법</th></tr>
<tr><td>1급</td><td>청소년연구방법론, 청소년 인권과 참여, 청소년정책론, 청소년기관 운영, 청소년지도자론</td><td colspan="2">주관식 · 객관식 필기시험</td></tr>
<tr><td>2급</td><td>청소년육성제도론, 청소년지도방법론, 청소년심리 및 상담, 청소년문화, 청소년활동, 청소년복지, 청소년프로그램 개발과 평가, 청소년문제와 보호</td><td>객관식 필기시험</td><td>면접(3급 청소년지도사 자격증 소지자는 면접시험 면제)</td></tr>
<tr><td>3급</td><td>청소년육성제도론, 청소년활동, 청소년심리 및 상담, 청소년문화, 청소년지도방법론, 청소년문제와 보호, 청소년프로그램 개발과 평가</td><td>객관식 필기시험</td><td>면접</td></tr>
<tr><td>비고</td><td colspan="3">청소년지도사 자격검정 과목과 관련된 전공과목의 인정 범위는 여성가족부장관이 별도로 정하여 고시한다.</td></tr>
</table>

출처: 「청소년기본법 시행령」 제20조 제3항 별표2.

청소년지도사 양성은 이원체계로 운영되고 있다. 즉, 여성가족부 주관으로 한국산업인력공단에 위탁하여 청소년지도사 자격검정을 시행하고, 자격검정에 합격하고 한국청소년활동진흥원에서 실시하는 연수과정을 마친 사람에게 청소년지도사 자격증을 교부하고 있다. 자격검정에 합격한 사람을 대상으로 청소년지도사로서의 자질과 전문성을 함양할 수 있는 내용을 중심으로 30시간 이상(3박 4일)의 연수를 실시한다.

### 3) 주요 역할

「청소년 기본법」에서 제시하는 청소년지도사의 역할은 분명하지 않지만, 청소년육성을 위한 청소년활동 업무가 주요 목적임을 짐작할 수 있다. 즉, 청소년지도사는 청소년활동(프로그램, 사업)을 전담하여 청소년의 수련활동, 지역 · 국가 간 교류활동, 동아리활동, 봉사활동, 예술활동 등 다양한 형태의 활동을 지도하는 역할을 수행한다.

이러한 청소년지도사의 주요 역할을 살펴보면 〈표 13-3〉과 같다(서희정 외, 2016). 먼저 청소년활동 운영의 측면에서 청소년지도사는 프로그램 기획자와 프로그램 운영자의 역할을 수행한다. 프로그램 기획자의 직무는 요구분석과 프로그램의 설계 및 개발이며, 프로그램 운영자의 직무는 프로그램 운영과 평가이다. 둘째, 청소년 참가자와의 관계에서 청소년지도사는 교육자와 활동촉진자의 역할을 수행한다. 교육자의 직무는 청소년교육이며, 활동촉진자의 직무는 청소년 상담, 청소년 촉진, 참가자 조직 등이다. 셋째, 행정업무 수행의 측면에서 청소년지도사는 관리행정가와 변화촉지자의 역할을 수행한다. 관리행정가의 직무는 기관의 운영관리와 프로그램 예산 관리 및 집행 등이다. 변화촉진자의 직무는 조직구조 및 풍토의 개선이다. 마지막으로 네트워크 실행의 측면에서 청소년지도사는 네트워크 구축자와 네트워크 운영자의 역할을 수행한다. 네트워크 구축자의 직무는 인적 네트워크 구축과 조직 간 협력체계 구축이며, 네트워크 운영자의 직무는 동아리 조직과 운영이다.

[표 13-3] 청소년지도사의 역할과 직무

| 구분 | 역할 | 직무 |
|---|---|---|
| 청소년활동 운영 | 프로그램 기획자 | 요구분석, 프로그램 설계 및 개발 |
| | 프로그램 운영자 | 프로그램 운영, 프로그램 평가 |
| 참가자와의 관계 | 교육자 | 청소년교육 |
| | 활동촉진자 | 청소년 상담, 청소년 촉진, 참가자 조직 |
| 행정업무 수행 | 관리행정가 | 기관 운영관리, 프로그램 예산 관리 및 집행 |
| | 변화촉진자 | 조직구조 및 풍토 개선 |
| 네트워크 실행 | 네트워크 구축자 | 인적 네트워크 구축, 조직간 협력체계 구축 |
| | 네트워크 운영자 | 동아리 조직과 운영 |

## 4) 배치기준

「청소년 기본법」 제23조에 따라 청소년시설과 청소년단체는 대통령령으로 정하는 바에 따라 청소년육성을 담당하는 청소년지도사를 배치하여야 한다. 즉, 공공 청소년수련시설에 전문성을 갖춘 청소년지도사를 배치함으로써 청소년활동 프로그램의 양적 · 질적 향상을 통해 시설 운영의 활성화를 도모하는 동시에 지역사회 청소년이 건강하고 창의적인 주역으로 성장할 수 있는 환경을 제공하는 것이 목적이다(황진구, 2017). 이런 목적을 달성하기 위한 청소년지도사의 배치기준은 〈표 13-4〉에서와 같이 청소년수련시설과 청소년단체 등 유형에 따라 각각 다르다. 또한 국가 및 지방자치단체는 청소년단체나 청소년시설에 배치된 청소년지도사에 대해 예산의 범위에서 그 활동비의 전부 또는 일부를 보조할 수 있다고 규정하고 있다(「청소년 기본법」 제23조).

**[표 13-4] 청소년지도사의 배치기준**

<table>
<tr><th colspan="2">배치대상</th><th>배치기준</th></tr>
<tr><td rowspan="6">※청소년 수련시설</td><td>청소년 수련관</td><td>1급 또는 2급 청소년지도사 각각 1명 이상을 포함하여 4명 이상의 청소년지도사를 두되, 수용인원이 500명을 초과하는 경우에는 500명을 초과하는 250명당 1급, 2급 또는 3급 청소년지도사 중 1명 이상을 추가로 둔다.</td></tr>
<tr><td>청소년 수련원</td><td>1) 1급 또는 2급 청소년지도사 1명 이상을 포함하여 2명 이상의 청소년지도사를 두되, 수용정원이 500명을 초과하는 경우에는 1급 청소년지도사 1명 이상과 500명을 초과하는 250명당 1급, 2급 또는 3급 청소년지도사 중 1명 이상을 추가로 둔다.<br>2) 지방자치단체에서 폐교시설을 이용하여 설치한 시설로서 특정 계절에만 운영하는 시설의 경우에는 청소년지도사를 두지 않을 수 있다.</td></tr>
<tr><td>유스호스텔</td><td>청소년지도사를 1명 이상 두되, 숙박정원이 500명을 초과하는 경우에는 1급 또는 2급 청소년지도사 1명 이상을 추가로 둔다.</td></tr>
<tr><td>청소년 야영장</td><td>1) 청소년지도사를 1명 이상 둔다. 다만, 설치 · 운영자가 동일한 시 · 도 안에 다른 수련시설을 운영하면서 청소년야영장을 운영하는 경우로서 다른 수련시설에 청소년지도사를 둔 경우에는 그 청소년야영장에 청소년지도사를 별도로 두지 않을 수 있다.<br>2) 국가, 지방자치단체, 그 밖에 공공법인이 설치 · 운영하는 청소년야영장으로서 청소년수련거리의 실시 없이 이용 편의만 제공하는 경우에는 청소년지도사를 두지 않을 수 있다.</td></tr>
<tr><td>청소년 문화의집</td><td>청소년지도사를 1명 이상 둔다.</td></tr>
<tr><td>청소년 특화시설</td><td>1급 또는 2급 청소년지도사 1명 이상을 포함하여 2명 이상의 청소년지도사를 둔다.</td></tr>
<tr><td colspan="2">청소년단체</td><td>청소년회원 수가 2천명 이하인 경우에는 1급 청소년지도사 또는 2급 청소년지도사 1명 이상을 두되, 청소년회원 수가 2천명을 초과하는 경우에는 그 초과하는 2천명마다 1급 청소년지도사 또는 2급 청소년지도사 1명 이상을 추가로 두며, 청소년회원 수가 1만명 이상인 경우에는 청소년지도사의 5분의 1 이상은 1급 청소년지도사로 두어야 한다.</td></tr>
<tr><td colspan="3">※ 청소년수련시설은 「청소년활동 진흥법」 제10조 제1호에 따른 청소년수련시설을 말한다.</td></tr>
</table>

출처: 「청소년 기본법 시행령」 제25조 제2항 별표5.

### 5) 보수교육

청소년지도사 자격 취득자의 자질 향상을 위하여 「청소년 기본법」(제24조의2 제1항)에 청소년시설, 청소년단체 및 학교 등에서 각각 그 업무에 종사하는 청소년지도사는 자질 향상을 위하여 정기적으로 보수교육을 받을 것을 명시하고 있다. 즉, 2013년부터 청소년기관이나 단체에 종사하는 청소년지도사는 2년마다 15시간 이상 보수교육을 통해 전문성을 유지하며, 새로운 영역으로 전문성을 확대하여 청소년 대상의 질 높은 서비스를 제공한다. 이처럼 청소년지도사 보수교육은 빠르게 변화하는 청소년과 환경에 대응할 수 있는 역량강화 및 자질 향상과 청소년지도사의 전문직 정체성을 확립하기 위해 청소년정책 및 권리교육, 성평등교육, 아동학대 신고의무자 교육, 청소년활동과 안전, 청소년 실천현장에 필요한 과목으로 운영하고 있다.

## 2. 청소년상담사

최근 청소년폭력, 가출, 학업 중단, 집단따돌림, 인터넷 중독, 자살 등의 심각한 청소년 문제에 현실적으로 대처하기 위한 전문적인 청소년 상담 인력이 필요한 실정이다. 이에 따라 청소년상담사 국가자격제도는 1991년 「청소년기본법」이 제정되면서 법적 기반이 마련된 이후, 2003년부터 일반상담과 차별화된 청소년 문제에 초점을 맞춘 전문상담자의 양성을 목적으로 청소년상담사의 전문화와 청소년 문제에 대한 높은 자질을 지닌 인력을 확보하고자 시행되었다.

### 1) 청소년상담사의 개념

청소년상담사는 「청소년 기본법」(제3조)에 따라 청소년지도사와 더불어 청소년 정책 현장에서 청소년사업에 종사하고 있는 청소년지도자를 지칭하는 용어이다. 청소년상담사는 청소년 문제의 해결을 위한 전문 상담 인력으로 「청소년 기본법」(제22조 제1항)에 구체적인 법적 근거가 규정되어 있다. 청소년상담사는 청소년상담사 자격검정에 합격하고 청소년상담사 연수기관에서 실시하는 100시간 이상의 연수과정을 마친 사람에게 여성가족부장관이 자격을 부여하는 국가공인 자격이다. 청소년상담사는 국가 차원의 청소년상담 관련 기관인 한국청소년상담복지개발원, 시 · 도 및 시 · 군 · 구 청소년상담복지센터, 초 · 중 · 고 · 대학의 학생상담소, 청소년수련관, 사회복지관, 청소년쉼터, 청소년 관련 복지시설, 경찰청이나 법무부 등 청소년업무 지원부서, 사설 청소년상담실, 아동 · 청소년 대상 병원, 일반 청소년 관련 사업체, 근로청소년 관련 사업체 등에서 청소년상담 업무에 종사한다(여성가족부, 2021).

### 2) 양성체계

청소년지도자의 체계적이고 전문적인 양성을 위해 「청소년 기본법」에서는 청소년상담사 양성 및 배치에 관한 내용을 규정하여 2003년부터 국가공인 청소년상담사를 양성하고 있다. 청소년상담사는 1, 2, 3급으로 등급을 구분하고 있으며, 청소년상담사의 등급별 자격검정에 응시할 수 있는 자격 기준은 〈표 13-5〉와 같다.

**[표 13-5] 청소년상담사 자격검정의 등급별 응시자격 기준**

| 등급 | 응시자격 기준 |
|---|---|
| 1급 청소년 상담사 | • 대학원에서 청소년(지도)학 · 교육학 · 심리학 · 사회사업(복지)학 · 정신의학 · 아동(복지)학 · 상담학 분야 또는 그 밖에 여성가족부령으로 정하는 상담 관련 분야(이하 "상담관련분야"라 한다)의 박사학위를 취득한 사람<br>• 대학원에서 상담관련분야의 석사학위를 취득한 후 상담 실무경력이 4년 이상인 사람<br>• 2급 청소년상담사로서 상담 실무경력이 3년 이상인 사람<br>• 제1호 및 제2호에 규정된 사람과 같은 수준 이상의 자격이 있다고 여성가족부령으로 정하는 사람 |
| 2급 청소년 상담사 | • 대학원에서 상담관련분야의 석사학위를 취득한 사람<br>• 대학 또는 다른 법령에 따라 이와 동등한 학력을 인정받는 기관에서 상담관련분야 학사학위를 취득한 후 상담 실무경력이 3년 이상인 사람<br>• 3급 청소년상담사로서 상담 실무경력이 2년 이상인 사람<br>• 제1호부터 제3호까지에 규정된 사람과 같은 수준 이상의 자격이 있다고 여성가족부령으로 정하는 사람 |
| 3급 청소년 상담사 | • 대학 및 「평생교육법」에 따른 학력이 인정되는 평생교육시설의 상담관련분야의 학사학위를 취득한 사람<br>• 전문대학 또는 다른 법령에 따라 이와 동등한 학력을 인정받는 기관에서 상담관련분야 전문학사를 취득한 사람으로서 상담 실무경력이 2년 이상인 사람<br>• 대학 또는 다른 법령에 따라 이와 동등한 학력을 인정받는 기관에서 학사학위를 취득한 후 상담 실무경력이 2년 이상인 사람<br>• 전문대학 또는 다른 법령에 따라 이와 동등한 학력을 인정받는 기관에서 전문학사학위를 취득한 후 상담 실무경력이 4년 이상인 사람<br>• 고등학교를 졸업하고 상담 실무경력이 5년 이상인 사람<br>• 제1호부터 제4호까지에 규정된 사람과 같은 수준 이상의 자격이 있다고 여성가족부령으로 정하는 사람 |

출처: 「청소년 기본법 시행령」 제23조 제3항 별표3.

청소년상담사 자격검정의 과목과 방법도 등급별에 따라 차이를 두고 있다. 〈표 13-6〉과 같이 청소년상담사의 자격검정은 필기시험과 면접으로 구성되며, 필기시험 과목은 1급 5과목(필수 3, 선택 2), 2급은 6과목(필수 4, 선택 2), 3급은 6과목(필수 5, 선택 1)이다. 청소년상담사 자격검정의 합격 기준은 필기시험에서 매 과목 100점을 만점으로 하여 매 과목 40점 이상, 전 과목 평균 60점 이상의 점수를 얻는 것이다. 필기시험 합격 후 응시 자격 기준에 해당하는지를 확인하기 위하여 서류심사를 시행하며, 면접시험에 합격한 자를 자격검정 최종 합격자로 본다.

청소년상담사 면접은 일반적으로 면접위원과 응시생이 3:3 형태로 보는 집단면접이다. 면접위원(3인)의 평정점수 합계가 모두 15점(25점 만점) 이상인 사람이 합격한다. 다만 면접위원의 과반수가 어느 하나의 평가사항에 대하여 1점으로 평정할 때는 평정 점수 합계와 관계없이 불합격이다. 면접에서는 청소년상담사로서의 가치관 및 정신자세, 청소년 상담을 위한 전문적 지식 및 수련의 정도, 예의 · 품행 및 성실성, 의사표현의 정확성과 논리성, 창의력 · 판단력 및 지도력 등 5가지 영역별로 평정한다. 청소년 상담자로서의 가치관 및 정신자세는 왜 청소년상담사가 되려고 하는지(지원동기), 어떤 청소년상담사가 되고 싶은지, 청소년상담사가 되고 나서 어떤 활동을 하고 싶은지 등에 관한 질문이 포함된다. 청소년 상담을 위한 전문적 지식 및 수련의 정도에서는 청소년 상담과 관련되는 전문적인 이론적 내용을 질문하게 된다. 상담사례 개념화에 대한 개념과 이론적 지식을 준비해야 한다. 어떤 면에서는 청소년 상담을 위한 전문적 지식 및 수련의 정도는 가장 전문성이 요구되는 평정 영역이다. 창의력 · 판단력 및 지도력에서는 상담 윤리규정 및 윤리적 딜레마에 관한 공부와 이해가 필요하고, 곤란하거나 어려운 청소년 상담 상황이나 사례에 관한 질문에 얼마나 전문성을 유지하되 독창적으로 답변하는지를 평정한다(정성란, 2020).

**[표 13-6] 청소년상담사 자격검정의 과목 및 방법**

| 등급 | 검정과목 | | 검정방법 | |
|---|---|---|---|---|
| | 구분 | 과목 | | |
| 1급 청소년 상담사 | 필수 | • 상담사 교육 및 사례지도<br>• 청소년 관련 법과 행정<br>• 상담연구방법론의 실제 | 필기 시험 | 면접 |
| | 선택 | • 비행상담 · 성상담 · 약물상담 · 위기상담 중 2과목 | | |
| 2급 청소년 상담사 | 필수 | • 청소년 상담의 이론과 실제<br>• 상담연구방법론의 기초<br>• 심리측정평가의 활용<br>• 이상심리 | 필기 시험 | 면접 |
| | 선택 | • 진로상담 · 집단상담 · 가족상담 · 학업상담 중 2과목 | | |
| 3급 청소년 상담사 | 필수 | • 발달심리<br>• 집단상담의 기초<br>• 심리측정 및 평가<br>• 상담이론<br>• 학습이론 | 필기 시험 | 면접 |
| | 선택 | • 청소년이해론 · 청소년수련활동론 중 1과목 | | |
| 비고 | "청소년 관련 법"이란 「청소년 기본법」, 「청소년복지 지원법」, 「청소년 보호법」, 「아동 · 청소년의 성보호에 관한 법률」, 「청소년활동 진흥법」, 「학교폭력예방 및 대책에 관한 법률」, 「소년법」을 말하며, 그 밖의 법령을 포함하는 경우 여성가족부장관이 고시한다. | | | |

출처: 「청소년 기본법 시행령」 제23조 제3항 별표4.

청소년상담사 양성은 이원체계로 운영된다. 여성가족부 주관으로 한국산업인력공단에 위탁하여 청소년상담사 자격검정을 시행하고, 자격검정에 합격하고 한국청소년상담복지개발원에서 실시하는 연수과정을 마친 사람에게 청소년상담사 자격증을 교부하고 있다. 자격검정에 합격한 사람을 대상으로 시행하는 연수는 청소년상담사로서의 자질과 전문성을 함양할 수 있는 내용을 중심으로 100시간 이상(집합교육 56시간 + 사전과제 45시간) 의무 연수를 실시한다.

### 3) 주요 역할

청소년상담사는 3등급 체제로 구성되어 있으며, 등급별 주요 역할과 세부 내용을 살펴보면 〈표 13-7〉과 같다(www.kyci.or.kr). 1급 청소년상담사(청소년상담복지 분야 박사 수준)는 청소년상담을 주도하는 전문가이자 기관의 실무자를 지도하는 지도인력의 역할을 수행한다. 주로 청소년상담 정책 개발 및 행정업무 총괄, 상담기관 설립 및 운영, 청소년들의 문제에 대한 개입, 2급 및 3급 청소년상담사 교육 및 훈련과 같은 세부 역할을 수행한다. 2급 청소년상담사(청소년상담복지 분야 석사 수준)는 청소년 정신을 육성하는 청소년상담사로서 청소년상담의 전반적인 업무를 수행하는 기간 인력 역할을 수행한다. 주로 청소년상담의 전반적 업무 수행, 청소년의 각 문제영역에 대한 전문적 개입, 심리검사 해석 및 활용, 청소년상담과 관련된 독자적 연구 설계 및 수행, 3급 청소년상담사 교육 및 훈련과 같은 세부 역할을 수행한다. 3급 청소년상담사(청소년상담복지 분야 학사 수준)는 2급 청소년상담사를 지원하며 기본적인 청소년상담 업무를 수행하는 실행인력 역할을 수행한다. 세부 역할로는 기본적인 청소년상담 업무 수행, 집단상담의 공동지도자 업무 수행, 매체상담 및 심리검사 등의 실시와 채점, 청소년상담 관련 의뢰체계 활용, 청소년상담실 관련 제반 행정적 실무를 담당하고 있다.

**[표 13-7] 청소년상담사 각 급별 주요 역할과 세부 내용**

| 급 | 주요 역할 | 세부 내용 |
|---|---|---|
| 1급 | 청소년상담을 주도하는 전문가(지도 인력) | • 청소년상담 정책 개발 및 행정업무 총괄<br>• 상담기관 설립 및 운영<br>• 청소년들의 제 문제에 대한 개입<br>• 2급 및 3급 청소년상담사 교육 및 훈련 |
| 2급 | 청소년 정신을 육성하는 청소년상담사(기간 인력) | • 청소년상담의 전반적 업무 수행<br>• 청소년의 각 문제영역에 대한 전문적 개입<br>• 심리검사 해석 및 활용<br>• 청소년상담과 관련된 독자적 연구 설계 및 수행<br>• 3급 청소년상담사 교육 및 훈련 |
| 3급 | 유능한 청소년상담사(실행 인력) | • 기본적인 청소년상담 업무 수행<br>• 집단상담의 공동지도자 업무 수행<br>• 매체상담 및 심리검사 등의 실시와 채점<br>• 청소년상담 관련 의뢰체계를 활용<br>• 청소년상담실 관련 제반 행정적 실무를 담당 |

## 4) 배치기준

청소년상담사의 배치기준은 〈표 13-8〉과 같다. 「청소년 기본법」(제23조)에 청소년시설과 청소년단체는 청소년육성을 담당하는 청소년상담사를 배치하여야 한다는 규정에 따라 「청소년복지 지원법」 제29조에 따라 특별시 · 광역시 · 도 및 특별자치도에 설치된 청소년상담복지센터에는 청소년

상담사 3명 이상을 두며, 시 · 군 · 구에 설치된 청소년상담복지센터에는 청소년상담사 1명 이상을 배치한다. 또한 「청소년복지 지원법」(제31조 제1호부터 제3호)에 따른 청소년복지시설에는 청소년상담사 1명 이상을 둔다. 그리고 국가 및 지방자치단체는 청소년단체나 청소년시설에 배치된 청소년상담사에 대해 예산의 범위 안에서 그 활동비의 전부 또는 일부를 보조할 수 있다(「청소년 기본법」 제23조)고 규정하고 있다.

**[표 13-8] 청소년상담사의 배치기준**

| 배치대상 청소년시설 | 배치기준 |
|---|---|
| 가. 「청소년복지 지원법」 제29조에 따라 특별시 · 광역시 · 도 및 특별자치도에 설치된 청소년상담복지센터 | 청소년상담사 3명 이상을 둔다. |
| 나. 「청소년복지 지원법」 제29조에 따라 시 · 군 · 구에 설치된 청소년상담복지센터 | 청소년상담사 1명 이상을 둔다. |
| 다. 「청소년복지 지원법」 제31조 제1호부터 제3호까지의 규정에 따른 청소년복지시설 | 청소년상담사 1명 이상을 둔다. |

출처: 「청소년 기본법 시행령」 제25조 제2항 별표5.

## 5) 보수교육

청소년상담사 자격 취득자의 자질 향상을 위하여 「청소년 기본법」(제24조의2)에 따라 청소년시설, 청소년단체 및 학교 등에서 각각 그 업무에 종사하는 청소년상담사는 자질 향상을 위하여 정기적으로 보수교육을 받아야 한다. 청소년기관이나 단체에 종사하는 청소년상담사는 매년 8시간 이상의 보수교육을 통해 전문성을 유지하며, 새로운 영역으로 전문성을 확대하여 청소년을 대상으로 질 높은 상담 서비스를 제공한다. 청소년상담사 보수교육은 빠르게 변화하는 청소년과 환경에 대응할 수 있는 역량 함양과 전문직으로서의 청소년상담사의 정체성을 높이고자 한다.

## 3. 청소년육성 전담공무원

「청소년 기본법」 제25조 제2항에 청소년육성 전담공무원은 청소년지도사 또는 청소년상담사의 자격을 가진 사람으로 규정하고 있다. 동법 제26조 제1항에는 청소년육성에 관한 업무를 효율적으로 운영하기 위하여 시·도 및 시·군·구에 청소년육성에 관한 업무를 전담하는 기구를 따로 설치할 수 있다고 규정하고 있다. 이처럼 청소년육성 전담공무원이란 특별시·광역시·특별자치시·도·특별자치도, 시·군·구 및 읍·면·동 또는 청소년육성 전담기구에 근무하는 공무원, 즉 지방공무원으로서 청소년육성 업무를 맡고 있는 공무원이거나 청소년육성 전담기구에서 청소년육성 업무를 전담하는 공무원을 말한다.

「청소년 기본법」에 따른 청소년육성 전담공무원의 정의는 다음과 같은 특징이 있다(김현철·김선희, 2015). 첫째, 청소년육성 전담공무원은 지방공무원이다. 「청소년 기본법」에 따르면 청소년육성 전담공무원은 국가공무원이 아니라 지방공무원에만 해당한다.

둘째, 청소년육성 전담공무원은 청소년지도사 또는 청소년상담사 자격증이 있어야 한다. 청소년육성 업무를 전담하고 있더라도 청소년지도사 또는 청소년상담사 자격증이 없다면, 청소년육성 전담공무원은 아니다.

셋째, 청소년육성 전담공무원은 반드시 청소년육성 전담기구에 속한 공무원일 필요는 없다. 「청소년 기본법」에 청소년육성 전담기구의 설치 규정이 있지만, 임의규정이다. 실제로 지방자치단체에서 청소년육성 전담기구를 두고 있는 경우는 극소수이다. 그러나 청소년육성 전담기구에서 청소년육성 전담업무를 담당하고 있더라도 청소년지도사 또는 청소년상담사 자격증이 없다면, 청소년육성 전담공무원은 아니다.

넷째, 청소년육성 전담공무원의 근무연한에 관한 규정이 없다. 따라서 근무기간과 관계없이 위의 조건을 갖추었다면, 청소년육성 전담공무원이다.

다섯째, 청소년육성 전담공무원의 전문성에 대한 별도의 규정은 없다. 청소년육성 전담공무원의 전문성을 청소년지도사 또는 청소년상담사 자격증 소지 여부로 판단하고 있다.

여섯째, 청소년육성 전담공무원은 별도의 직렬에 관한 규정이 없다. 지방자치단체가 청소년육성 전담공무원 임용에 관한 조례를 통하여 임용할 수 있도록 규정하고 있을 뿐이다.

이와 같은 청소년육성 전담공무원이 더 명확한 근거를 갖게 되려면, 「청소년 기본법」 제25조에 규정되어 있듯이 청소년육성 전담공무원 임용에 관한 조례가 제정되고, 이 조례에 따라 임용되어야 한다. 하지만 청소년육성 전담공무원 임용에 관한 조례는 유일하게 대구광역시 수성구에만 있다.

## 4. 사회복지사

### 1) 사회복지사의 개념

사회복지사는 「사회복지사업법」 제11조 제1항의 규정에 따라 사회복지에 관한 전문지식과 기술을 가진 사람으로 규정되어 있다. 사회복지사는 1970년에 제정된 「사회복지사업법」 제5조와 시행령 제9조를 근거로 '사회복지사업종사자'에게 자격증을 국가에서 발급하였다. 「사회복지사업법」이 1983년에 개정되면서 사회사업가 또는 사회복지사업종사자의 명칭이 사회복지사(Social Worker)로 규정되었고, 사회복지사 1급, 2급, 3급 자격제도가 신설되었다. 이후에 사회복지사 자격제도 개선을 위한 논의의 결과로 2003년부터 국가시험을 통해 사회복지사 1급 자격을 부여하는 것으로 사회복지사 자격 관련 규정이 개정되었다.

### 2) 양성체계

사회복지사의 체계적이고 전문적인 양성을 위해 「사회복지사업법」에서는 사회복지사 자격증에 관한 내용을 규정하여 국가공인 사회복지사를 양성하고 있다. 「사회복지사업법」 제11조 제2항에 사회복지사의 등급은 1급과 2급으로 하며, 사회복지사 1급 자격은 국가시험에 합격한 사람에게 부여한다고 규정되어 있다. 사회복지사 1급 국가시험 응시자격은 〈표 13-9〉와 같고, 등급별 자격기준은 〈표 13-10〉과 같다.

**[표 13-9] 사회복지사 1급 국가시험 응시자격**

1. 「고등교육법」에 따른 대학원에서 사회복지학 또는 사회사업학을 전공하고 석사학위 또는 박사학위를 취득한 자. 다만, 대학에서 사회복지학 또는 사회사업학을 전공하지 아니하고 동 석사학위를 취득한 자는 보건복지부령이 정하는 사회복지학 전공교과목과 사회복지관련 교과목 중 사회복지현장실습을 포함한 필수과목 6과목 이상(대학에서 이수한 교과목을 포함하되, 대학원에서 4과목 이상을 이수하여야 한다), 선택과목 2과목 이상을 각각 이수하여야 한다.
2. 「고등교육법」에 따른 대학에서 보건복지부령이 정하는 사회복지학 전공교과목과 사회복지관련 교과목을 이수하고 학사학위를 취득한 자
3. 법령에서 「고등교육법」에 따른 대학을 졸업한 자와 동등 이상의 학력이 있다고 인정하는 자로서 보건복지부령으로 정하는 사회복지학 전공과목과 사회복지관련 교과목을 이수한 자
4. 외국의 대학 또는 대학원에서 사회복지학 또는 사회사업학을 전공하고 학사학위 이상을 취득한 자로서 제1호 및 제2호의 자격과 동등하다고 보건복지부 장관이 인정하는 자
5. 별표 1의 사회복지사 2급의 자격기준란 라목부터 사목까지의 어느 하나에 해당하여 사회복지사 2급 자격증을 취득한 자 중에서 그 자격증을 취득한 날부터 시험일까지의 기간 동안 1년 이상 사회복지사업의 실무경험이 있는 자

출처: 「사회복지사업법 시행령」 제4조 제1항 별표3.

**[표 13-10] 사회복지사 등급별 자격기준**

| 등급 | 자격기준 |
|---|---|
| 사회복지사 1급 | 「사회복지사업법」 제11조 제3항에 따른 국가시험에 합격한 사람 |
| 사회복지사 2급 | 가. 「고등교육법」에 따른 대학원에서 사회복지학 또는 사회사업학을 전공하고 석사학위 또는 박사학위를 취득한 사람. 다만, 사회복지학 또는 사회사업학이 아닌 분야의 학사학위를 취득하고 사회복지학 또는 사회사업학 석사학위를 취득한 사람은 보건복지부령으로 정하는 사회복지학 전공교과목과 사회복지 관련 교과목 중 사회복지현장실습을 포함한 필수과목 6과목 이상(대학에서 이수한 교과목을 포함하되, 대학원에서 4과목 이상을 이수해야 한다), 선택과목 2과목 이상을 각각 이수한 경우에만 사회복지사 자격을 인정한다.<br>나. 「고등교육법」에 따른 대학에서 보건복지부령으로 정하는 사회복지학 전공교과목과 사회복지 관련 교과목을 이수하고 학사학위를 취득한 사람<br>다. 법령에서 「고등교육법」에 따른 대학을 졸업한 사람과 동등 이상의 학력이 있다고 인정하는 사람으로서 보건복지부령으로 정하는 사회복지학 전공과목과 사회복지 관련 교과목을 이수한 사람<br>라. 「고등교육법」에 따른 전문대학에서 보건복지부령으로 정하는 사회복지학 전공교과목과 사회복지 관련 교과목을 이수하고 졸업한 사람 |

| | |
|---|---|
| 사회복지사 2급 | 마. 법령에서 「고등교육법」에 따른 전문대학을 졸업한 사람과 동등 이상의 학력이 있다고 인정하는 사람으로서 보건복지부령으로 정하는 사회복지학 전공교과목과 사회복지 관련 교과목을 이수한 사람<br>바. 종전의 「사회복지사업법」(법률 제14923호로 개정되기 전의 것을 말한다)에 따라 사회복지사 3급 자격증을 취득한 이후 3년 이상 사회복지사업의 실무경험이 있는 사람 |
| 비고 | 외국의 대학 또는 대학원에서 사회복지학 또는 사회사업학을 전공하고 학사학위 이상의 학위를 취득한 사람으로서 등급별 자격기준과 동등한 학력이 있다고 보건복지부장관이 인정하는 경우에는 해당 등급의 사회복지사 자격증을 교부할 수 있다. |

출처: 「사회복지사업법 시행령」 제2조 제1항 별표1.

사회복지에 관한 전문지식과 기술을 가진 사회복지사는 등급별 외에도 영역별 자격기준이 있다. 「사회복지사업법」 제11조 제2항에 정신건강 · 의료 · 학교 영역에 대해서는 영역별로 정신건강사회복지사, 의료사회복지사, 학교사회복지사의 자격을 부여할 수 있다고 규정되어 있다. 또한 「사회복지사업법」 제11조 제3항에 정신건강사회복지사 · 의료사회복지사 · 학교사회복지사의 자격은 1급 사회복지사의 자격이 있는 사람 중에서 보건복지부령으로 정하는 수련기관에서 수련받은 사람에게 부여한다고 명시되어 있다. 이러한 사회복지사 영역별 자격기준은 〈표 13-11〉과 같다.

**[표 13-11] 사회복지사 영역별 자격기준**

| 영역 | 자격기준 |
|---|---|
| 가. 정신건강사회복지사 | 「정신건강증진 및 정신질환자 복지서비스 지원에 관한 법률 시행령」 별표1에 따른 정신건강사회복지사 자격기준을 갖춘 사람 |
| 나. 의료사회복지사 또는 학교사회복지사 | 사회복지사 1급 자격을 취득한 후 「사회복지사업법」 제11조 제3항에 따른 수련기관에서 1년 이상 보건복지부령으로 정하는 수련과정을 이수한 사람 |

출처: 「사회복지사업법 시행령」 제2조 제1항 별표1.

한편, 사회복지사 1급 국가시험은 필기시험의 방법으로 실시하며, 그 시험과목은 〈표 13-12〉와 같다. 시험의 합격 결정에서는 매 과목 4할 이상, 전 과목 총점의 6할 이상을 득점한 자를 합격자로 한다. 사회복지사 양성은 이원체계로 운영된다. 보건복지부 주관으로 한국산업인력공단에 위탁하여 사회복지사 1급 자격검정을 시행하고, 자격검정에 합격한 사람에게 사회복지사 1급 자격증을 한국사회복지사협회에서 교부하고 있다.

**[표 13-12] 사회복지사 1급 국가시험 과목 및 방법**

| 구분 | 검정과목 | 검정방법 |
|---|---|---|
| 사회복지기초 | 인간행동과 사회환경, 사회복지조사론 | 객관식 필기시험<br>매 과목 4할 이상, 전 과목 총점의 6할 이상을 득점한 자를 합격자 |
| 사회복지실천 | 사회복지실천론, 사회복지실천기술론, 지역사회복지론 | |
| 사회복지 정책과 제도 | 사회복지정책론, 사회복지행정론, 사회복지법제와 실천 | |

출처: 「사회복지사업법 시행령」 제3조 제4항 관련 별표2.

## 3) 활동 분야

사회복지사들이 활동하는 분야는 공적사회복지영역, 사회복지기관 및 시설영역, 보건의료영역 등으로 구분할 수 있다. 먼저 공적사회복지영역에서는 사회복지사업에 관한 업무를 담당하기 위하여 시 · 도, 시 · 군 · 구 및 읍 · 면 · 동에 사회복지전담공무원이 배치되어 있다. 다음으로 사회복지기관 및 시설영역은 지역복지사업, 아동복지, 노인복지, 장애인복지, 모자복지 등의 민간 사회복지기관 영역을 포함한다. 마지막으로 보건의료영역은「의료법」,「정신건강법」에서 규정하는 것으로 의료사회복지사나 정신건강사회복지사로서 일할 수 있다. 이 외에도 사회복지사들은 학교사회복지사, 자원봉사활동관리 전문가, 교정사회복지사, 군사회복지사, 그리고 산업사회복지사로 활동할 수 있다.

### 4) 배치기준

「사회복지사업법 시행령」 제6조 제1항에서는「사회복지사업법」 제13조 제1항에 따라 사회복지법인 또는 사회복지시설을 설치·운영하는 자는 해당 법인 또는 시설에서 사회복지프로그램의 개발 및 운영업무, 시설 거주자의 생활지도업무, 사회복지를 필요로 하는 사람에 대한 상담업무에 종사하는 자를 사회복지사로 채용하도록 규정하고 있다. 〈표 13-13〉은 사회복지사의 배치기준이다.

[표 13-13] 사회복지사의 채용

| 채용 | 예외 기준 |
| --- | --- |
| 「사회복지사업법」 제13조 제1항에 따라 사회복지법인 또는 사회복지시설을 설치 · 운영하는 자는 해당 법인 또는 시설에서 다음 각 호에 해당하는 업무에 종사하는 자를 사회복지사로 채용하여야 한다.<br>1. 사회복지프로그램의 개발 및 운영업무<br>2. 시설거주자의 생활지도업무<br>3. 사회복지를 필요로 하는 사람에 대한 상담업무 | 「사회복지사업법」 제13조 제1항 단서에서 대통령령으로 정하는 사회복지시설<br>「노인복지법」에 따른 노인여가복지시설(노인복지관은 제외한다)<br>「장애인복지법」에 따른 장애인 지역사회재활시설 중 수화통역센터, 점자도서관, 점자도서 및 녹음서 출판시설<br>「영유아보육법」에 따른 어린이집<br>「성매매방지 및 피해자보호 등에 관한 법률」 제9조에 따른 성매매피해자등을 위한 지원시설 및 동법 제17조에 따른 성매매피해상담소<br>「정신건강증진 및 정신질환자 복지서비스 지원에 관한 법률」 제3조 제6호 및 제7호에 따른 정신요양시설 및 정신재활시설<br>「성폭력방지 및 피해자보호 등에 관한 법률」에 따른 성폭력피해상담소 |

출처: 「사회복지사업법 시행령」 제6조 제2항.

## 5) 보수교육

「사회복지사업법」 제13조 제2항에는 사회복지사의 자질 향상을 위하여 필요하다고 인정하면 사회복지사에게 교육을 받도록 명할 수 있다. 다만, 사회복지법인 또는 사회복지시설에 종사하는 사회복지사는 정기적으로 인권에 관한 내용이 포함된 보수교육을 받을 것을 명시했다. 「사회복지사업법 시행규칙」 제5조 제2항에는 의료사회복지사 또는 학교사회복지사의 자격을 가지고 해당 자격과 관련된 업무에 종사하는 사람은 연간 12시간 이상의 보수교육을 받아야 한다고 명시하고 있다. 또한 「사회복지사업법 시행규칙」 제5조 제3항에는 사회복지법인 또는 사회복지시설에 종사하는 사회복지사는 연간 8시간 이상의 보수교육을 받을 것을 명시하고 있다. 이러한 보수교육에는 사회복지윤리 및 인권보호, 사회복지정책 및 사회복지실천기술 등이 포함되어야 한다고 명시하고 있다.

## 5. 학교사회복지사

학교사회복지란 교육의 본질적인 목적을 달성하고, 또한 학생복지를 실현할 수 있도록 도와주는 교육 기능의 한 부분인 동시에 사회복지의 전문분야를 말한다. 이러한 학교사회복지 현장에서 일하는 학교사회복지사란 학교에서 일어나는 학생들의 심리사회적 문제들을 학생-학교-가정-지역사회의 연계를 통해 예방하고 해결함은 물론, 모든 학생이 자신의 잠재력과 능력을 최대한 발휘할 수 있도록 최상의 교육환경과 공평한 교육기회를 제공하는 전문가를 말한다(한국학교사회복지사협회 홈페이지, kassw.or.kr). 따라서 학교사회복지사는 사회복지사로서의 전문적 가치와 지식 및 기술 외에도 학교사회복지 전문가로서의 역할과 서비스를 제공하기 위해서는 자격요건을 갖추어야 한다. 이를 위해 학교사회복지사협회에서는 2005년부터 학교사회복지사자격증제도를 시행하고 있다. 학교사회복지사 자격증 취득을 위해서는 필수자격 요건으로 사회복지사 1급 자격증을 소지하고 학교사회복지론 및 아동복지론과 교육학 관련 교과목 중 1과목 이상을 이수한 자로 자세한 내용은 〈표 13-14〉와 같다(한국학교사회복지사협회, 2020). 또한 한국학교사회복지사협회에서는 2014년부터 매년 5월 25일을 '학교사회복지사의 날'로 지정하여 학교사회복지사를 알리고 있다.

### [표 13-14] 학교사회복지사 자격시험 응시자격

※ 아래의 자격기준 각호에 해당하는 자가 2020년 자격시험에 응시할 수 있다.

| 구분 | 학교사회복지사 자격시험 응시자격 | |
|---|---|---|
| 필수자격 요건 | 1. 사회복지사 1급 자격증 소지자<br>2. 학교사회복지론[1)6)]을 이수한 자<br>3. 아동복지론[2)6)]또는 교육학 관련 교과목[3)6)] 중 1과목 이상을 이수한 자 | |
| 선택자격 요건 | 「사회복지사업법」 개정 공포일(2018. 12. 11) 이전부터 활동을 시작하여 | 4-1. 240시간 이상의 학교사회복지 관련 실습[4)]을 이수한 자, 혹은<br>4-2. 초 · 중 · 고등학교에서 학생복지 업무를 전담하는 사회복지사로 6개월 이상 근무한 자, 혹은<br>4-3. 사회복지기관에서 학교사회복지 관련 실무[5)]를 1년 이상 담당한 경력이 있는 자 |

※ 필수자격 요건은 3가지 사항 모두 충족되어야 하며, 선택자격 요건은 3가지 중 한 가지 이상이 충족되어야 한다.

* 법령에서 「고등교육법」에 의한 4년제 대학졸업자와 동등 이상의 학력이 있다고 인정하는 자로서 전공 · 학과에 관계없이 보건복지부령이 정하는 사회복지학 전공교과목과 사회복지 관련 교과목」(필수10, 선택4)을 이수한 경우로 사회복지사 1급 자격증 취득자라면 응시 가능하다.

1) 학교사회복지론은 학교사회사업론의 명칭도 가능하며, 한국학교사회복지학회 혹은 한국학교사회복지사협회가 주최한 학교사회복지 기초과정 연수(30시간) 이수로 대체할 수 있다.

2) 아동복지론은 청소년복지론 혹은 아동 · 청소년복지론으로 대체할 수 있다.

3) 교육학 관련 교과목이란 교육학 개론(교육의 이해), 교육행정론(교육행정 및 교육경영, 교육행정의 이해), 교육정책론, 교육사회학, 교육심리학, 교육철학 및 교육사, 교육과정 및 교육평가, 교육방법 및 교육공학 등 교직 필수과목을 의미하며, 2급 정교사 이상의 자격을 갖고 있는 자는 교과목을 이수한 것으로 간주한다.(「초 · 중등교육법」에 의한 교직 필수과목)

4) 학교사회복지 관련 실습 240시간 중 120시간은 실습으로 이수해야 하며(학점실습이 아니어도 가능), 나머지 120시간은 인턴, 직업체험활동, 자원봉사활동 등(이하 기타)으로 대체할 수 있다.
실습 관련 활동의 인정여부는 아래 ①~③의 조건을 모두 충족하여야 한다.
① 활동장소 : 학교를 원칙으로 하며 지역교육복지지원센터, 한국학교사회복지사협회를 포함한다.
– 단, 지역교육복지지원센터의 실습인 경우, 슈퍼바이저의 학교사회복지사 자격증 소지를 증명할 수 있는 경우에만 인정한다.

– 파견의 인정범위 : 단체 · 센터 · 기관 등에서 학교 현장으로 파견된 경우, 실습은 인정 불가하나 기타의 경우에는 학교장의 직인이 첨부된 확인서 제출 시, 인정 가능하다.

② 실습지도자 : 사회복지현장실습 지침의 기준(1급 사회복지사 자격증 취득 후 3년 이상 사회복지 관련 실무경력자, 2급 사회복지사 자격증 취득 후 5년 이상 사회복지 관련 실무경력자)에 의거하여서만 가능하다. 단, 실습 외 활동은 실습지도자의 자격에 제한을 두지 아니한다.

③ 활동시간 : 실습은 학기 중 활동만 인정하며 기타의 경우에만 방학의 활동도 인정한다.

– 학교사회복지 관련 실습은 1개월 당 최대 40시간까지만 인정가능하다.

– 실습은 3개월 이상 지속해야 하며, 기타의 경우 활동시간을 합산할 수 있다.

– 동일기간 내 실습과 자원봉사는 중복으로 인정 불가하다.

5) 사회복지기관에서 학교사회복지 관련 실무란 아래 ①, ② 중 한 가지를 의미한다.

① 학교에 상주하여 학생 및 기타 관련 체계에 사회복지 서비스 제공

② 사회복지 기관에서 학교와 관계하여 사회복지 서비스를 제공하는 아동복지 또는 청소년복지 분야의 실무

※ 아동 · 청소년을 대상으로 한 단순 서비스가 아닌 학교와의 소통(학교 연계)에 근거하여 각 학생을 대상(개인사례관리)으로 한 서비스에 관한 실무경력 확인을 위해 실무경력 증빙서류(예: 학교 연계를 증빙하는 협약서 · 프로그램 진행 기록, 학교 측 공문 · 학교 직인이 찍힌 확인문서 사본 등(원본대조필)을 제출해야 함

②–1 다음과 같은 경우에는 인정 불가

(1) 사회복지기관에서 대상학생의 사례관리를 진행하며 학교와 단순 협력한 경우

(2) 사회복지기관에서 혹은 학교로 파견되어 단순 강사활동을 한 경우

6) 학교사회복지론, 아동복지론, 교육학 관련 교과목 이수의 경우 학점인증제 기관에서 이수한 경우도 인정한다.

출처 : 한국학교사회복지사협회 홈페이지(www.kassw.or.kr).

# 참고문헌 Reference


강지예(2013). **놀이 중심의 정서지능 프로그램 개발과 효과**. 대구대학교 대학원 박사학위논문.

강현아, 신혜령, 박은미(2009). 시설퇴소청소년의 성인전환 단계에 따른 자립 및 사회적응 현황. **한국아동복지학**, 30, 41-69.

고경은, 이수림(2015). 학교폭력 가해피해 중복경험 중학생의 특성 및 학교생활 적응에 영향을 미치는 요인 연구: 학교폭력 유형별 집단비교를 중심으로. **청소년상담연구**, 23(1), 1-28.

고재홍, 윤경란(2007). 청소년의 스트레스와 자살생각: 자아탄력성의 완충효과. **한국청소년연구**, 18(1), 185-212.

공계순, 박현선, 오승환, 이상균, 이현주(2008). **아동복지론**. 서울: 학지사.

교육부, 보건복지부, 질병관리본부(2022). **제17차(2021년) 청소년건강행태조사 통계**.

교육부, 이화여자대학교 학교폭력예방연구소(2022). **학교폭력 사안처리 가이드북**. 세종: 교육부.

교육부, 한국교육개발원(2019). **2019 교육통계분석자료집: 유 · 초 · 중등 교육통계편**. 충북: 한국교육개발원.

권중돈(2021). **인간행동과 사회환경: 이론과 적용**(2판). 서울: 학지사.

권해수, 서정아, 정찬석(2007). 대안학교와 소년보호교육기관 청소년의 학교 밖 경험 비교: 개념도 방법론을 통하여. **상담학 연구**, 8(2), 657-674.

금명자(2008). 한국사회와 교육적 성취: 성취의 그늘, 한국청소년의 일탈행동: 우리나라 학업중단청소년에 대한 이해. **한국심리학회지: 문화 및 사회문제**,

14(1), 299-317.

김계현, 김동일, 김봉환, 김창대, 김혜숙, 남상인, 천성문(2013). **학교상담과 생활지도(2판)**. 서울: 학지사.

김기환, 전명희(2000). 청소년 자살의 특성과 유형에 관한 연구. **한국아동복지학**, 9, 127-152.

김도희(2015). 부모의 학대와 학업스트레스가 청소년 자살생각에 미치는 영향: 공격성의 매개효과. **청소년학연구**, 22(11), 487-515.

김동기, 홍세희(2007). 비연속시간 생존분석을 적용한 청소년의 최초 가출발생시점에 대한 영향요인 연구. **아동학회지**, 28(2), 217-233.

김동배(2003). 사회복지실천의 생태체계 패러다임과 연구방법론에 대한 고찰(1). **연세사회복지연구**, 9, 27-58.

김동영, 박기정, 김효원(2015). 한국 청소년의 우울증상과 부모-자녀관계. **소아청소년정신의학**, 26(2), 120-128.

김동재(2007). **대한민국에서 반드시 알아야 할 노동법 130**. 서울: 시대의 창.

김로라, 이조경(2016). 청소년의 학업중단의도에 영향을 미치는 위험 및 보호요인에 관한 연구. **청소년학연구**, 23(9), 53-81.

김미옥, 조아미(2020). 학교 밖 청소년의 노동을 통한 삶의 성장에 관한 현상학적 연구. **청소년복지연구**, 22(1), 27-52.

김미주, 정익중, 김석향, 오은찬(2017). 북한의 가정외보호 아동정책에 대한 탐색적 분석. **청소년복지연구**, 19(1), 137-164.

김민정, 곽대경(2021). 가정폭력 피해경험이 남녀청소년 가출에 미치는 영향. **한국범죄심리연구**, 17(1), 19-32.

김범구(2013). **잠재계층분석(LCA)을 이용한 학업중단 청소년의 유형과 심리사회적 특성 연구**. 명지대학교 대학원 박사학위논문.

김병준(2017). 학생인권 보장과 학교 인권교육의 발전과제. **법과 사회**, 56, 387-428.

김빛나, 박주희(2013). 청소년의 학업 스트레스가 우울증상에 미치는 영향과 반응양식의 조절효과. **아동학회지**, 34(3), 113-128.

김석향, 정익중, 김미주, 오은찬(2017). 북한의 가정외보호 아동정책에 대한 탐색적 분석. **청소년복지연구**, 19(1), 137-164.

김선미, 고하영, 박수현, 양은주(2012). 메타분석을 통한 국내 아동 청소년의 우울관련변인 탐색. **한국심리학회지: 문화 및 사회문제**, 18(4), 533-555.

김선애(2014). **청년발달과 이해**. 서울: 창지사.

김선하, 김춘경(2010). 대인관계 집단치료와 인지행동 집단치료가 청소년 우울 및 관련 변인에 미치는 효과. **청소년학연구**, 17(3), 55-86.

김성이, 조학래, 노충래, 신효진(2010). **청소년복지학**. 파주: 양서원.

김애순(2005). **청년기 갈등과 자기이해**. 서울: 시그마프레스.

김연희, 김선숙(2008). 사회자본이 아동 우울에 미치는 영향. **사회복지연구**, 36(1), 103-127.

김영미(2008). 이웃환경 무질서가 청소년 우울에 미치는 영향. **사회과학연구**, 24(4), 29-50.

김영택, 김인순, 김혜영, 배호중, 박건표, 홍연주, 차지영, 김근태(2020). **자살예방정책 특정성별영향평가**. 서울: 여성가족부.

김영희(2014). **학업중단을 경험한 청소년의 심리사회적 적응과정**. 제주대학교 대학원 박사학위논문.

김영희, 최보영, 이인희(2013). 학교 밖 청소년의 생활실태 및 욕구분석. **청소년복지연구**, 15(4), 1-28.

김용진, 고필재(2020). 국내 청소년참여기구 관련 연구동향 분석. **한국청소년활동연구**, 6(1), 1-24.

김유경(2015). 가족 변화에 따른 가족 갈등 양상과 정책과제. **보건복지포럼**, 228, 49-65.

김윤나(2018). 한국형 청소년 정책참여모델에 관한 현장의 목소리들. **학교사회복지**, 44, 269-299.

김은실, 김주희, 김현경, 이명화, 이현숙, 박현이, 송유진, 김다미, 강예원, 차민경(2015). **2015 청소년성문화센터 프로그램 매뉴얼 보완개발 사업보고서**.

김은영, 배주미(2011). 대학생의 청소년기 학급친구 자살경험에 대한 질적 연구. **청소년 상담연구**, 19(2), 189-208.

김은정, 백혜정, 김희진(2019). 가정 밖 청소년들의 자립 모색 과정에 대한 질적

연구: 청소년복지시설 청소년을 중심으로. **한국청소년연구**, 30(2), 113-144.

김은주(2022). 청소년 우울 증상의 변화 궤적에 따른 잠재계층유형 및 영향요인. **지역사회간호학회지**, 33(3), 299-311.

김은화, 전귀연(2007). 청소년 성행동에 영향을 미치는 생태학적 변인. **대한가정학회지**, 45(7), 71-91.

김재경, 조윤오(2016). 청소년 성매매 유입특성에 관한 탐색적 연구. **사회과학연구**, 23(1), 239-260.

김재엽, 곽주연(2017). 청소년의 스마트폰 중독과 인터넷 유해매체 노출이 성폭력 가해행동에 미치는 영향. **한국청소년연구**, 28(4), 255-283.

김재엽, 김준범, 장은지(2020). 청소년의 아동학대 경험이 위험음주와 자살 생각에 미치는 영향. **청소년학연구**, 27(5), 119-145.

김재엽, 성신명, 박하연, 한기주(2018). 부모로부터의 학대가 가출 청소년의 반복가출에 미치는 영향: 우울의 매개효과. **한국청소년연구**, 29(1), 239-263.

김재엽, 정윤경(2007). 학교폭력 피해경험이 우울에 미치는 영향에서 가족요인의 조절효과. **한국가족복지학**, 19, 5-28.

김재엽, 정윤경, 이서원, 김희진, 이근영, 이지현, 최지현, 이진석, 장용언, 최권호, 이동은, 최선아(2022). **청소년복지론**. 서울: 학지사.

김정연, 하지선, 김인숙(2011). 시설 십대 청소녀의 자립 척도 개발: 십대여성 지원시설 입소 및 이용자를 중심으로. **청소년복지연구**, 13(2), 23-53.

김지연, 김승경, 백혜정, 황여정(2020). **2020년 청소년 매체이용 및 유해환경 실태조사**. 서울: 여성가족부.

김지연, 정소연(2015). 청소년의 가출횟수 및 청소년쉼터 이용경험에 따른 집단특성 검증. **한국청소년연구**, 26(4), 207-237.

김지은, 김선정(2020). 우리나라 청소년의 학업성적과 우울감, 자살행동과의 연관성. **보건교육건강증진학회지**, 37(3), 57-69.

김진주, 조규판(2012). 청소년의 스트레스, 부모-자녀 의사소통, 우울 및 자살행동 간의 구조적 관계 분석. **청소년상담연구**, 20(2), 251-270.

김태희, 신현균(2011). 인지행동 프로그램이 빈곤 가정 아동의 우울 취약성 감소에 미치는 효과. Korean Journal of Clinical Psychology, 30(4), 907-927.

김향초(2015). 청소년복지론. 서울: 학지사.

김현주, 박재연(2019). 학교 밖 청소년의 학업중단 경험에 관한 질적 연구: 학업중단 이전, 당시, 이후 경험을 중심으로. Asia-pacific Journal of Multimedia Services Convergent with Art, Humanities, and Sociology, 9(3), 119-130.

김현철, 김선희(2015). 청소년육성 전담공무원의 현황과 전망: 생애과정 연구를 중심으로. 세종: 한국청소년정책연구원.

김혜경, 도미향, 문혜숙, 박충선, 손홍숙, 오정옥, 홍달아기(2020). 가족복지론(6판). 고양: 공동체.

김혜란, 공계순, 박현선(2013). 사회복지실천론. 파주: 나남출판.

김혜인, 도현심, 지연경(2011). 부모의 심리적 통제와 고등학생의 역기능적 완벽주의 및 자의식 정서가 우울에 미치는 영향. 아동학회지, 32(4), 15-22.

김희성, 이마리아(2010). 진로지원서비스를 통한 청소년의 변화과정에 대한 질적 사례연구. 청소년학연구, 17(1), 187-215.

김희진, 백혜정(2020). 학교밖청소년지원센터 운영모형 개발. 세종: 한국청소년정책연구원.

김희진, 백혜정, 김은정(2018). 가정 밖 청소년의 실태와 자립지원 방안 연구. 세종: 한국청소년정책연구원.

김희진, 장근영, 이동훈, 윤철경(2020). 학교 밖 청소년 지역사회 지원방안 연구 III: 질적패널조사 중심으로. 세종: 한국청소년정책연구원.

남궁은숙, 신영화(2011). 청소년의 임파워먼트에 영향을 미치는 요인. 한국아동복지학, 34, 29-62.

남미애, 홍봉선, 육혜련(2012). 청소년쉼터 설치 및 운영 내실화 방안 연구. 서울: 여성가족부.

남석인, 최권호, 민지아(2011). 일반긴장이론에 근거한 청소년의 자살성 남녀비교: 서대문구 중학생을 중심으로. 사회복지연구, 42(2), 467-491.

남순현(2007). 청소년의 모방 자살에 관한 연구. 한국심리학회 연차 학술발표논문집, 504-505.

남화성(2016). **청소년 임파워먼트 인식 척도 개발 연구**. 경기대학교 대학원 박사학위논문.

노언경, 이은수, 이현정, 홍세희(2017). 다층 잠재프로파일 분석을 적용한 중학생의 학교폭력 집단분류와 개인 및 학교요인 검증. **조사연구**, 18(2), 67-98.

노혁(2007). **청소년복지론**. 서울: 교육과학사.

도기봉(2007). **학교폭력 가해행동에 영향을 미치는 요인에 관한 연구**. 대구대학교 대학원 박사학위논문.

도미향(2004). 한국의 청소년복지정책과 관련법에 관한 연구. **아동복지연구**, 2(1), 35-53.

명소연, 조진옥(2016). 학교밖 청소년의 학교 이탈과 이후 삶의 도전과 성장에 관한 질적연구: 학교밖 청소년 지원사업에 참여한 청소년을 대상으로. **청소년상담연구**, 24(2), 75-98.

모경환, 이미리, 김명정(2020). **청소년문제와 보호**(제2판). 파주: 교육과학사.

문용린, 김준호, 임영식, 곽금주, 최지영, 박영식(2006). **학교폭력 예방과 상담**. 서울: 학지사.

문지혜, 윤혜경, 박혜원(2011). 저소득층 가정 아동 · 청소년의 우울에 영향을 미치는 자아 관련 변수와 부모관련 변수의 분석. **대한가정학회지**, 49(6), 57-66.

박병금(2007). 청소년의 자살생각 관련 요인 자아존중감과 우울의 매개효과를 중심으로. **한국생활과학회지**, 16(3), 505-522.

박병금, 노필순(2016). 학교 밖 청소년의 학교중단과정과 학교 밖 생활경험. **청소년학연구**, 23(8), 47-78.

박병현(2008). **사회복지정책론: 이론과 분석**. 서울: 학현사.

박성미, 정봉희, 김소영(2015). **청소년 문화**. 서울: 동문사.

박순혜(2021). 청소년회복지원시설 종사자의 실천경험에 관한 내러티브탐구. **미래청소년학회지**, 18(4), 25-48.

박에스더(2022). 국내 성매매 피해 청소년 연구동향에 관한 체계적 문헌고찰: 국내 학술지 논문을 중심으로. **미래청소년학회지**, 19(3), 1-21.

박종효, 최지영(2014). 초등학생의 사회역량 발달에 영향을 미치는 개인 및 학교

요인 탐색: 학습문화와 학교폭력을 중심으로. 교육학연구, 52(1), 89-116.

박진규(2013). 청소년 보호정책의 평가와 전망: 법률 제도와 행정 제도 변천을 중심으로. 청소년학연구, 20(2), 367-395.

박재연(2010). 학교폭력이 청소년 우울 및 자살에 미치는 영향에서 탄력성의 매개효과. 사회복지연구, 41(1), 345-375.

박재연, 남일성(2015). 청소년 자살생각의 발달궤적 유형과 예측 요인. 정신보건과 사회사업, 43(3), 82-106.

박준휘, 김지선, 홍영오, 장다혜, 라광현, 김도우, 박미랑, 김희식, 원미경, 고가영, 조병철(2019). 2019 성매매 실태 및 대응방안 연구. 서울: 여성가족부.

박지현(2021). 학교폭력예방 및 학생의 이해(2판). 서울: 피와이메이트.

박현유(2009). 리얼리티 연애 프로그램이 청소년의 이성관계에 대한 태도에 미치는 영향에 관한 연구. 서강대학교 대학원 석사학위논문.

보건복지부(2022). 2022년 자살예방사업 안내. 세종: 보건복지부.

보건복지부, 한국생명존중희망재단(2021). 소중한 생명을 지키는 보건복지서비스. 세종: 보건복지부.

배성만(2016). 정서적 문제, 비행, 학업스트레스 및 진로성숙도가 고등학생의 자살사고에 미치는 영향. 청소년학연구, 23(6), 317-332.

배주미, 양윤란, 김은영(2009). 자살위기청소년 상담개입프로그램 개발. 서울: 한국청소년상담원.

배희분, 이혜정(2020). 비혼 여자 청소년의 임신갈등 경험에 관한 연구. 청소년학연구, 27(1), 85-114.

백혜정, 김승경, 박세경, 정경은(2016). 가출청소년 보호 · 지원서비스 개선방안 연구. 서울: 여성가족부.

백혜정, 김은정(2008). 청소년 성의식 및 행동 실태와 대처방안 연구. 서울: 한국청소년정책연구원.

백혜정, 방은령(2009). 청소년 가출 현황과 문제점 및 대책 연구. 서울: 한국청소년정책연구원.

백혜정, 송미경(2015). 학교 밖 청소년 지원 정책 체계화 방안 연구. 세종: 한국청소년정책연구원.

백혜정, 좌동훈, 남기곤, 정경석(2015). **가출청소년 실태 및 청소년쉼터 중장기 발전방안 연구**. 서울: 여성가족부.

서보람, 김광병(2012). 가출 청소년의 가출팸 경험에 대한 연구. **소년보호연구, 18**, 1-26.

서우석, 정철영, 이광호, 채영병, 허영준, 김재호(2007). 실업계고등학교 학생의 중도탈락 개선을 위한 진로지도 및 상담활성화 방안. **직업교육연구, 26**(1), 106-133.

서희정, 구경희, 이은진(2016). 청소년지도사의 활동역량 탐색. **청소년문화포럼, 48**, 29-60.

성윤숙(2005). 학교 중도탈락 청소년의 중퇴 과정과 적응에 관한 탐색. **한국청소년연구, 16**(2), 295-343.

손선옥, 박현용(2019). 청소년의 우울 및 신체화 증상의 하위유형과 학교적응: 성별 집단의 차이를 중심으로. **사회복지연구, 50**(4), 185-210.

송명자(2008). **발달심리학**. 서울: 학지사.

신명희, 서은희, 송수지, 김은경, 원영실, 노원경, 김정민, 강소연, 임오용(2013). **발달심리학**. 서울: 학지사.

신성자, 권신영(2013). 학교폭력에 대한 교사의 개입수준과 관련요인들의 10년의 변화추이에 대한 분석. **학교사회복지, 26**, 177-207.

신은영, 천근아, 정겨운, 송동호, 김소향(2015). 성학대를 경험한 소아, 청소년에서 성학대가 외상 후 정신 증상에 미치는 영향. **소아청소년정신의학, 26**(1), 38-44.

신의진(2011). **Wee프로젝트 운영 기관의 정신건강서비스 지원 역량 강화를 위한 정책 제안 연구**. 서울: 한국교육개발원.

신혜령, 박은미, 강현아, 이현주, 한규제, 김경희(2008). **아동복지시설 퇴소청소년 자립지원을 위한 정책프로그램 개발 연구 보고서**. 서울: 보건복지가족부 · 중앙아동자립지원센터.

심우민(2021). 학교 입법교육의 현황과 발전방향-법교육 맥락을 중심으로. **법교육연구, 16**(3), 95-124.

안명희, 신희수(2012). 어머니의 심리적 통제가 초기 청소년 자녀의 우울에 미치

는 영향: 매개효과를 중심으로. **청소년학연구**, 19(2), 227-253.

양옥경, 김정진, 서미경, 김미옥, 김소희(2018). **사회복지실천론**(개정5판). 파주: 나남출판.

엄명용, 김성천, 오혜경, 윤혜미(2016). **사회복지실천의 이해**(4판). 서울: 학지사.

여성가족부(2021). **2021년 청소년사업안내**. 서울: 여성가족부.

여성가족부(2022). **2021 청소년백서**. 서울: 여성가족부.

오승근(2006). **청소년의 자살태도, 자살위험성 및 생명존중교육 참여 요구와의 관계**. 고려대학교 대학원 박사학위논문.

오승주(2015). 아동 · 청소년대상 성범죄의 처벌 규정에 관한 개선방안. **비교법연구**, 15(1), 155-186.

오승환(2010). 청소년 가출에 대한 생태체계적 영향 요인-가출충동과 가출경험을 중심으로. **청소년복지연구**, 14(4), 301-324.

오영재, 백경숙, 조선화(2001). **(뉴 밀레니엄 시대의) 청소년복지론**. 서울: 양지.

오혜영, 박현진, 공윤정, 김범구(2013). 현장상담자들이 인식한 학업중단청소년의 특성과 개입방향. **청소년학연구**, 20(12), 153-179.

오혜영, 지승희, 박현진(2011). 학업중단에서 학업복귀까지의 경험에 대한 연구. **청소년상담연구**, 19(2), 125-154.

우국희, 성정현, 좌현숙, 장연진, 최승희(2021). **사회복지실천론**(3판). 서울: 신정.

유지애, 김욱진(2018). 우울이 청소년의 학교생활적응에 미치는 영향: 성별의 조절효과 분석. **한국청소년연구**, 29(3), 241-273.

유형근, 정연홍, 남순임, 노인화, 박선하, 이필주(2019). **학교폭력 예방 및 학생의 이해**. 서울: 학지사.

윤민종, 정은진, 정건희(2016). **청소년 참여예산제 실태 및 발전 방안 연구**. 세종: 한국청소년정책연구원.

윤철경, 유성렬, 김신영, 임지연, 임아랑, 최은희(2013). **학업중단 청소년 패널조사 및 지원방안 연구 I**. 서울: 한국청소년정책연구원.

윤철경, 김승경(2019). 서울시-서울특별시 교육청 공동 세미나 자료집: 서울 학교 밖 청소년 실태와 정책 진단, 그리고 미래, 서울특별시 · 서울특별시교육청 · 한국청소년정책연구원(편), **서울시 학교 밖 청소년 실태조사 결과**

(pp. 1-53). 세종: 한국청소년정책연구원.

윤철경, 서정아, 유성렬, 조아미(2014). **학업중단 청소년의 특성과 중단 후 경로: 학업중단 청소년 패널조사 I 데이터 분석 보고서**. 세종: 한국청소년정책연구원.

윤혜정, 하정, 최승희(2016). 성폭력으로 보호관찰 처분을 받은 청소년의 경험에 관한 질적연구. **보호관찰, 16**(1), 131-169.

이광호(2008). 새로운 아동청소년정책 통합과 발전과제에 대한 제언-생애 주기적 접근에 의한 사회적 지지 체계의 재설계 관점에서-. **청소년복지연구, 10**(2), 49-72.

이덕원(2007). **비만예방을 위한 학교보건정책의 개선방안**. 한국교원대학교 대학원 박사학위논문.

이미리, 김춘경, 여종일(2019a). **청소년 심리 및 상담**. 서울: 학지사.

이미리, 조성연, 길은배, 김민(2019b). **청소년학개론**(2판). 서울: 학지사.

이봉주(2008). 청소년복지의 개념과 실천방법. 이혜원, 이봉주, 김혜래, 오승환, 정익중, 하승수, 이지수, 하경희, 김성천, 이상희, 심한기, 최은미 공저. **청소년권리와 청소년복지**(pp. 143-162). 서울: 한울.

이상록, 김진희(2011). 비만이 청소년 발달에 미치는 영향. **청소년복지연구, 13**(4), 91-117.

이상무(2012). 생태체계요인이 가출유형에 미치는 영향: 다항로짓 회귀모델을 활용한 분석. **청소년복지연구, 14**(2), 127-148.

이상무, 남성희(2012). 청소년 가출빈도 증가에 영향을 미치는 요인: 영과잉 포아송 회귀모형을 활용한 분석. **청소년학연구, 19**(1), 85-108.

이상희(2008). 청소년 참여와 인권 교육. 이혜원, 이봉주, 김혜래, 오승환, 정익중, 하승수, 이지수, 하경희, 김성천, 이상희, 심한기, 최은미 공저. **청소년권리와 청소년복지**(pp. 105-139). 서울: 한울.

이성민, 김근국(2021). 한국청소년의 자살과 신체활동 실태연구. **인문사회21, 12**(1), 505-518.

이영조(2020). CGRT 자아발견 프로그램이 청소년의 진로성숙도 향상에 미치는 효과성에 관한 연구. **청소년문화포럼, 61**, 37-65.

이영철, 김소정(2011). 사이버 성폭력에 대한 인터넷과 성의 영향. **사회복지연구, 42(2)**, 155-177.

이유진, 윤옥경, 조윤오(2013). **아동 · 청소년 성보호 종합대책 연구 II: 아동 · 청소년 성매매 예방 및 피해지원 대책연구**. 서울: 한국청소년정책연구원.

이은경, 김민환, 이유진, 이응택(2017). 청소년의 학교적응 변화와 학교폭력 피해 경험의 시간효과 연구. **한국청소년연구, 28(1)**, 211-234.

이자림(2008). 성매매피해 경험 청소년의 생애사 분석. **청소년복지연구, 10(1)**, 69-92.

이자영, 강석영, 김한주, 이유영, 양은주(2010). 학업중단 위기청소년이 지각한 학업중단의 위험 및 보호요인 탐색: 개념도 연구법의 활용. **청소년상담연구, 18(2)**, 225-241.

이정민(2020). Gilbert & Terrell의 산출분석틀을 활용한 위(Wee) 프로젝트 정책 분석. **청소년학연구, 27(11)**, 255-281.

이정민, 이수정(2019). **아동 · 청소년 성 보호를 위한 연령조정 방안연구**. 세종: 한국청소년정책연구원.

이정선, 이형실(2012). 청소년의 우울 관련 요인. **한국가정과교육학회지, 24(4)**, 77-89.

이정숙, 명신영(2008). 청소년의 우울수준에 따른 우울 대응행동에 관한 연구. **청소년학연구, 15(6)**, 39-63.

이정희(2013). 청소년 이성교제의 변화와 이해. 청소년의 사랑 "감춰진 10대의 이성교제". 2013년 6월 19일. 한국청소년상담복지개발원 제30회 특수상담사례연구발표회 자료집.

이주연, 정제영(2015). 학업중단결정에 대한 학교 밖 청소년의 인식 연구. **청소년학연구, 22(11)**, 239-267.

이진석, 김재엽, 황선익(2018). 청소년의 성폭력 가해행동에 미치는 영양요인 연구: 음란물 접촉, 부모-자녀간 의사소통, 공격성을 중심으로. **청소년복지연구 20(1)**, 187-210.

이현지(2005). 가출청소년 재 가출방지를 위한 지지체계의 보호요인. **청소년학연구, 12(3)**, 283-304.

이혜원, 이봉주, 김혜래, 오승환, 정익중, 하승수, 이지수, 하경희, 김성천, 이상희, 심한기, 최은미(2008). **청소년의 권리와 청소년복지**(pp. 43-70). 서울: 한울.

이화명, 김영미(2017). 학교 밖 청소년의 사회적 낙인과 심리사회적 적응 간의 관계: 자기개념 명확성의 조절효과. **한국콘텐츠학회논문지**, 17(9), 549-562.

임은미, 정성석(2009). 청소년의 스트레스와 우울의 변화 및 우울에 대한 스트레스의 장기적 영향. **청소년학연구**, 16(3), 99-121.

임지연, 김정주, 한지형, 문세진(2022). **가족환경 다변화에 따른 청소년지원 방식 재편**. 세종: 한국청소년정책연구원.

장근영, 임지연(2021). **아동 · 청소년 대상 디지털 성범죄 현황 및 대응방안 연구**. 세종: 한국청소년정책연구원.

장민선(2015). **입법상 연령기준의 적용에 관한 연구**. 서울: 한국법제연구원.

장선희, 정제영(2021). 중학생의 학교폭력 피해경험 가능성에 영향을 미치는 학교 요인 분석. **교육문화연구**, 27(4), 359-379.

장인협, 오정수(2001). **아동 · 청소년복지론**. 서울: 서울대학교출판부.

장휘숙(2009). **청년심리학**(제4판). 서울: 박영사.

정경은, 문성호(2008). 청소년 가출에 대한 동향분석. **미래청소년학회지**, 5(1), 219-241.

정규석, 김영미, 김지연(2017). **청소년복지의 이해**(2판). 서울: 학지사.

정선욱(2021). 아동보호와 청소년보호가 달라야 할 이유가 있는가? **보건복지포럼**, 296. 2-5.

정성란(2020). **청소년 심리 및 상담**. 파주: 양서원.

정소희(2007). **청소년기 부모양육행동과 비행의 종단적 상호작용관계**. 서울대학교 대학원 박사학위논문.

정소희(2016). 부모의 과잉간섭과 과잉기대가 청소년의 정신건강에 미치는 상대적 영향: 우울, 공격성, 자존감, 삶의 만족도를 중심으로. **한국가족복지학**, 52, 313-342.

정옥분(2019). **발달심리학: 전생애 인간 발달**(3판). 서울: 학지사.

정유진(2017). 청소년의 이성교제 여부 변화와 관련 요인. **한국산학기술학회논문**

지, 18(2). 660-671.

정익중, 이소희, 도미향, 김지혜, 한윤선(2021). **청소년복지론**. 서울: 학지사.

정주연, 박재연(2015). 청소년 자살시도 경험에 관한 질적 연구: 자살시도 이전 단계, 자살시도 단계, 자살실패 이후 단계 경험을 중심으로. **청소년학연구**, 22(7), 275-305.

정지윤(2020). 지리정보시스템(GIS)을 활용한 지역사회 청소년정책 인프라 분석. **한국청소년연구**, 31(2), 235-261.

정하은, 전종설(2012). 청소년 학교폭력 피해의 위험요인. **청소년복지연구**, 14(1), 195-212.

조민경, 이정호(2019). 가정학대가 청소년의 학교폭력 가해 및 피해경험에 미치는 영향: 공격성과 우울의 매개효과. **한국심리학회지: 학교**, 16(1), 17-38.

조보행(2013). **청소년자살의 위험요인이 자살생각에 미치는 영향-매개효과와 조절효과 분석-**. 청주대학교 대학원 박사학위논문.

조영선, 조영일(2017). 학교폭력 집단의 종단적 변화유형과 심리적 특성. **Journal of the Korean Data Society**, 19(3), 1515-1534.

조용환(1993). 청소년 연구의 문화인류학적 접근: 청소년의 실체와 청소년문화의 이해. **한국청소년연구**, 14, 5-17.

조학래(2022). **사회복지실천론**(3판). 서울: 신정.

조흥식, 김상균, 최일섭, 최성재, 김혜란, 이봉주, 구인회, 홍백의, 강상경, 안상훈(2015). **사회복지개론**. 파주: 나남.

조흥식, 김혜래, 신은주, 우국희, 오승환, 성정현, 이지수(2010). **인간행동과 사회환경**. 서울: 학지사.

좌현숙(2010). 빈곤 청소년의 적응유연성 영역 간 종단적 상호관계: 심리, 사회, 학교 영역을 중심으로. **사회복지연구**, 41(2), 247-278.

좌현숙, 오승환, 문혜진(2014). 청소년 가출 예측요인 성별 차이. **청소년복지연구**, 16(1), 1-30.

주석진, 조성심, 라미영, 방진희, 엄경남, 이종익, 전구훈(2020). **학교사회복지론**(3판). 파주: 양서원.

주은수(2022). 가출청소년의 쉼터 이용 실태에 관한 탐색적 연구. **인문사회 21**,

13(4), 2929-2944.

차주환, 소수연, 최지영, 이태영, 이지은, 장혜미(2019). **성폭력 피해 청소년 상담 개입 프로그램 개발**. 부산: 한국청소년상담복지개발원.

천정웅(2011). 청소년참여의 유형화 연구. **미래청소년학회지, 8**(4), 27-47.

천정웅(2021a). **청소년 인권과 참여**. 고양: 공동체.

천정웅(2021b). **청소년복지론: 발전적 관점**(2판). 파주: 양서원.

천정웅, 이지민, 성윤숙(2019). **청소년문제와 보호**(2판). 파주: 양서원.

최명민, 김정진, 김성천, 정병오(2022). **한국의 실천 현장을 반영한 사회복지실천론**. 서울: 사회평론아카데미.

최명선, 문은선(2014). **청소년 진로 상담하기**. 파주: 한국학술정보.

최상근, 양수경, 남기곤(2010). **학업중단위기 학생의 실태와 지원방안 연구**. 서울: 한국교육개발원.

최승희(2018). 성매매 피해 청소년의 사이버또래상담원 활동경험에 관한 연구. **학교사회복지, 44**, 157-186.

최연화(2014). **청소년의 이성애착, 이성교제 경험과 관계중독 간의 관계**. 한국연구재단 연구보고서.

최윤미, 박희경, 손영숙, 정명숙, 김혜원, 최해림, 백화정, 강순화, 이은경, 이규미, 이은순, 정현희(1998). **현대 청년심리학**. 서울: 학문사.

최윤정, 박성정, 김은경, 김인순, 김애라, 김효경, 박민주(2020). **또래문화를 통해 본 청소년의 성평등 의식과 태도 연구(Ⅰ): 남녀 청소년의 또래문화와 젠더의식 격차 비교**. 서울: 한국여성정책연구원.

최은지(2021). **탈성매매 청소년의 삶의 적응과정에 관한 연구**. 명지대학교 대학원 박사학위논문.

최인재(2010). 청소년기 자녀의 자살 생각에 대한 부모자녀관계의 영향: 자아존중감 및 우울의 매개효과를 중심으로. **청소년학연구, 17**(9), 105-130.

최정원, 문호영, 전진아, 박용천(2021). **10대 청소년의 정신건강 실태조사**. 세종: 한국청소년정책연구원.

최지연, 김현철(2016). 학업중단 청소년의 특징 및 지원 방안 연구. **청소년학연구, 23**(3), 103-132.

최해연, 곽윤영, 배주미(2015). 청소년 성매매 피해의 심리사회적 결정요인. 재활심리연구, 22(1), 223-236.

통계청(2022a). 2021 한국의 사회지표.

통계청(2022b). 2021년 혼인 · 이혼 통계.

하은혜, 오경자, 송동호, 강지현(2004). 우울장애와 불안장애 청소년을 위한 집단 인지행동치료 효과의 예비연구. 한국심리학회지: 임상, 23(2), 263-279.

하형석, 정은진, 최승주 (2017). 한국아동 · 청소년패널조사Ⅷ : 한국청소년패널조사 2018 기초조사. 세종: 한국청소년정책연구원.

한국교육개발원(2021). 교육통계연보.

한국여성인권진흥원(2021). 2020 성매매 피해청소년 치료 · 재활사업 연차보고서.

한국청소년개발원(1994). 청소년관계 법과 행정. 서울: 인간과 복지.

한국학교사회복지사협회 부설 교육복지연구소(2006). 학교교육과 복지. 파주: 양서원.

한대동(2019). 중학교 입학 초기의 학교폭력 가해행동의 원인 탐색. 교육혁신연구, 29(3), 1-21.

한유경, 이윤희, 김성식, 이희숙(2021). 중학생의 학교폭력 경험에 영향을 미치는 요인 분석. 한국교육, 48(2), 1-27.

허민숙(2021). 학업중단숙려제의 입법영향과 개선과제. 교육문화연구, 27(1), 5-21.

허혜경, 김혜수(2010). 청년발달. 서울: 학지사.

허혜경, 김혜수(2015). 청년 심리와 교육. 서울: 학지사.

홍봉선, 남미애(2018). 청소년복지론(5판). 고양: 공동체.

황나영, 이자형, 이기혜(2012). 가정배경과 학교적응을 중심으로 한 고등학생의 아르바이트 시간 결정요인 분석. 한국청소년연구, 23(1), 223-250.

황순길, 박재연, 이혜정(2016). 청소년 자살예방교육 모형 개발-초중고 학교급별 중심-. 부산: 한국청소년상담복지개발원.

황여정, 김정숙, 이수정, 변정현(2015). 청소년 아르바이트 실태조사 및 정책방안 연구Ⅱ. 세종: 한국청소년정책연구원.

황여정, 임희진, 오승근(2022). 전환기의 국가청소년정책 전략 연구. 세종: 한국청소년정책연구원.

황연경, 홍은영(2018). 학교 밖 청소년의 생활실태와 행복감 관련 변인. **한국디지털정책학회논문지, 16**(2), 57–64.

황진구(2017). **청소년지도사 배치지원사업 실태조사 연구**. 세종: 한국청소년정책연구원.

황진구, 김지연(2020). **가출청소년 지원 강화를 위한 청소년복지시설 재구조화 연구**. 세종: 한국청소년정책연구원.

Abela, J. R. Z., & Jankin, B. J. (2008). Cognitive vulnerability to depression in children and adolescents: A developmental psychopathology perspective. In J. R. Z. Abela & B. L. Hankin (Eds.), *Handbook of Depression in Children and Adolescents*(pp. 35–78). New York: The Guildford Press.

Allen–Meares, P. (2004). *Social work service in schools*(5th ed.). Boston: Allyn & Bacon.

Anderson, M. L. (1987). *Thinking about woman: Socio psychological and Feminist perspective.* New York: Macmillan.

Atwater, E. (1996). *Adolescence*(4th ed.). New York: Prentice–Hall.

Barber, B. K. (2002). *Intrusive parenting: How psychological control affects children and adolescents*. Washington, DC: American Psychological Association Press.

Beck, A. T. (1978). *Beck Depression Inventory.* Revised. Philadelphia, PA: Center for Cognitive Therapy.

Bhatia, S. K., & Bhatia, S. C. (2007). Childhood and adolescent depression. *American Family Physician, 75*, 73–80.

Bolognini, M., Plancherel, B., Bettschart, W., & Halfon, O. (1996). Self–esteem and mental health in early adolescence: Development and gender differences. *Journal of adolescence, 19*(3), 233–245.

Briere, F. N., Rohde, P., Seeley, J. R., Klein, D., & Lewinsohn, P. M. (2015). Adolescent suicide attempts and adult adjustment. *Depression and Anxiety, 32*(4), 270–276.

Bronfenbrenner, U. (1979). *The Ecology of Human Development*. Cambridge, MA: Harvard University Press.

Brooks–Gunn, J., & Peterson, A, (1991). Studying the Emergence of Depression and Depressive Symptoms during Adolescence. *Journal of Adolescence, 20*, 115–119.

Chinman, M., & Linney, J. A. (1998). Toward a model of adolescent empowerment: Theoretical and empirical evidence. *The Journal of Primary Prevention, 18*(4), 393–413.

Crone, E. A., & Dahl, R. E. (2012). Understanding adolescence as a period of social–affective engagement and goal flexibility. *Nature reviews neuroscience, 13*(9), 636–650.

Dahl, R. E., Allen, N. B., Wilbrecht, L., & Suleiman, A. B. (2018). Importance of investing in adolescence from a development science perspective. *Nature, 554*(7693), 441–450.

DeJong, P., & Berg, I. K. (2013). *Interviewing for solutions*(4th edition). brooks/Cole, Cengage Learning.

Demaray, T. R., & Malecki, M. K. (2003). Perceptions of the frequency and importance of social support by students classified as victims, bullies, and bullying/victims in an urban middle school. *School Psychology Review, 32*, 471–489.

Dickens, P. (2004). *Society and Nature: Changing Our Environment, Changing Ourselves*. Cambridge, UK: Polity Press.

Dougherty, D. M., Mathias, C. W., Marsh–Richard, D. M., Prevette, K. N., Dawes, M. A., Hatzis, E. S., & Nouvio, S. O. (2009). Impulsivity and clinical symptoms among adolescents with non–suicidal self–injury with or without attempted suicide. *Psychiatry research, 169*(1), 22–27.

Duncan, G., & Brooks–Gunn, J. (1997). *Consequences of Growing up*

*Poor*. New York: Russell Sage Foundation.

Elipe, P., Mora-Merchan, J. A., Ortega-Ruiz, R., & Casas, J. A. (2015). Perceived emotional intelligence as a moderator variable between cybervictimization and its emotional impact. *Frontiers in psychology, 6*, 486.

Elkind, D. E. (1978). Understanding the young adolescent. *Adolescence Spring*, 127-134.

Erikson, E. H. (1968). *Identity: Youth and crisis*. New York: Norton.

Erikson, E. H. (1982). *The life cycle completed*. New York: Norton.

Fergusson, D. M., & Woodward, L. J. (2002). *Mental health, educational, and social role outcomes of adolescents with depression. Archives of General Psychiatry, 59*(3), 225-231.

Friedlander, W., & Apte, R. Z. (1980). *Introduction to social welfare*(5th ed.). Englewood Cliffs, NJ: Prentice-Hall.

Garmezy, N. (1993). Children in poverty: Resilience despite risk. *Psychiatry, 26*, 127-136.

Gilbert, N., & Terrell, P. (1998). *Dimensions of Social Welfare Policy(4th ed)*. Boston: Allyn & Bacon.

Gitterman, A., & Germain, C. (2008). *The life model of social work practice* (3rd ed.). NY: Columbia University Press.

Glicken, M. D. (2004). *Using the Strengths Perspective in Social Work Practice: A Positive Approach for the Helping Professions*. Boston, MA: Allyn & Bacon.

Glicken, M. D. (2009). *Evidence-based practice with emotionally troubled children and adolescents*. San Diego, CA: Academic Press.

Greene, K., Krcmar, M., Walters, L. H., Rubin, D. L., & Hale, L. (2000). Targeting adolescent risk-taking behaviors: The contributions of egocentrism and sensation-seeking. *Journal of Adolescence, 23*(4), 439-461.

Grief, J. L., & Furlong, M. J. (2006). The assessment of school bullying: using theory to inform practice. *Journal of school violence, 5*(3), 33–50.

Gutierrez, L. M. (1990). Working with women of color: an empowerment perspective, *Social Work, 35*, 149–153.

Harrington, R. (1995). Depressive disorder in adolescence. *Archives of Disease in Childhood, 72*(3), 193–195.

Havighurst, R. J. (1972). *Developmental tasks and education*. New York: David McKay.

Hershberger, A. R., Sanders, J., Chick, C., Jessup, M., Hanlin, H., & Cyders, M. (2018). Predicting running away in girls who are victims of commercial sexual exploitation. *Child abuse & neglect, 79*, 269–278.

Jones, L. P. (1988). A typology of adolescent runaways. *Child and Adolescent Social Work Journal, 5*(1), 16–29.

Jones, G., & Wallace, C. (1992). *Youth Family and Citizenship*. Buckingham, PA: Open University Press.

Kail, R. V., & Cavanaugh, J. C. (2000). *Human Development: A Lifespan View*(2nd ed.). Belmont, CA: Wadsworth.

Klerman, G. (1987). Clinical epidemiology of suicide. *Journal of Clinical Psychiatry, 48*, 33–48.

Kohlberg, L. (1981). *Essays on moral development, Vol. I : The philosophy of moral development*. New York: Harper & Row.

Lapsley, D. K., FitzGerald, D. P., Rice, K. G., & Jakson, S. (1989). Separation–individuation the "New Look" at the imaginary audience and personal fable: A test of an intergrative model, *Journal of Adolescent Research, 4*, 483–505.

Lara, L. A., & Abdo, C. H. (2016). Age at time of initial sexual intercourse and health of adolescent girls. *Journal of Pediatric and Adolescent*

*Gynecology, 29*(5), 417–423.

Larson, R. W., Wilson, S., & Mortimer, J. T. (2002). Conclusions: Adolescents' preparation for the future. *Journal of Research on Adolescence, 12*(1), 159–166.

Laser, J. A., & Nicotera, N. (2011). *Working with adolescents: A guide for practitioners*. New York: The Guildford Press.

Lee, J. A. B. (2001). *The empowerment approach to social work practice: Building the beloved community*. New York: Columbia University Press.

Lehman, L. (1985). The relationship of depression to other DSM–Ⅲ Axis Ⅰ disorders, In E. E. Beckham and Leber, W. R.(Eds.), *Handbook of depression*. Homewood, IL: Dorsey Press.

Lerner, R., & Steinberg, L.(Eds.) (2009). *Handbook of adolescent psychology*(3rd ed.). New York: Wiley.

Lloyd, M. (1985). *Adolescence*. New York Happer & Low Publisher.

Luthar, S., Ciccetti, D., & Becker, B. (2000). The construct of resilience: A critical evaluation and guideline for future work. *Child Development, 71*, 543–562.

Malekoff, A. (2004). *Groupwork with Adolescents: Principles and Practice*(2nd ed.). The Guilford Press.

Marcia, J. (1980). Identity in adolescence. In J. Adelson (Ed,), *Handbook of adolescent psychology*(pp. 159–187). New York: John Wiley.

Masten, A. S. (2001). Ordinary magic: Resilience processes in development. *American Psychologist, 56*, 227–238.

Olweus, D. (1994). Bullying at school: basic facts and effects of a school based intervention program. *Journal of child psychology and psychiatry, 35*(7), 1171–1190.

Paul, E. L., & White, K. M. (1990). The development of intimate relationships in late adolescence. *Adolescence, 25*, 375–400.

Payne, M. (2005). *Modern social work theory*(3rd ed.). Chicago, IL: Lyceum Books.

Piaget, J. (1965). *The moral judgement of the child*. New York: Free Press.

Petersen, A. C. (1988). Adolescent development. *Annual Review of Psychology, 39*, 583–607.

Reynolds, W. M. (1988). *Suicidal ideation questionnaire: Professional manual odessa*. Psychological Assessment Resources.

Rose, S. M. (1990). Advocacy/empowerment: An approach to clinical practice for social work. *Journal of Sociology and Social Welfare, 17*(2), 41–52.

Saleebey, D. (2009). Introduction: Power in the people. in D. Saleebey (ed.), *The Strengths Perspective in Social Work Practice* (5th ed.), pp. 1–24. Boston, MA: Allyn & Bacon.

Short, M. B., & Rosenthal, S. L. (2008). Psychosocial development and puberty. *Annals of the New York Academy of Sciences, 1135*, 36–42.

Singh, K., Chang, M., & Dika, S. (2007). Effects of part-time work on school achievement during high school. *The Journal of Educational Research, 101*(1), 12–22.

Steinberg, L. (2011). *Adolescence*(9th ed.). New York: McGraw-Hill.

Styne, D. M. (2004). Puberty, obesity and ethnicity. *Trends in Endocrinology & Metabolism, 15*(10), 472–478.

Tolman, D. L., & McClelland, S. I. (2011). Normative sexuality development in adolescence: A decade in review, 2000–2009. *Journal of research on adolescence, 21*(1), 242–255.

Trzesniewski, K. H., Donnellan, M. B., Moffitt, T. E., Robins, R. W., Poulton, R., & Caspi, A. (2006). Low self-esteem during adolescence predicts poor health, criminal behavior, and limited economic prospects during adulthood. *Developmental Psychology, 42*(2), 381–390.

Van Orden, K. A., Witte, T. K., Selby, E. A., Bender, T. W., & Joiner Jr. T. E. (2008). Suicidal behavior in Youth. In J. R. Z. Abela & B. L. Hankin (Eds.), *Handbook of Depression in Children and Adolescents* (pp. 441–465). New York: The Guilford Press.

Whittle, H., Hamilton–Giachritsis, C., Beech, A., & Collings, G. (2013). A review of young people's vulnerabilities to online sexual grooming. *Aggression and Violent Behaviour, 18*(1), 135–146.

Zastrow, C., & Kirst–Ashman, K, K. (2001). *Understanding human behavior and the social environment*. Belmont, CA: Wadsworth/Thomson Learning.

Zide, M. R., & Cherry, A. L. (1992). A typology of runaway youths: An empirically based definition. *Child and Adolescent Social Work Journal, 9*(2), 155–168.

# 찾아보기 Index

**조학래**

연세대학교 사회사업학과 졸업
연세대학교 대학원 사회복지학과 졸업(문학석사)
연세대학교 대학원 사회복지학과 졸업(문학박사)
전) 태화기독교사회복지연구소 소장
전) 송강사회복지관 관장
현) 한국침례신학대학교 사회복지학과 교수
hlcho@kbtus.ac.kr

# 청소년복지론

**초판발행** 2023년 3월 5일 **1판 1쇄 발행** | 2024년 3월 10일 **1판 2쇄 발행**
2026년 3월 5일 **1판 3쇄 발행**

**지은이** 조학래
**펴낸이** 최용구 | **펴낸곳** 도서출판 **신정**
**주소** (04316) 서울시 용산구 원효로 89길 19 (원효로1가)
**전화** 02)3211-4782, 0266(영업부), 3211-4783(편집부), 3211-4784(팩스)
**이메일** shinjeong72@naver.com | **홈페이지** www.sjbook.co.kr
**등록** 2001년 5월 11일 제13-702호
**기획마케팅** 최용구 장만동 송대용 최충구 | **책임편집** 석기은 황가연

ISBN 978-89-5912-842-6 93330
정가 **20,000원**